Micro Application

PC Poche

# DivX

AF853336

www.microapp.com

1re Édition - Septembre 2001

**Auteur** Arnold VINCENT



ISBN : 2-7429-2203-2



MICRO APPLICATION
20-22, rue des Petits-Hôtels
75010 PARIS
Tél. : 01 53 34 20 20 - Fax : 01 53 24 20 00
http://www.microapp.com
Support Technique :
Tél. : 01 53 34 20 46 - Fax : 01 53 34 20 00
E-mail : info-ma@microapp.com

3203

Mister O'net, l'homme à la référence, vous montre le chemin !
Rendez-vous sur le site Internet de Micro Application www.microapp.com. Dans le module de recherche, sur la page d'accueil du site, retrouvez Mister O'net. Dans la zone de saisie, entrez la référence à 4 chiffres qu'il vous indique sur le présent livre. Vous accédez directement à la fiche produit de ce livre.

# Avant-propos

La collection *PC Poche* fournit des connaissances essentielles sur un sujet donné sans jamais s'éloigner de leur application pratique. Les volumes de la collection sont basés sur une structure identique :

- Les puces introduisent une énumération ou des solutions alternatives.

1. La numération accompagne chaque étape d'une technique.

**Remarque**

Propose conseils et trucs pratiques.

**Astuce**

Il s'agit d'informations supplémentaires relatives au sujet traité.

**Attention**

Met l'accent sur un point important, souvent d'ordre technique, qu'il ne faut négliger à aucun prix.

Afin de faciliter la compréhension des techniques décrites, nous avons adopté les conventions typographiques suivantes :

- **Gras** : menu, commande, boîte de dialogue, onglet, bouton, touche.
- *Italique* : rubrique, zone de texte, liste déroulante, case à cocher, bouton d'option.
- `Courier` : instruction, listing, adresse Internet, texte à saisir.

# Introduction

Indubitablement, la vidéo est un phénomène indissociable de l'univers du multimédia dans lequel nous baignons depuis de nombreuses années. Sans aller jusqu'à parler de huitième art, la vidéo est entrée dans la vie d'un public de plus en plus nombreux dans le milieu des années 80 avec l'arrivée en masse des premiers Caméscopes. Le support magnétique allait peu à peu s'imposer et prendre radicalement l'avantage sur le format SUPER-8, jusqu'alors seul existant dans le domaine de la vidéo personnelle.

# Du rêve à la réalité...

Manipulée comme un objet usuel, la vidéo personnelle n'étonne plus personne. Chacun y va donc de son Caméscope, de son lecteur de DVD portable ou bien de son assistant personnel (ou PDA), capable de diffuser des images et du son dans un format de poche. Le point commun à tous ces matériels tient en un mot : la compression. Parallèlement à la miniaturisation des puces électroniques et des transistors, les espaces de stockage deviennent de plus en plus réduits et peuvent emmagasiner de plus en plus d'informations. Le DivX ajoute sa pierre à l'édifice en comprimant le media lui-même.

# Question de support...

Le média utilisé joue naturellement un rôle prépondérant dans l'évolution de tout procédé d'enregistrement. Les premiers Caméscopes utilisent un format VHS en version compacte, le VHS-C, directement issu du format VHS standard et des ensembles caméra/magnétoscope qui sortirent un peu plus tôt. Le format est tout à fait comparable au format VHS du fait d'une largeur de bande rigoureusement identique, ce qui engendre une qualité de même nature. Il est même possible, grâce à une cassette-adaptateur, de lire les données directement dans n'importe quel magnétoscope VHS. Ce format reste à l'heure actuelle indétrônable, même si le débarquement du DVD a singulièrement changé la donne. Mais il ne faut pas tout mélanger car un système VHS offre sur le DVD la possibilité d'enregistrer des programmes. Les DVD enregistrables ne devraient pas tarder à arriver mais les technologies d'enregistrement à la volée d'une émission de télévision ne sont pas au programme avant plusieurs mois. Jusque-là, le magnétoscope VHS reste dans ce cas seul en piste.

Fig. 1.1 : *Panasonic va proposer un modèle de DVD enregistrable et d'autres marques ne tarderont pas à suivre...*

## L'ordinateur-enregistreur !

Lorsque le multimédia est devenu un élément à part entière de l'ordinateur, la vidéo a fait son apparition sur les moniteurs. Tout d'abord limitée à des configurations très puissantes, la vidéo numérique et toutes les activités liées au montage virtuel qui en découlent sont depuis plusieurs mois accessibles à tous. En effet, un PC architecturé autour d'un processeur Pentium III cadencé à 500 MHz (ou plus) peut aisément prendre en charge tous les calculs liés à la vidéo numérique. Les disques durs des récentes générations constituent en outre des supports de stockage idéaux, temporaires néanmoins.

Mais les choses ne sont pas aussi simples qu'il y paraît et les formats vidéo ne sont pas pour arranger les choses. Entre les diverses générations de MPEG, le format Quicktime et quelques autres, le choix est vaste et, récemment, le DivX, amélioration du format MPEG 4 de Microsoft, est venu chambouler les habitudes en apportant un rapport qualité/espace mémoire inédit jusqu'alors.

## Divin divx !

Sans aucun doute possible, le "phénomène DivX" est lié au phénomène DVD. Pourtant, il serait réducteur de limiter les applications DivX à la simple conversion de DVD qui suscite tant de craintes chez de nombreux éditeurs de DVD vidéo. Le DivX est avant tout un format de compression qui pourrait un jour prochain se voir implémenté dans des appareils autonomes tels que des magnétoscopes ou des Caméscopes numériques, à l'échelle d'une production grand public. Mais, pour l'heure, il faut se "contenter" d'une utilisation interne à un micro-ordinateur et on ne peut pas dire que les choses soient particulièrement aisées pour qui n'a jamais entrepris un codage. Non contents de se montrer relativement rébarbatifs, les utilitaires tant de lecture que de codage n'en finissent pas d'évoluer pratiquement en temps réel et à peine a-t-on pu s'habituer à utiliser un programme qu'un nouveau voit le jour, et le réseau Internet n'est certainement pas étranger à ce perpétuel renouvellement. Difficile de suivre ces évolutions en permanence, à moins de passer davantage de temps à surfer et à télécharger qu'à utiliser les logiciels proprement dits.

◄ Fig. 1.2 : *Des lecteurs DivX existent déjà... mais restent réservés à un marché confidentiel, outre-Atlantique et en Asie...*

## Patience, mère de toutes les vertus !

Le moins que l'on puisse dire, c'est que coder une vidéo au format DivX demande du temps, beaucoup de temps même. Cette durée est directement liée aux performances de la machine sollicitée et du processeur mis à contribution. Il va de soi que plus celui-ci est de fréquence élevée, moins le codage est long. Et ne croyez pas qu'il suffit de lancer le codage et de s'absenter en laissant sa machine tourner. Il faut effectivement parfois dissocier le traitement de l'image du traitement du son et ensuite caler les deux pistes avec plus ou moins de succès. Il va sans dire qu'avec le temps les procédures tendront vers une simplicité de plus en plus grande. De la même façon que les choses se sont passées pour le MP3, le DivX pourrait donc rapidement évoluer vers une utilisation rapide et compréhensible de tous.

## Pourquoi tant de haine ?

Si le DivX suscite tant de passions, notamment au sein des milieux de l'édition vidéo, c'est justement que les éditeurs craignent qu'il arrive avec le DivX la même chose qu'avec le MP3. Il y a certes de quoi s'inquiéter mais peut-être pas de quoi tirer le signal d'alarme car le DVD vidéo connaît une pénétration et une progression du marché aussi constante que remarquable. Et puis, pour le moment, le DivX reste cantonné aux disques durs et CD-R de nos ordinateurs, ce qui limite considérablement son extension à un usage plus général et grand public.

◄ Fig. 1.3 :
*Un jour (peut-être...) verra-t-on de tels étalages de DivX ; ce jour-là, les éditeurs de DVD auront certainement de quoi s'inquiéter...*

N'oublions pas non plus l'arrivée prochaine des graveurs de DVD qui ont de quoi véritablement inquiéter l'industrie de la vidéo. Certes, copier un DVD reste un acte illégal mais il est très probable qu'il en faudra davantage pour décourager le grand public d'utiliser les outils mis progressivement à sa disposition. Souvenez-vous du tollé d'indignation s'élevant dans les rangs des maisons de disques lorsque les premiers copieurs de CD audio de salon ont fait leur apparition. Il semble que malgré les affirmations véhémentes et pessimistes de certains producteurs et autres directeurs, l'industrie du CD soit loin de s'éteindre. Les prix qui n'ont pas ou peu baissé en témoignent.

## Contre ou tout contre...

Plutôt que de voir dans le DivX un concurrent déloyal, il conviendrait de considérer ce format comme une aubaine, surtout si l'on se penche sur les applications liées à Internet. Non, il n'y a pas que la copie. Certains réalisateurs indépendants ou amateurs vont enfin pouvoir, avec le DivX, livrer leur travail au monde entier, dans une qualité suffisamment élevée pour ne pas nuire au fond. La technologie ne fonctionne pas encore en streaming (lecture directe sans téléchargement) mais, sous peu, il est probable que cela sera le cas. Fini le son ou l'image qui s'arrêtent ou se distordent, oubliés les décalages intempestifs et autres "surprises" du même genre. Cependant, une grande vitesse des échanges sera indispensable puisque les taux de compression sont encore relativement élevés (6 Mo environ pour une minute de film). Pour l'heure, il est indispensable de télécharger dans son intégralité un fichier DivX avant de pouvoir le lire, une opération qui peut s'avérer fastidieuse si les fichiers sont volumineux.

Quoi qu'il en soit, le DivX est incontournable et ce n'est que le début...

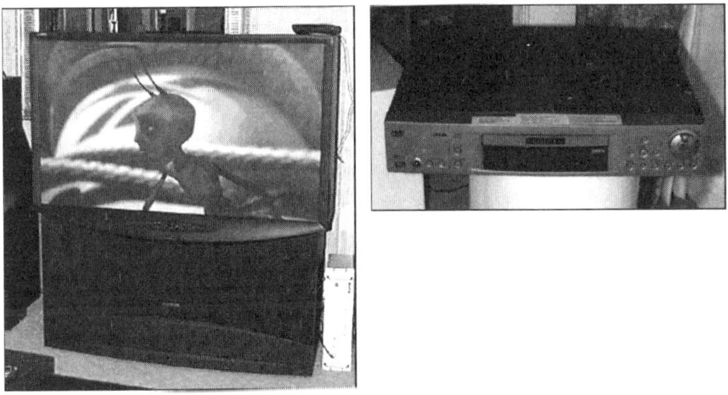

▲ Fig. 1.4 : *Le format HD-DivX de Thomson... à l'état de prototype*

## Petite histoire du DivX

Il ne faut pas croire que le DivX ait surgi du néant. Directement lié au format de compression vidéo MPEG, il est en réalité une amélioration de la dernière génération en date de cette norme (MPEG 4). En toute logique, trois générations ont donc précédé le DivX. Celle que l'on connaît le plus est sans aucun doute le MP3, qui n'est rien d'autre qu'une application dérivée de la compression vidéo. Pour la vidéo, on distingue donc le MPEG-1, le MPEG-2 et le MPEG-4.

Attention

**Une question de nom...**

Il ne faut pas confondre le DivX, souvent suivi du smiley ;-), et le divx, écrit en minuscules. Ce dernier désignait en effet un concurrent direct au DVD basé sur un codage absolument identique à celui des DVD vidéo (MPEG-2) mais limité dans le temps. En quelques mots, vous achetiez le film pour quelques dizaines de francs sur un support DVD et, après quarante-huit heures, vous deviez payer pour obtenir un code permettant de le visionner à nouveau. Lancé aux Etats-Unis et en Asie, le principe a été abandonné au bout de quelques mois.

## MPEG-1 et MPEG-2 : la terre promise

MPEG signifie *Moving Picture Experts Group* ("groupement d'experts en images animées"). Ce groupement de spécialistes a été réuni à la fin des années 80 par l'organisme international de normalisation ISO (*International Standard Organisation*). Plusieurs centaines de chercheurs en provenance de sociétés multiples sont alors mis à contribution pour améliorer autant que faire se peut la taille des images numériques. Il faut à tout prix essayer d'obtenir un rapport qualité/poids (en octets) le plus convenable possible, afin de pouvoir circuler sur des réseaux câblés satellites puis, par la suite, sur Internet.

La première génération est tout simplement baptisée MPEG-1. Son usage se destine principalement à offrir une compression visuelle et sonore convenant au stockage sur CD-Rom (les CD vidéo utilisent la norme MPEG-1). Le MPEG-1 est rapidement amélioré pour devenir le MPEG-2. La qualité est meilleure aussi bien au niveau de l'image que du son. Seul "petit" souci, le volume occupé (environ 60 Mo pour une minute de film, son compris).

Remarque

**Le MPEG-2 toujours en lice**

Le format de compression MPEG-2 est encore celui qui est utilisé pour la totalité des films codés sur les DVD vidéo du commerce. Preuve est faite que le format a encore devant lui de nombreuses années de vie heureuse...

## Comment ça marche ?

Sans entrer véritablement dans les détails, nous allons essayer de vous présenter dans les grandes lignes les secrets de fonctionnement de la compression MPEG. La première idée est qu'il est inutile de stocker deux fois des informations identiques. Ainsi, deux pixels rigoureusement identiques ne sont pas stockés deux fois, sur le plan de l'information, mais une seule. Pour vous donner une idée de la différence, imaginez que l'on vous demande de peindre un mur d'une couleur uniforme en utilisant un pinceau très fin. L'opération risque d'être longue et fastidieuse. En revanche, si vous êtes équipé d'un rouleau, vous obtiendrez un résultat identique mais beaucoup plus rapidement. C'est exactement ce qui se passe avec le MPEG. Les éléments identiques ne sont plus dissociés et traités un par un, mais par blocs. Cette théorie est également appliquée aux images fixes. Qui n'a jamais en effet manipulé une image au format *.jpeg* ? Cette compression se nomme la compression spatiale.

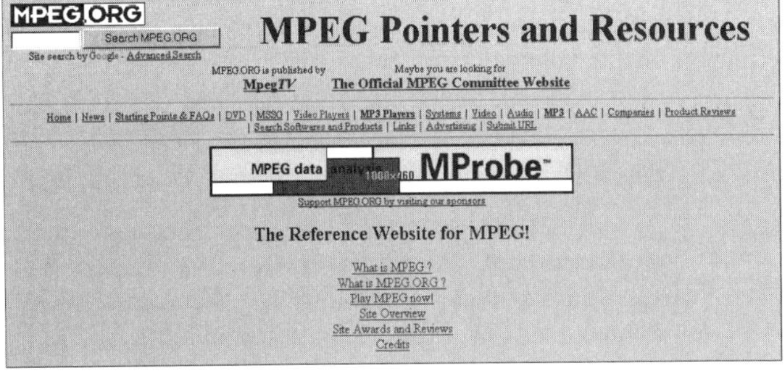


▲ Fig. 1.5 : *Pour ceux qui veulent tout savoir sur la norme MPEG, le site officiel...*

La seconde innovation va dans le même sens que la précédente mais pousse l'analyse encore plus loin en prenant cette fois le parti de ne prendre en compte que les éléments modifiés entre deux images successives. Imaginez par exemple qu'une scène présente un vaste décor avec, durant une séquence de temps déterminée, un seul élément animé. Pour passer d'une image à l'autre, il est inutile de coder l'ensemble des informations relatives à l'image et surtout à ses plans fixes. Seuls sont alors considérés les points modifiés. Cette technique est appelée la compression temporelle.

Remarque

**Le MPEG ou l'AVI !**

L'extension désignant des fichiers vidéo MPEG (1, 2 ou 4) est l'extension *.avi*.

## MPEG-4, le quatrième mousquetaire...

C'est en octobre 1998 que le MPEG-4 démarre en tant que projet. Quelques mois plus tard, le standard est annoncé et, au début de l'année 2000, les premières applications voient le jour. Grâce à ce nouveau standard de compression, il est possible de diviser par dix (voire davantage) le volume mémoire d'un fichier vidéo, par rapport au format précédent, le MPEG-2. Ainsi, un film complet (de 1 h 45 environ) peut tenir sur un CD-Rom ! Nous n'entrerons pas dans des détails techniques complexes, sachez simplement que si l'effort de compression est visible, la qualité obtenue reste époustouflante. Cette fois, il ne s'agit plus de redoubler d'ingéniosité pour diminuer les calculs mais plutôt de mélanger des technologies et des types de médias afin d'augmenter encore davantage le rapport qualité/volume des vidéos.

Astuce

**Gratuit...**

Le MPEG-4 est le format de compression vidéo qu'a choisi de livrer Microsoft en accompagnement de son fameux lecteur multimédia : Windows Media Player. Pas besoin de le chercher ailleurs que sur votre CD-Rom de Windows 98.

## Des applications comme s'il en pleuvait

Grâce au MPEG-4, tous les utilisateurs de réseaux ont enfin un format capable de voyager relativement rapidement. Le champ d'application est incroyablement vaste et il serait extrêmement réducteur de ne penser qu'au codage de DVD vidéo. En effet, on peut envisager sereinement ce que seront dans un proche avenir la vidéoconférence ou la vidéophonie, sans parler de l'univers vidéoludique qui ne tardera certainement pas à réagir au phénomène.

## Interactif avant tout

Le MPEG-4 est capable de procurer une interactivité jusque-là réservée aux seuls DVD vidéo. Il devient par exemple possible de déplacer l'angle de vue d'une séquence, de positionner le son dans l'espace ou bien même de déplacer un élément contenu dans une scène. Ajoutez à cela la possibilité de changer de langue et vous mesurerez la portée universelle du format MPEG-4. Cette interactivité permet donc à un réalisateur de profiter d'effets vidéo et d'agir directement sur les images qu'il souhaite présenter.

Dans un avenir proche, on peut supposer que la télévision et l'image numérique seront réunies pour encore plus d'interactivité et de qualité graphique.

▲ Fig. 1.6 : *Premières tentatives de Thomson en termes de télévision interactive avec sa technologie TAK... rien à voir avec le DivX cependant...*

### *Site*

www.cselt.it/mpeg

## Du mpeg-4 au divx...

... il n'y a qu'un pas. Le DivX est en fait un codeur-décodeur (ou encore compresseur-décompresseur), d'où son nom abrégé de codec, qui a été mis au point par un jeune Français, Jérôme Rota (plus connu sous le pseudonyme de Gej). Originaire de Montpellier, il vient de fonder sa société DivX Networks en Californie. Sur le Web, le site s'appelle Projectmayo ("mayo" pour mayonnaise, histoire de rester d'une certaine façon fidèle à ses origines). Comme cela a été en son temps le cas pour le MP3, la grande force du DivX est d'être disponible totalement gratuitement sur Internet. Autant dire que le codec et ses utilitaires n'ont pas tardé à se répandre encore plus rapidement qu'un virus sur la Toile, pour le plus grand plaisir des utilisateurs. Le programme en question ne pèse que quelques centaines de Ko et s'échange par conséquent le plus simplement du monde.

### Le vrai luxe, c'est l'espace...

Par rapport au format MPEG-4, le format DivX permet d'obtenir une image offrant une résolution supérieure. En effet, le MPEG-4 reste limité à une image de 384 x 288 pixels. Avec le Divx, on peut sans problèmes augmenter cette résolution de manière importante. Il ne faut toutefois pas se laisser aller à monter trop haut car plus la résolution est élevée, plus le fichier est lourd. Pour faire tenir un film sur un CD-Rom, une résolution de 640 x 480 est généralement appropriée. Cela représente un volume environ dix fois moindre que le même film codé au format MPEG-2 sur un DVD vidéo.

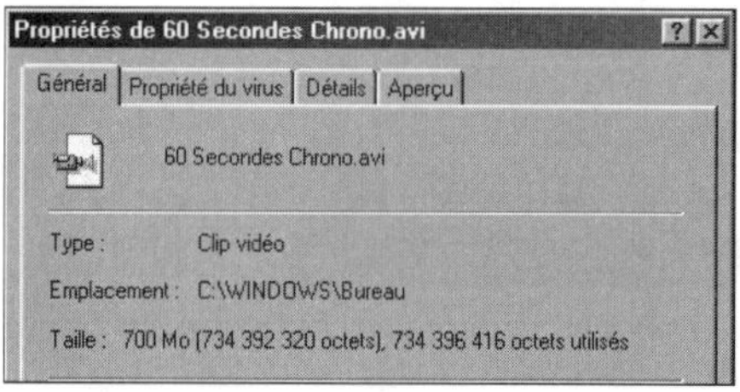


Fig. 1.7 : *Un film entier peut tenir sur un CD de 650 ou 700 Mo*

## Presque parfait

Bien évidemment, la compression se traduit par une perte de qualité plus ou moins visible selon la qualité originale du film, les paramètres de codage utilisés et le type d'image en matière de mouvement des éléments et de luminosité. Par exemple, une foule aperçue de loin sera beaucoup moins définie qu'un visage vu en gros plan. Par ailleurs, il n'est pas rare de voir l'image se fragmenter en rectangles, surtout sur des textures dont la couleur est claire et uniforme.

▲ Fig. 1.8 : *Quelques défauts peuvent apparaître sur certaines images*

Cela dit, sur l'écran d'un ordinateur, le résultat reste bluffant et il ne faut pas oublier l'importance de la bande son que le DivX prend également en charge. Actuellement, tous les outils sont disponibles pour coder une bande son multicanaux au format AC3 par exemple. En association à l'image, l'illusion est parfaite et il n'est pas difficile de se laisser pénétrer par le spectacle.

## Site

www.projectmayo.com

Attention

**Sus au DivX !**

Depuis le début de l'année 2001, le code "Open Source" est accessible à tout un chacun. N'importe quel utilisateur quelque peu habile en programmation

Attention

> peut donc apporter sa pierre à l'édifice qui pour l'occasion change de nom et répond désormais au doux patronyme de "OpenDivX".

## Jérôme Rota, le créateur !

Été 1999, Microsoft lance une version bêta de sa toute nouvelle technologie MPEG-4. Ce nouveau codec de compression vidéo est compatible avec le format vidéo AVI. Déjà sur la brèche, Jérôme Rota utilise alors l'outil de Microsoft pour divers travaux de montage. Il lui reconnaît une qualité et une souplesse d'utilisation jusqu'alors inégalées. À la rentrée 1999, la version finalisée se montre malheureusement sensiblement différente de la version précédente et, grosse surprise, le format AVI n'est plus supporté. Tout son travail ainsi que ses archives deviennent même incompatibles avec la version définitive. C'en est trop pour le jeune Montpelliérain qui décide de se plonger dans l'affaire. Ainsi va-t-il créer le DivX, en "bidouillant" le codec de Microsoft et en le faisant évoluer, dans le bon sens...

## Un développeur hors normes...

La plupart du temps, on imagine les programmeurs informatiques attachés à leur machine et ne voyant la lumière du jour que par le biais d'Internet. Jérôme n'est pas de ceux-là et s'attache à entretenir les plaisirs simples de la vie, la vraie. Le lascar a un peu moins de trente ans mais n'en est pas à ses premières tribulations informatiques. En effet, dès l'âge de huit ans, il fait ses premières armes sur des machines telles que le MO5 de Thomson, l'Atari ou bien encore l'AMIGA (Commodore). Un peu plus tard, à quatorze ans exactement, il fréquente les fameux groupes de *demo makers* et fréquente de près ou de loin la jungle des *hackers*. Côté études, Jérôme s'intéresse à l'électronique en IUT et se passionne parallèlement pour le cinéma en suivant une licence. Son goût l'oriente davantage vers le cinéma d'auteur et les petites productions que vers les superproductions hollywoodiennes. Ses premières armes, il les fait en devenant intermittent du spectacle, en réalisant des films publicitaires et en montant des documentaires. Il n'y a pas si longtemps, il était encore directeur technique dans une agence de publicité...

## Gentleman agreement

Peu après avoir mis la première mouture de ce qui allait devenir le DivX à la disposition du monde entier par le biais d'Internet, Jérôme fait la rencontre virtuelle d'un Allemand connu sous le pseudonyme de Max Morice. Ce dernier l'aidera à peaufiner son programme pour aboutir à une version stable et efficace. C'est entre autres par cette volonté d'ouverture que le programme DivX se distingue de la plupart des programmes commerciaux s'évertuant à protéger et à dissimuler leurs lignes de code. Mieux encore, depuis le début de l'année 2001, le code "open source" est disponible sur Internet pour qui voudra bien le modifier.

## Dans le bon sens...

Souvent comparé au MP3 pour l'audio et même considéré par la presse, dans un grand souci d'analogie explicite, comme le "MP3 de la vidéo", le DivX, tombant dans de mauvaises mains pourrait bien devenir l'arme absolue. C'est ce que souhaite, si ce n'est empêcher, tout au moins limiter Jérôme Rota en déclinant les propositions (que l'on imagine alléchantes...) de Ian Fleming, le créateur de Napster. Jérôme préfère travailler main dans la main avec l'industrie du cinéma plutôt qu'entrer en guerre contre tout Hollywood.

Remarque

**Qui veut gagner des millions ?**

Depuis la fin de l'année 1999, on estime que le codec DivX aurait été téléchargé près de vingt millions de fois... !

## Le bonheur des uns...

... fera peut-être le bonheur de tous les autres ! Un beau jour, Jordan Greenhall (qui deviendra l'un des fondateurs de la société Divx Networks™) envoie un e-mail à Gej (le surnom de Jérôme, donné par un ancien camarade de faculté). Sans cet e-mail, Jérôme n'aurait peut-être jamais pensé à exploiter de manière commerciale son invention. Deux mois plus tard, la société, américaine, est sur pied. Max Morice, le collaborateur encore physiquement inconnu de Jérôme, est du voyage. Résultat, provisoire, des courses : plus de 5 millions de dollars en première levée de capital. Conscient du feu de paille que peut rapidement devenir une start-up, notre Gej national obtient un salaire bien concret de près de 15 000 dollars mensuels (soit plus de 100 000 F ou 15 000 €). Il n'en reste pas moins qu'il détient 10 % du capital en parts et en *stock options*. Et ce n'est pas fini car Eldon Hylton, le plus âgé des cofondateurs (52 ans), précise espérer lever entre 7,5 et 15 millions de dollars auprès d'investisseurs européens.

Le but avoué de la société DivX Networks est de parvenir à vendre des licences de logiciels architecturés autour du DivX DEUX (voir ci-dessous). Et Jordan Greenhall de poursuivre : "Grâce à la technologie DivX, CanalSatellite pourrait proposer une offre de chaînes encore plus étoffée en provenance du monde entier via le Net." (source : *l'Expansion*, 7/12/2000)

## 100 % Microsoft free !

Fidèle à ses origines méditerranéennes, Jérôme Rota, entouré de son équipe, est actuellement en train d'élaborer le "Project Mayo" (en hommage à la mayonnaise que sa mère prépare si bien...), qui devrait déboucher sur la création du DivX Deux. Il s'agit en fait de libérer le DivX de toutes traces de la technologie de Microsoft et au passage d'augmenter le rapport qualité d'image/taux de compression.

Fondu dans la vie américaine, Jérôme loge avec ses collaborateurs dans un appartement en bord de plage, apprend le surf et compte bien se faire quelques petites balades à la frontière mexicaine. Californie, quand tu nous tiens... Cependant, il ne désespère pas de voir plusieurs filiales s'ouvrir dans le monde et ne cache pas que si l'une d'entre elles pouvait émerger en France, il la verrait bien dans la région de Montpellier, avec lui-même aux commandes. Pays du fromage (et de la mayonnaise...), quand tu nous tiens...

Chapitre 1

# Lire des DivX sur son ordinateur

Le DivX est, pour l'instant, intimement lié à l'ordinateur. Ce format de compression informatique n'est en effet pas encore implémenté dans d'autres machines telles que des Caméscopes, magnétoscopes ou autres. De ce fait, ne soyez pas étonné d'avoir à vous attacher les services d'un PC ou d'un MAC pour accéder au nirvana de l'image numérique. Qui dit ordinateur dit écran d'ordinateur. Si vous avez la chance de posséder un écran relativement grand (17 pouces ou davantage), vous pourrez profiter pleinement de vos films. En revanche, les possesseurs de 14 pouces se verront quelque peu pénalisés. Heureusement, certaines cartes vidéo possédant des sorties spécifiques permettront d'extraire les images et de les exporter vers d'autres médias (TV, projecteur...). Attention toutefois à ne pas vous montrer trop gourmand en ce qui concerne la taille de la surface de projection sans quoi ce qui n'apparaît que comme de petites imperfections risque de se transformer en défauts majeurs qui nuiront considérablement à la qualité du spectacle.

▲ Fig. 1.1 : *Sur un écran d'ordinateur, on ne relève que peu de différence entre l'image d'un DivX et celle d'un DVD*

# 1.1 Quel matériel utiliser ?

La compression/décompression est une opération qui dépend directement du processeur de l'ordinateur mis à contribution. De ce fait, il est indispensable de disposer de ressources suffisantes pour bénéficier d'une diffusion digne de ce nom. Dans le cas contraire, des saccades et autres retards insupportables risquent d'apparaître et de saccager purement et simplement le plaisir que vous auriez pu prendre à regarder votre film. Voici donc, élément par élément, le matériel PC nécessaire à la lecture d'un fichier DivX.

En ce qui concerne le Macintosh, le processeur doit être au moins cadencé à 300 MHz, sans quoi vous vous exposez à des pertes de flux dans le décodage.

## Le processeur

Étant donné le court passé du DivX, les machines qui l'accueillent ou l'ont accueilli sont généralement architecturées autour de processeurs Pentium II (ou équivalent). En termes de fréquence d'horloge, le minimum syndical semble se situer aux alentours de 300 MHz. Vous pourrez essayer avec un Pentium 266 ou 233 mais le flux de décompression risque d'en pâtir sérieusement. Pour être à l'aise, nous vous conseillons d'investir dans un Pentium III cadencé à 500 MHz ou plus (ou son équivalent, AMD par exemple).

Fig. 1.2 : *Si vous avez la chance de posséder un processeur Pentium de quatrième génération, vous êtes tranquille... pour un moment en tout cas !*

## La RAM

Utilisée de manière temporaire, la quantité de mémoire vive doit être suffisante pour ne pas nuire aux différents transferts sollicités par le codage ou le décodage de fichiers DivX. Si vous voulez être tranquille, choisissez directement une barrette de 256 Mo de SD-Ram cadencée à 133 MHz, si possible. Vous conserverez ainsi des emplacements disponibles sur votre carte mère pour en ajouter par la suite. Pensez tout de même à comparer avec le prix de deux barrettes de 128 Mo, qui peuvent revenir sensiblement moins cher qu'une seule barrette de 256 Mo en fonction des diverses promotions.

Attention

**La bonne RAM**

Veillez à ne pas mélanger différents types de barrettes RAM, sans quoi votre carte mère pourrait ne pas les exploiter dans toutes leurs capacités ou, pire, ne pas les accepter.

▲ Fig. 1.3 : *Une barrette de SDRAM de 128 Mo*

## Le disque dur

A priori, le disque dur n'entre pas en ligne de compte dans la lecture de DivX. Cependant, vous aurez besoin d'espace si vous vous intéressez de près au codage. Cependant, le disque dur peut jouer un rôle supplémentaire dans la phase de lecture. En effet, un fichier DivX lu directement à partir d'un CD peut subir des pertes de flux se traduisant par des irrégularités voire des interruptions de lecture. Ces inconvénients peuvent provenir de la faiblesse du processeur mais également relever du transfert des données depuis le lecteur de CD-Rom. Le débit de ce dernier a en effet beau être très acceptable, il ne peut prétendre égaler celui d'un disque dur. De la même façon, la régularité des échanges sera bien plus grande avec un disque dur. La solution consiste donc à copier le fichier DivX sur son disque dur, au moins le temps de regarder le film, ce qui demandera environ 700 Mo d'espace disponible par film.

◄ Fig. 1.4 :
*Les disques durs sont de plus en plus "gros" en termes de capacité mais n'augmentent pas physiquement pour autant*

## Les yeux plus grands que le ventre

Si vous avez envie de transformer votre ordinateur en mini-vidéothèque ambulante, vous pouvez parfaitement investir dans un ou plusieurs disques durs de grande capacité (60 Go par exemple). Il vous en coûtera la somme approximative de 2000 F par unité, mais vous pourrez stocker sur chacun d'eux une petite centaine (!) de films.

Cependant, n'oubliez pas que le support idéal de stockage reste le CD enregistrable, en raison d'une part de son prix réduit, et d'autre part de sa compatibilité universelle avec l'ensemble du parc informatique de la planète, sans oublier son faible encombrement. Vous pouvez par exemple emporter avec vous une véritable collection de films dans un simple classeur.

Remarque

**Qualité CD exigée !**

Évitez de choisir des CD vierges bas de gamme pour stocker vos films. L'économie par rapport à un CD de marque ne sera pas vraiment significative (deux ou trois francs), et vous risquez de les voir s'user rapidement. Or un CD endommagé est un CD bon pour la poubelle...

◄ Fig. 1.5 : *Malgré la taxe appliquée aux CD vierges, le prix d'un CD-R de marque reste inférieur à 10 F TTC*

# La carte vidéo

Pour le DivX, pas besoin de la toute dernière carte graphique issue de la toute dernière génération d'accélérateurs graphiques. Une carte de moyenne gamme fera amplement l'affaire puisque, rappelons-le, c'est essentiellement le processeur qui est mis à contribution dans le décodage d'un DivX. Si vous en avez la possibilité, essayez néanmoins de choisir un modèle possédant une ou plusieurs sorties vidéo. Grâcc à cllc(s), vous pourrez en effet envoyer l'image sur votre téléviseur ou tout autre média de diffusion. Ne négligez pas non plus les entrées vidéo grâce auxquelles vous pourrez connecter par exemple votre Caméscope, votre magnétoscope ou tout autre type de source vidéo.

Attention

**Les cartes de décompression MPEG-2**

À la différence de la décompression DivX, la décompression MPEG-2 (celle des DVD vidéo, entre autres) peut s'effectuer de deux manières différentes : logicielle ou matérielle. Cette dernière décompression matérielle se révèle plus fiable parce que moins gourmande en termes de ressources que la décompression logicielle et garantit à coup sûr un débit constant aux images et au son.

▲ Fig. 1.6 : *Une carte d'acquisition numérique vous permettra de monter les films que vous aurez réalisés avec votre Caméscope numérique*

## Les différents formats d'entrées/sorties vidéo

On distingue plusieurs formats de connexion vidéo.

Le premier, également le plus répandu, est celui que l'on appelle analogique et qui utilise une prise au format Cinch RCA. C'est le moins performant en termes de qualité.

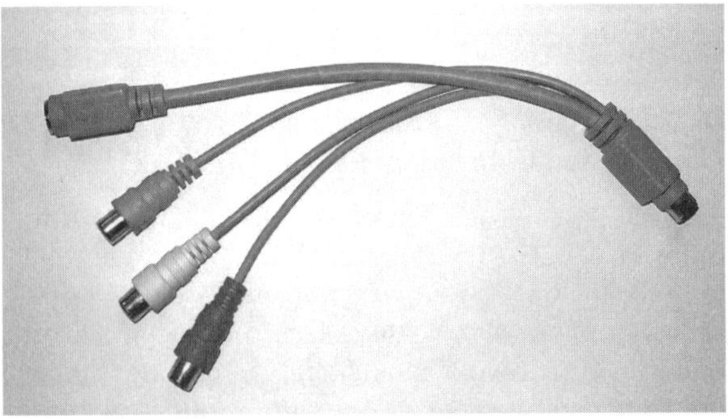

▲ Fig. 1.7 : *Une prise au format Cinch RCA*

Le second format est le S-Vidéo, qui procure une image de meilleure qualité que la connexion analogique.

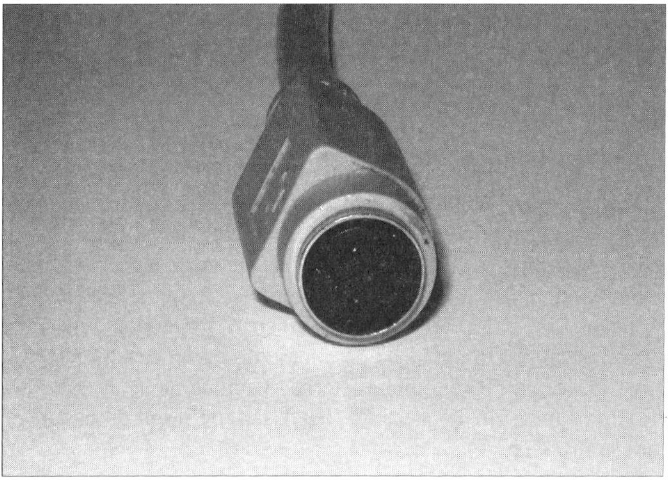

▲ Fig. 1.8 : *Une prise S-Vidéo*

Le troisième format est le format numérique, qui peut proposer différentes prises de connexion (câble cinch ou coaxial ou bien câble optique). On trouve ce format notamment à l'arrière des lecteurs de DVD de salon.

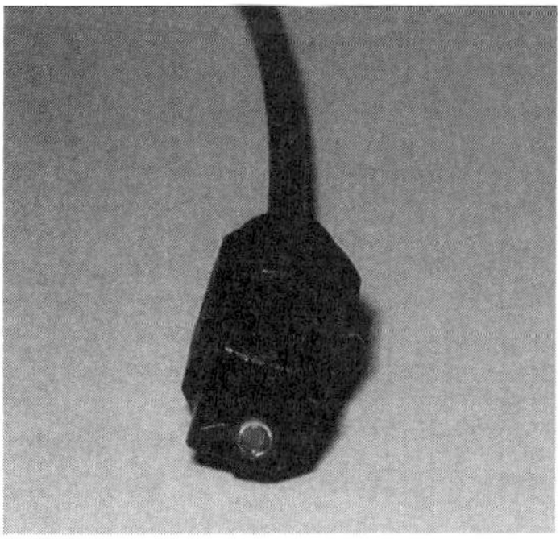

◄ Fig. 1.9 : *Une prise numérique au format optique*

## L'outsider Fire Wire

Initiée par Apple, cette norme de transfert de données est idéale pour la vidéo numérique. L'interface est présente sur les ordinateurs Macintosh (iBook, iMac et PowerMac). Vous trouverez en outre cette carte, également appelée IEEE 1394, pour vos PC. Dans ce cas, elle se présente sous la forme d'un périphérique optionnel ou bien est directement intégrée dans des ordinateurs portables, telle la série des VAIO de Sony.

La particularité essentielle de la norme de transfert Fire Wire est incontestablement son débit élevé. Différentes versions sont actuellement disponibles proposant respectivement les débits suivants : 12,5 Mo par seconde, 25 Mo par seconde et 50 Mo par seconde, un record battu actuellement uniquement par l'interface Ultra 2 SCSI, qui affiche le débit impressionnant de 80 Mo/seconde. Par ailleurs, l'interface Fire Wire permet de relier un maximum de 63 périphériques en série, sans qu'il soit nécessaire de recourir à un hub externe. Comme pour l'USB, ces périphériques peuvent être connectés à chaud, sans qu'il soit nécessaire de "rebooter" sa machine.

◄ Fig. 1.10 : *L'interface Fire Wire est disponible en série sur la dernière génération de portables de Sony, les VAIO*

## L'écran

La plupart des utilisateurs sont équipés d'un écran 17 pouces. En dessous de cette taille, vous risquez de ne pas visionner un film dans de bonnes conditions. Ne perdez pas de vue cependant que, paradoxalement, moins l'image DivX est grande, meilleure est sa qualité. À vous par conséquent de trouver le juste milieu. Un petit plus, si votre carte vidéo le permet : optez pour deux écrans capables d'afficher des éléments distincts. Vous pourrez ainsi lancer la diffusion d'un film sur l'un tandis que, sur l'autre, vous continuerez à travailler sur une ou plusieurs autres applications.

Pensez également à jeter un œil du côté du marché des écrans plats dont le prix a connu au cours de ces derniers mois une baisse singulière, certains modèles passant au-dessous de la barre des 5000 F.

## La carte son

Sans le son, l'image ne serait rien. N'hésitez pas à investir dans une carte capable de dispenser du son sur plusieurs canaux (avant et arrière). Le format DivX comprend en effet des pistes audio à même d'utiliser ces canaux multiples. De nombreux modèles sont disponibles chez les principaux constructeurs (Hercules, Creative...), par exemple la Game Surround Muse XL (Hercules), qui offre une gestion des multicanaux et bien d'autres choses encore pour un peu moins de 300 F !

▲ Fig. 1.11 : *Difficile de trouver aussi performant à prix aussi bas que la Muse XJ du constructeur Hercules*

## Les enceintes

Qui dit carte son de qualité dit forcément enceintes idoines. Choisissez un matériel en accord avec la disposition de votre installation, doté d'une puissance confortable et restant dans un budget raisonnable (autour de 1000 F). Creative Labs est, avec Altec Lansing, l'un des meilleurs constructeurs en la matière. Vous trouverez chez eux de nombreuses compositions sonores comprenant quatre satellites et un caisson de basse qui sauront au mieux faire vibrer vos images... Pensez également, si vous possédez un lecteur de DVD intégré à votre ordinateur, à étudier les modèles équipés de décodeurs pour les différents formats audio du DVD (Dolby 5.1, DTS...).

## Le lecteur de DVD-Rom

Indispensable si vous souhaitez non seulement regarder des films sur votre ordinateur mais également coder vous-même des DivX. En effet, vous ne pourrez extraire les fichiers *.vob*, nécessaires au codage DivX, qu'à partir d'un lecteur de DVD-Rom. Si vous souhaitez utiliser un lecteur de DVD de salon, vous devrez forcément passer par une carte d'acquisition et augmenter ainsi le temps de codage. Selon le modèle, vous disposerez de vitesses différentes (4X, 8X, voire 12X pour les plus récents). Le prix d'un lecteur de DVD de facture correcte se situe entre 900 et 1000 F.

▲ Fig. 1.12 : *Un très bon rapport qualité/prix chez Creative*

## Le graveur de CD-Rom

Il est très probable que vous en possédez déjà un. Si cependant tel n'est pas le cas, courez sans plus attendre chez votre revendeur et investissez 1000 F dans un modèle capable de graver au minimum en 6X. Le 8X est préférable mais attention car, au-delà de cette vitesse de gravure, les erreurs se font plus fréquentes et de moins en moins supportables. Le DivX est intimement lié au fait de pouvoir tenir intégralement sur un CD-Rom, d'où l'intérêt, pour ne pas dire la nécessité, de posséder un graveur fiable et performant.

## La machine PC idéale pour le DivX

Voici pour résumer une des configurations idéales possible pour goûter aux joies du DivX :

- Processeur : Pentium III 1 Go
- Mémoire RAM : 256 Mo
- Disque dur : 30 Go
- Carte graphique : modèle équipé d'entrées et sorties vidéo
- Écran : 17 (voire 19) pouces
- Carte son : capable de restituer les canaux multiples
- Lecteur de DVD : 12X
- Graveur de CD-Rom : 8X

# 1.2 Les logiciels nécessaires

Avant d'aborder au chapitre suivant la question de la réalisation des DivX et l'ensemble des utilitaires concernés, nous allons nous pencher sur la préparation de votre machine. Vous allez en effet avoir besoin de certains outils logiciels que nous allons vous décrire dans le détail afin que vous puissiez préparer au mieux votre configuration pour recevoir et lire sans difficulté les fichiers codés en DivX.

# L'Operating System

Il serait réducteur de dire que le DivX est un phénomène réservé au PC et à Windows. Certes, l'OS de Microsoft est le premier concerné par le DivX du fait des nombreuses applications développées sur cette plate-forme. La version 98 suffira mais, si vous possédez une version ultérieure (Millenium Edition par exemple), cela fonctionnera également. Sur MAC, les versions 9.1 ou OSX semblent tout à fait compatibles.

## Site

Pour les possesseurs de Macintosh, rendez-vous sur ces quelques sites en français et en anglais, spécialisés, entre autres, dans les utilitaires DivX pour Macintosh.

http://maclive.free.fr/index2.html

http://macosplus.free.fr/

http://mac.divx.dt

Un dernier petit mot pour évoquer le cas de Linux qui n'est pas en reste avec un lecteur compatible, XMPS (X Movie Player System). Dans sa version 0.2.0, le soft se révèle capable de lire des fichiers DivX, à condition toutefois d'installer le plug-in nécessaire. Plus d'infos sur ce site :

http://xmps.sourceforge.net/plugins.php3

Fig. 1.13 :
*Le lecteur pour Linux : XMPS*

# Le lecteur multimédia

## Windows Media Player 6.4

Une fois encore, c'est le programme de Bill Gates qui l'emporte. Le Windows Media Player de Microsoft est en effet un des principaux alliés du DivX. Rien de bien étonnant direz-vous quant on sait que les versions les plus récentes de ce lecteur intègrent par défaut le codec dédié au MP4. Il en existe plusieurs versions mais nous vous conseillons la version 6.4. En effet, nous avons constaté une certaine instabilité avec la version 7, pouvant parfois amener à des défauts de lecture (absence de son...). Ces problèmes sont pour l'instant observés tant sur PC que sur Mac. Vous trouverez la version 6.4 du logiciel Windows Media Player sur le CD de Windows 98, ou bien en téléchargement sur le site de Microsoft (www.microsoft.fr). Nous allons précisément vous présenter ce lecteur sous toutes ses coutures afin que vous puissiez en découvrir les moindres recoins et ainsi l'exploiter de manière optimale.

1. Lorsque vous lancez Windows Media Player 6.4, voici la fenêtre qui apparaît :

▲ Fig. 1.14 : *La fenêtre d'accueil de Windows Media Player 6.4*

2. Pour ouvrir un fichier compatible, quel qu'il soit, il suffit de cliquer sur la commande **Ouvrir** du menu **Fichier**.

▲ Fig. 1.15 : *Rien de bien compliqué jusque-là*

3. Si vous connaissez exactement l'emplacement et le nom du fichier en question, indiquez-les dans la fenêtre qui se présente à vous. Sinon, cliquez sur le bouton **Parcourir** pour explorer votre disque.

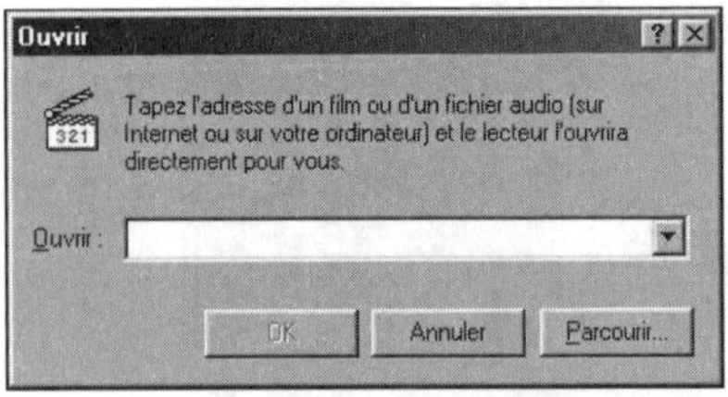


◄ Fig. 1.16 : *La fonction Parcourir constitue le moyen le plus rapide pour trouver un fichier*

4. Comme vous pouvez le constater, il est possible si vous le désirez d'accéder à tous les formats de médias proposés (image, vidéo ou audio). Ici, nous avons trouvé le fichier vidéo *.avi* qui nous intéresse.

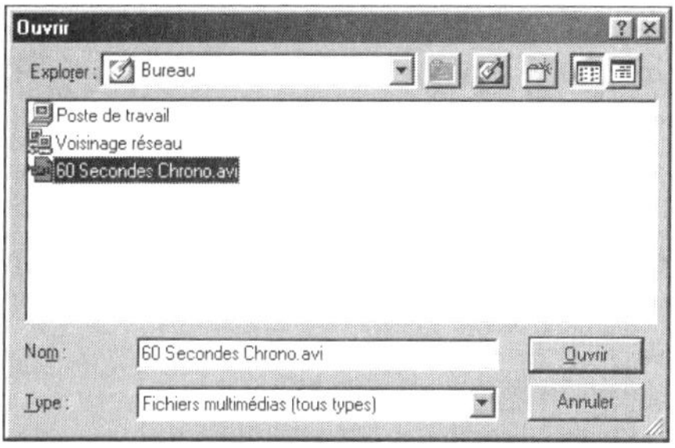


◄ Fig. 1.17 : *Il est également possible de ne sélectionner qu'un seul type de fichier (.avi par exemple)*

Remarque

**Les codecs**

Les écrans qui suivent supposent que vous avez installé les codecs DivX sur votre système. Pour connaître la marche à suivre, reportez-vous au paragraphe suivant sur les codecs et leur installation.

5. Si tout s'est bien déroulé et que votre lecteur est correctement installé, vous devriez voir apparaître les premières images de votre film.

▲ Fig. 1.18 : *Selon le format du fichier (4/3, 16/9e...), il se peut que la fenêtre subisse une transformation de taille*

Nous allons à présent nous attacher à vous présenter quelques-unes des fonctionnalités principales intégrées à Windows Media Player 6.4. Toutes ne sont pas indispensables mais mieux vaut prévenir...

1. La première des fenêtres de réglage intéressantes est celle des **Propriétés** (menu **Fichier/Propriétés**). Elle propose trois onglets, dont le premier reste purement informatif.

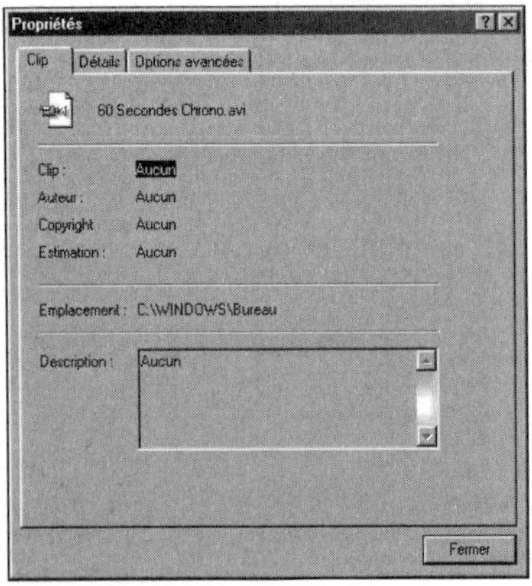


◄ Fig. 1.19 : *Les informations présentées ici sont créées par l'auteur du fichier*

2. En cliquant sur le second onglet de la fenêtre **Propriétés**, vous pourrez accéder à des informations complémentaires (taille du fichier, durée...).

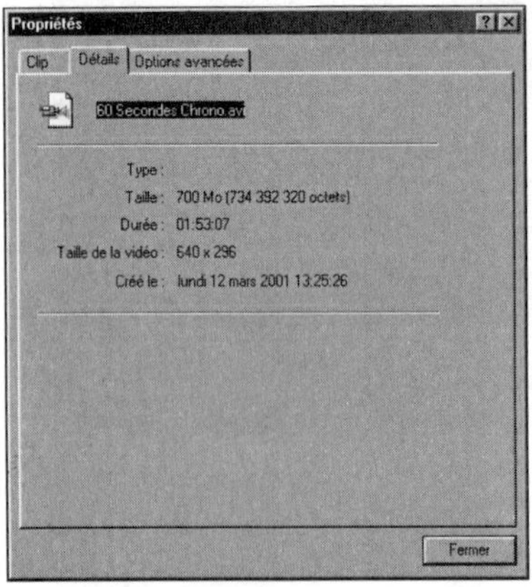


◄ Fig. 1.20 : *Plus de détails sur votre fichier...*

3. C'est enfin dans les options avancées que vous trouverez différents paramètres de réglage. En haut, les différents plug-ins et filtres installés ; au-dessous, les codecs. Si le codec du DivX apparaît dans la fenêtre des filtres, ne vous en inquiétez pas, c'est normal et cela ne l'empêche en rien de bien fonctionner.

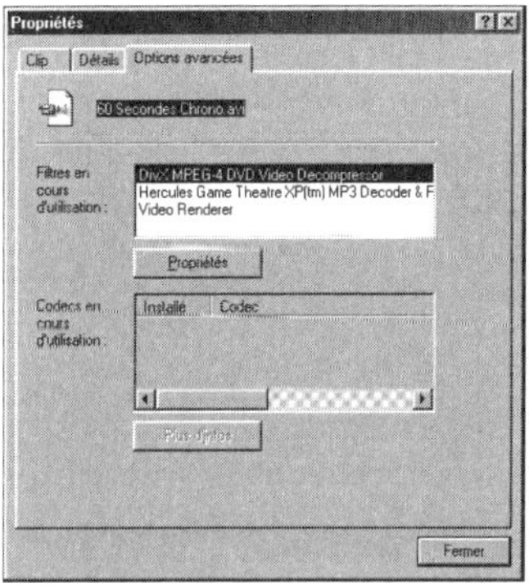


◄ Fig. 1.21 : *Le lecteur possède dans notre exemple trois filtres gérés et reconnus*

4. Nous allons à présent ouvrir la fenêtre de **Propriétés** du codec (ou filtre...) DivX. Comme vous pouvez le voir sur cet écran, cinq réglages sont accessibles. Le premier (CPU Quality) représente le degré de mise à contribution du processeur. Les quatre suivants sont des paramètres de visualisation qu'il vous suffira d'expérimenter pour en comprendre les effets.

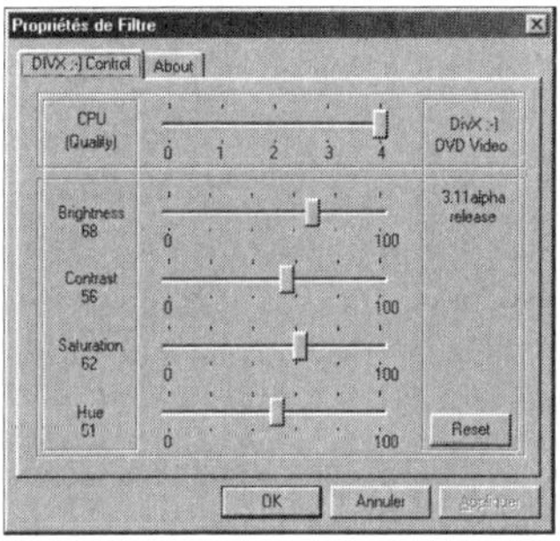


◄ Fig. 1.22 : *Les modifications de visualisation sont appliquées en temps réel sur le film, ce qui permet un réglage très précis*

Passons à présent aux différentes options d'affichage.

Un menu entier est consacré à l'affichage. Vous y apprendrez comment passer d'une taille d'écran à une autre de manière très compréhensible.

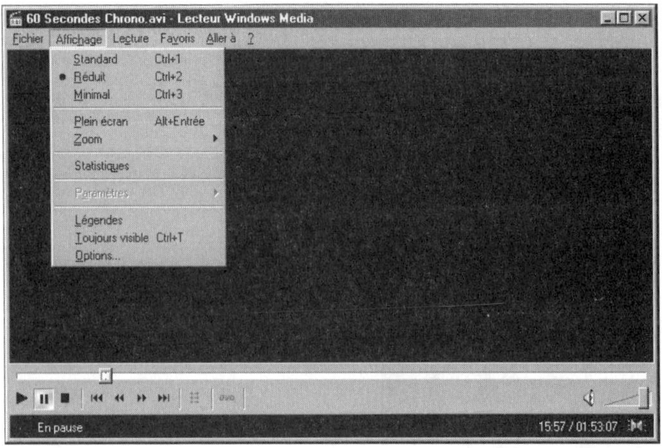


▲ Fig. 1.23 : *Le menu Affichage propose quelques raccourcis clavier intéressants*

En dernière position dans le menu **Affichage**, vous trouverez une fonction dédiée aux options. Cliquez dessus pour ouvrir la fenêtre suivante. Nous ne nous étendrons pas sur les différents choix car ils sont relativement simples à interpréter, à part peut-être les options avancées qui concernent le streaming mais, pour l'instant, le DivX n'est pas concerné.

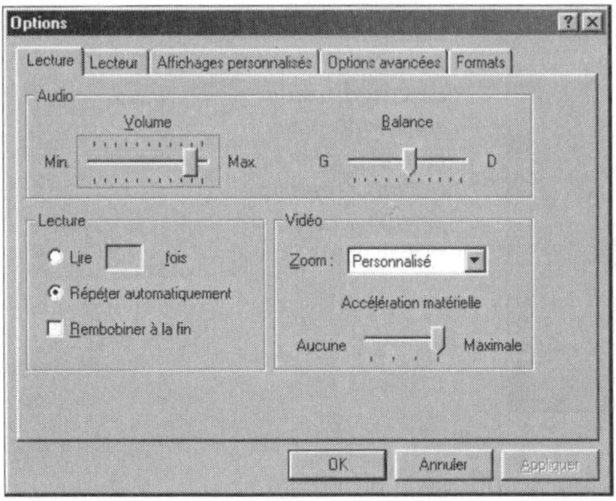


◄ Fig. 1.24 : *Faites votre choix parmi les différentes options d'affichage et de lecture*

Astuce

**Raccourci**

Pour passer du mode d'affichage Fenêtre au mode Plein écran, vous pouvez utiliser le raccourci clavier suivant : [Alt] + [Entrée]. Idem pour revenir au mode Fenêtre.

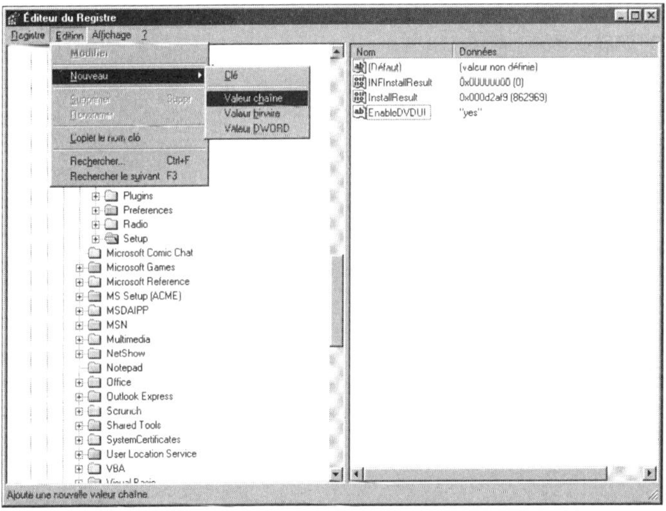


▲ Fig. 1.25 : *L'éditeur de base de registre regedit.exe*

Astuce

**Lire des DVD vidéo**

Il est possible d'activer la lecture des DVD vidéo dans Windows Media Player 6.4. Pour cela, lancez l'éditeur de base de registre qui se trouve dans le répertoire de Windows (Regedit.exe), puis ouvrez les répertoires et sous-répertoires suivants :

```
HKEY_CURRENT_USER\Software\Microsoft\MediaPlayer\Player
➥ \Setup.
```

Astuce

Ensuite, rendez-vous dans le menu **Edition** et cliquez sur l'option *Nouveau* avant de sélectionner **Valeur chaîne.** Puis double-cliquez sur la ligne qui vient de s'afficher devant vous et, dans le champ intitulé *données de la valeur*, entrez le mot yes. Redémarrez votre machine et voilà votre Media Player capable de lire vos DVD vidéo...

## Les autres lecteurs de DivX

Le Media Player de Microsoft a beau afficher son hégémonie sur l'univers des lecteurs multimédias, plusieurs autres lecteurs sont dotés de fonctions soit plus nombreuses, soit plus efficaces dans tel ou tel domaine. Nous allons vous en présenter quelques-uns, sans trop entrer dans les détails toutefois. Beaucoup d'autres modèles existent et les versions sont sans cesse en évolution ; visitez donc le plus souvent possible les sites propriétaires pour vous tenir informé et télécharger les mises à jour éventuelles.

## The Playa

Il s'agit du lecteur officiel proposé par les créateurs du DivX (www.projectmayo.com). Spécialement conçu pour la lecture des fichiers DivX, ce logiciel offre quelques particularités inédites, par exemple celle de pouvoir télécharger et lire un fichier en même temps.

Fig. 1.26 : *Le lecteur "The Playa" de Project Mayo*

## Micro DVD Player

Disponible à l'adresse www.tiasoft.de/, ce lecteur permet de lire les DVD vidéo mais également les fichiers audio et vidéo de différents formats (*.avi*, *.mp3*, *.wav*, *.mpg*, *.asf*...). Le DivX est également reconnu une fois que vous aurez installé le codec. Autre particularité, celle de pouvoir, comme Winamp, changer d'aspect par le biais de skins interchangeables.

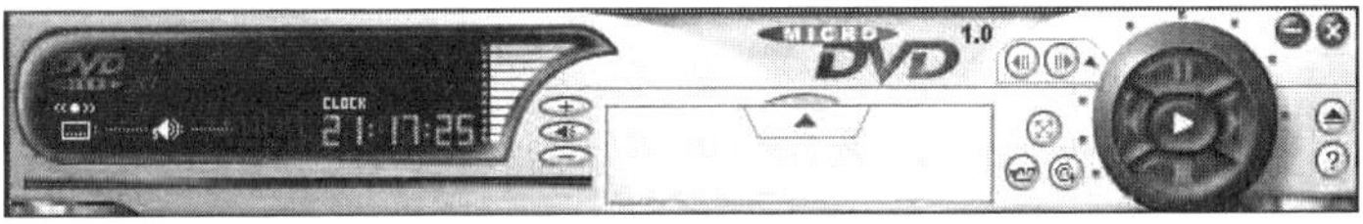


▲ Fig. 1.27 : *Le lecteur Micro DVD Player*

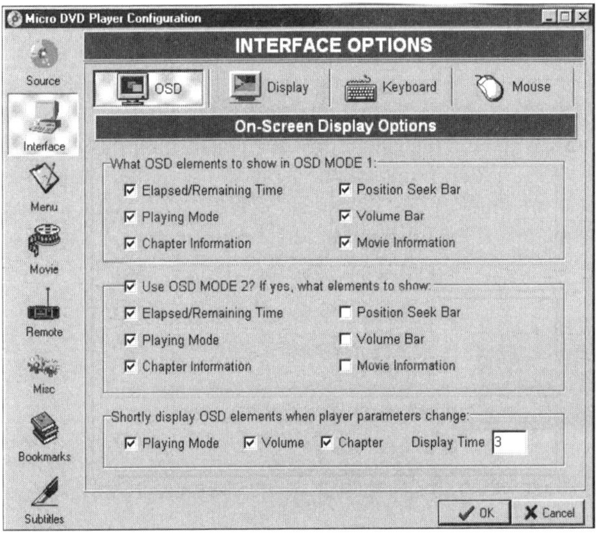


▲ Fig. 1.28 : *Le panneau de configuration de Micro DVD Player*

## Home Player

Ce lecteur est très semblable à Micro DVD Player, avec toutefois la lecture de DVD en moins. Pas de skins non plus. Vous le trouverez à l'adresse http://bobydigital.cjb.net.

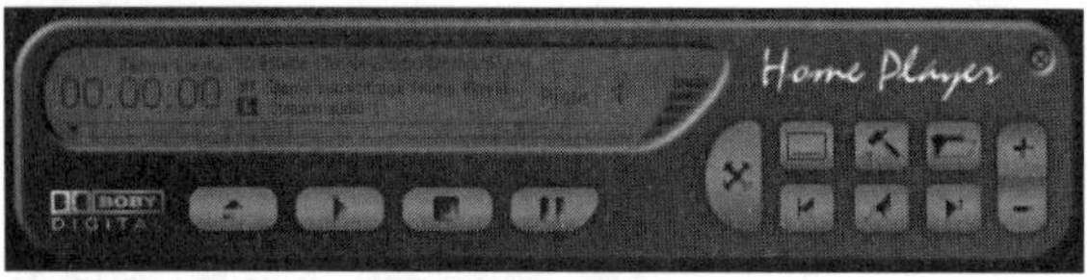


▲ Fig. 1.29 : *Le lecteur Home Player*

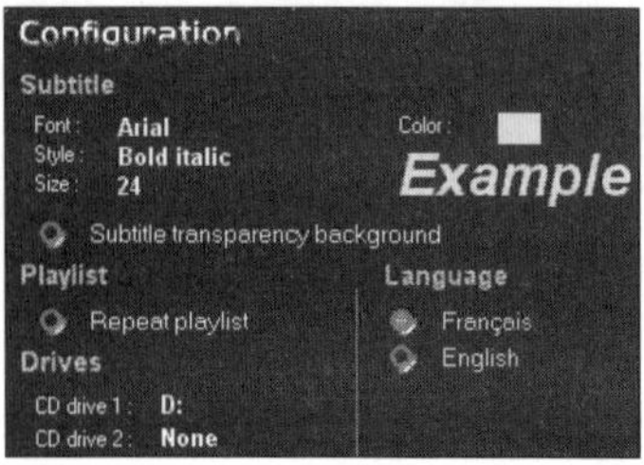


◄ Fig. 1.30 : *Sa fenêtre d'options*

## Global DivX (GdivX)

Voici une très bonne solution de remplacement au Media Player de Windows. GdivX est en effet un lecteur plus que jamais multimédia (ASF, MPEG, WMV, AVI...) qui propose une grande ergonomie dans ses commandes avec notamment des raccourcis clavier semblables à ceux utilisés dans Winamp. Il est disponible au téléchargement à l'adresse www.divxity.com/download.php.

◄ Fig. 1.31 : *Le lecteur Global DivX*

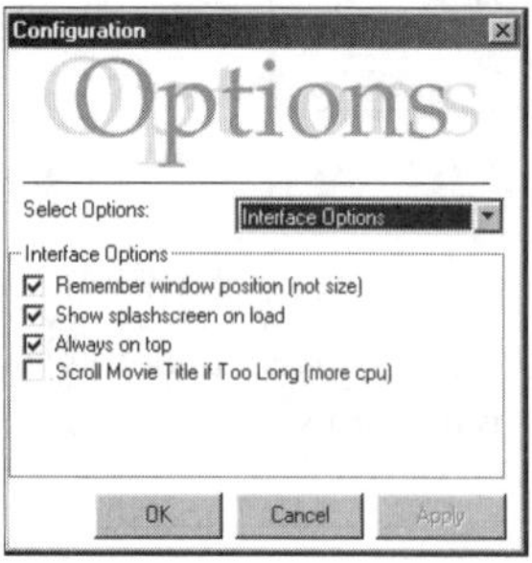


◄ Fig. 1.32 : *La fenêtre des options*

# 1.3 Le cas des CODECS !

Tous les programmes de lecture de DivX que nous venons de vous présenter nécessitent la présence sur votre système du fameux "codec" DivX. Le mot "CODEC" est en réalité l'abréviation de CODeur/DECodeur. En ce qui concerne le codec DivX, il s'agit d'un petit programme destiné à compléter votre lecteur multimédia en le rendant compatible avec les fichiers DivX. Étant donné que ce programme est disponible en "Open Source" sur Internet, il est virtuellement possible à tout un chacun d'accéder aux lignes du programme et de tenter d'en améliorer les performances. C'est très probablement pour cette raison que les versions se succèdent à vitesse grand V et que l'on trouve le programme en libre téléchargement sur des centaines de sites, dans tous les pays et toutes les langues...

## Installer le codec DivX

Pour télécharger la toute dernière version du codec DivX, nous vous recommandons de vous rendre sur l'un des sites que nous vous présentons au chapitre consacré aux sites dédiés au DivX. Voici ensuite la marche à suivre pour effectuer une installation en bonne et due forme avec la version 3.22, considérée comme la plus aboutie au moment où nous rédigeons ces lignes.

**Attention**

**DirectX**

Sous Windows, il est indispensable de posséder une version récente de DirectX correctement installée et configurée (7.0 ou supérieure). Vous trouverez le programme en question sur le site de Microsoft mais également sur de nombreux sites DivX.

1. Le codec peut se présenter, selon sa version, soit sous la forme d'un fichier directement exécutable (*.exe*), soit sous la forme d'un fichier compressé à décompacter (*.zip*). Dans le premier cas (*.exe*), une fois le téléchargement achevé, double-cliquez sur le fichier et l'installation se fera automatiquement.

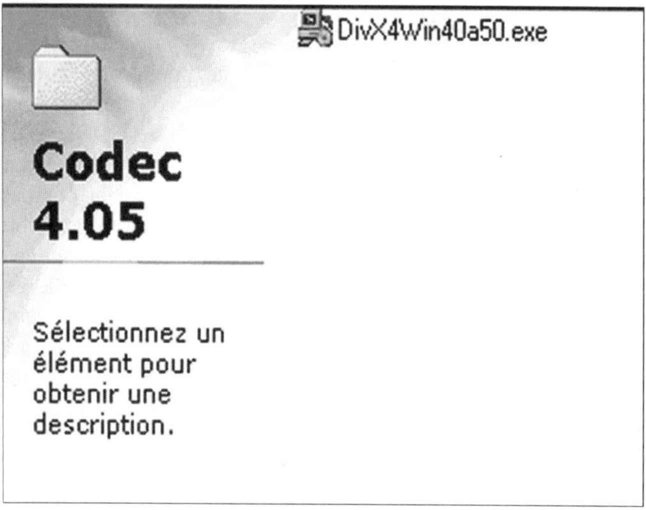


▲ Fig. 1.33 : *Le codec 4.05 en version alpha (non finalisée) se résume à un simple fichier auto-extractible*

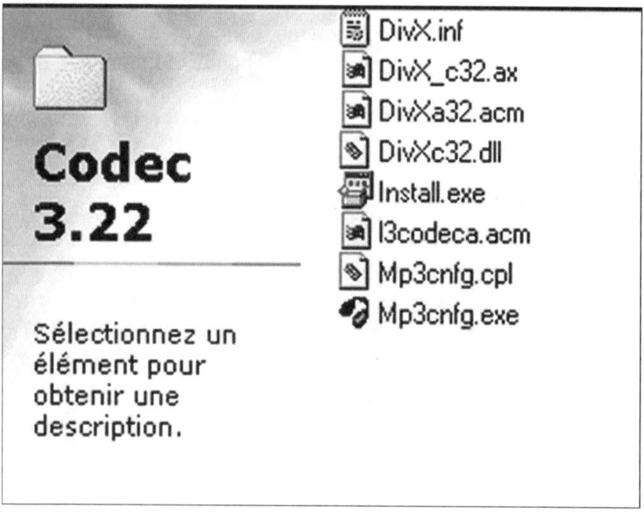


▲ Fig. 1.34 : *En revanche, la version 3.22 se compose de plusieurs fichiers zipés*

Ne vous étonnez pas de la rapidité à laquelle se déroule l'installation, c'est tout à fait normal compte tenu de la petitesse du fichier (700 Ko, environ). Il est ensuite nécessaire de redémarrer votre ordinateur afin que le codec soit pris en compte par votre lecteur multimédia.

2. L'étape suivante consiste à vérifier que l'opération s'est bien déroulée. Pour cela, nul besoin de passer des heures à apprendre comment coder vous-même un DivX, téléchargez plutôt la vidéo fournie à titre d'exemple par le site officiel Projectmayo.

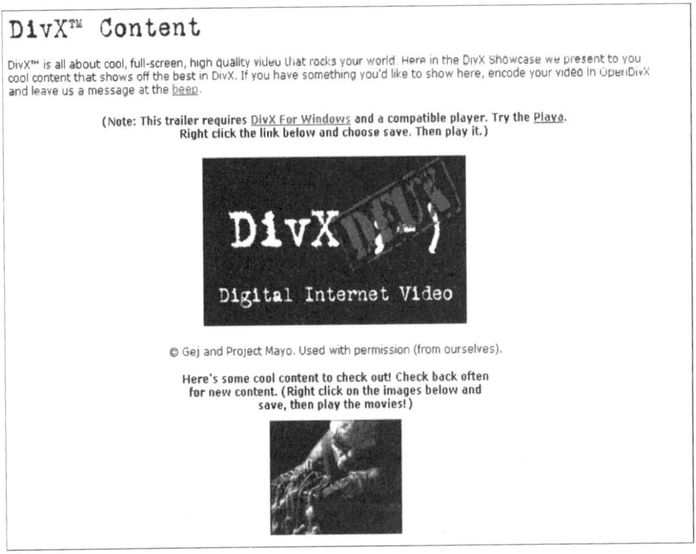


▲ Fig. 1.35 : *Choisissez l'une des deux vidéos DivX proposées sur le site Projectmayo*

3. Il ne vous reste plus qu'à lancer la vidéo pour être certain du bon fonctionnement de votre lecteur de média et du codec nouvellement installé (voir fig. 1.36).

Vous êtes à présent en mesure de lire n'importe quel fichier DivX qui se trouvera entre vos mains.

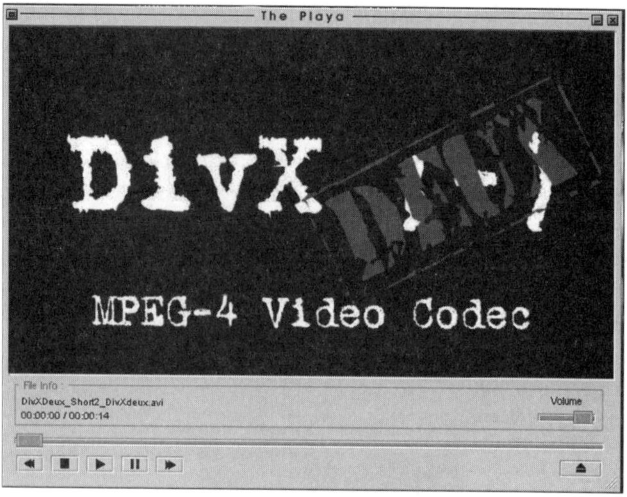


▲ Fig. 1.36 : *La vidéo de test*

# Optimisez votre configuration

Comme nous le précisions un peu plus haut, la lecture de fichiers DivX est plutôt exigeante en termes de ressources. Cependant, à puissance égale, deux machines peuvent réagir de manière radicalement différente à la lecture de fichiers vidéo DivX. Le premier conseil est naturellement de posséder une configuration aussi "propre" que possible. Effectuez une défragmentation de votre disque dur, désinstallez les programmes inutiles, bref faites le ménage. Concernant Direct X, téléchargez la dernière version disponible sur le site de Microsoft. Il se peut que, malgré tous vos efforts, le résultat reste au-dessous de vos espérances. Avant de désespérer et de vous lancer dans des investigations complexes, pensez à vérifier ces quelques points.

## Le nombre de couleurs de l'affichage

En cliquant avec le bouton droit de la souris dans une zone vide du Bureau de Windows puis en cliquant sur la commande **Propriétés**, vous accéderez aux paramètres d'affichage. Cliquez sur **Paramètres** et réglez les couleurs sur 16 bits.

## La résolution

Lorsque vous diminuez la résolution de votre affichage, l'image vidéo affichée occupe une plus grande portion de votre écran sans pour autant qu'il soit nécessaire de l'agrandir, ce qui peut occasionner des défaillances dans la régularité de la lecture.

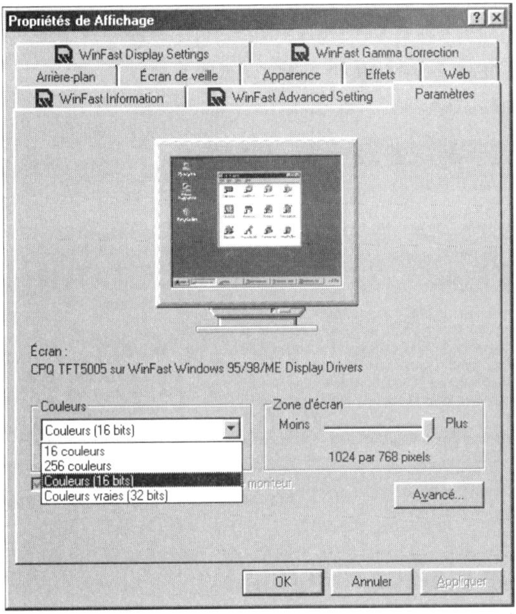


▲ Fig. 1.37 : *La fenêtre des propriétés d'affichage*

## La qualité du débit de votre lecteur de CD

Si vous souhaitez obtenir un résultat optimal, l'idéal est de transférer le film que vous souhaitez visionner sur votre disque dur. Cependant, il vous arrivera très probablement de lire des fichiers directement depuis le CD sur lequel ils sont stockés. Dans ce cas, il est très important que votre lecteur de CD-Rom assure un débit constant et régulier. Le moindre défaut de lecture pourra en effet se traduire par une perte de l'image ou du son. Si votre lecteur est neuf ou récent, il ne doit normalement pas poser de problèmes. En revanche, s'il date un peu, pensez à en vérifier les capacités au moyen par exemple d'un logiciel de diagnostic. Vous en trouverez sans peine sur Internet, dans les domaines freeware et shareware (essayez de lancer une recherche sur le site de Ziff Davis (www.zdnet.fr).

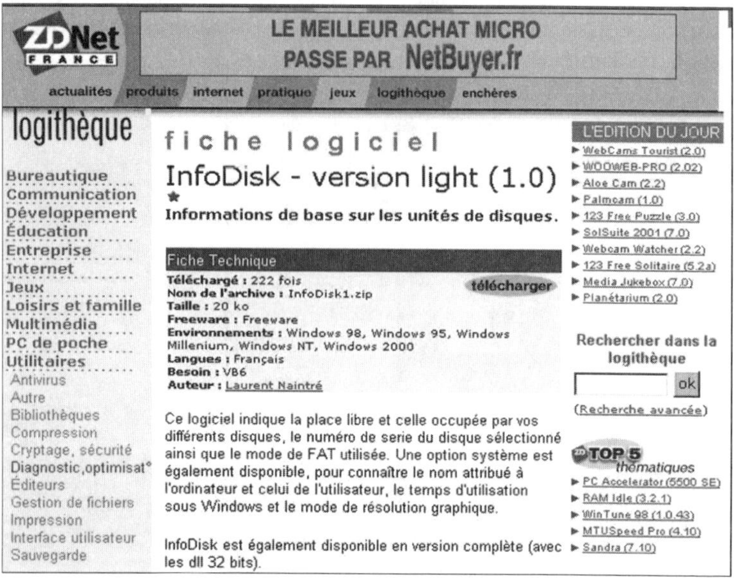


▲ Fig. 1.38 : *Un des nombreux utilitaires disponibles sur le site de Ziff Davis France*

# DivX + portable, le cinéma itinérant !

Avant l'arrivée du DivX, il n'existait pas beaucoup de solutions pour pouvoir visionner un film ailleurs que sur un téléviseur. Depuis l'avènement de ce format, l'ordinateur est peu à peu devenu un sérieux concurrent. Certes, il y a bien eu le CD vidéo mais, malgré de nombreuses années d'existence, jamais le format n'a réussi à s'imposer, en Europe en tout cas. Avec le DivX, la donne est quelque peu différente en raison de la qualité améliorée de l'image et du son mais également du fait qu'un film puisse tenir intégralement sur un CD alors que le format CD vidéo exigeait souvent deux CD.

Comment faire pour profiter d'un film ailleurs que chez soi et sans fil à la patte ? La première solution est celle qui consiste à investir dans un lecteur de DVD portable avec écran intégré. La qualité est certes optimale mais le prix est en conséquence (entre 8 000 et 11 000 F selon les marques et les modèles). De plus, l'écran est généralement de petite taille, moindre en tout cas que l'écran d'un ordinateur portable...

▲ Fig. 1.39 : *Un modèle de DVD portable avec écran chez le constructeur Panasonic*

## Le DivX mobile...

Dans un ordinateur portable, il est fréquent de trouver un lecteur de CD-Rom, bien que certains modèles particulièrement petits ne proposent ce lecteur qu'en périphérique externe, par conséquent difficile à transporter. Quant aux lecteurs de DVD, les premiers modèles portables qui en proposent se montrent financièrement prohibitifs (aux alentours de 15 000 F pour les moins chers). Heureusement, le roi DivX est là !

## Quel modèle choisir ?

L'un des points faibles de l'ordinateur portable est sans aucun doute sa carte graphique. Cela ne constitue pas un problème dans le cas du DivX qui exploite prioritairement le processeur. Comme pour un ordinateur de bureau, choisissez un processeur supérieur ou égal à 300 MHz. En ce qui concerne l'installation des logiciels de lecture et autres codecs, la marche à suivre est exactement la même que précédemment. Grâce à cette solution, vous allez vous retrouver propriétaire d'une machine multimédia capable de lire des films et bien d'autres choses encore...

Si vous envisagez de coder des fichiers DivX sur votre portable, veillez à choisir un modèle équipé d'un disque dur d'au moins 6 Go. Une dizaine de Go constitue un compromis intéressant entre l'investissement et l'utilisation nécessaire. À la différence d'une station fixe, changer un composant (mémoire, processeur, disque dur...) dans un portable peut se révéler extrêmement coûteux, voire impossible. Pour cette raison, il est conseillé de bien se renseigner et de bien réfléchir avant de pencher pour tel ou tel modèle. Le marché de l'occasion offre également des opportunités qui peuvent s'avérer intéressantes (30 à 50 % moins cher que le neuf).

◄ Fig. 1.40 : *Tarzan, de Disney, version DivX sur portable...*

## Côté autonomie

La durée de la batterie est intimement liée à l'autonomie d'un ordinateur portable. Or les batteries rechargeables livrées à l'origine présentent une durée de vie limitée. De plus, compte tenu de la taille des écrans récents ainsi que du grand nombre de composants internes alimentés (lecteur de CD...), les portables sont devenus de plus en plus gourmands en énergie. Ainsi, un modèle équipé en série d'un écran couleur de 12'' ou davantage, d'un lecteur de CD-Rom intégré et des autres composants de base n'offrira guère plus de deux ou trois heures de fonctionnement avec une charge de batterie. Plusieurs solutions existent pour contourner le problème. La première consiste à économiser autant que possible l'énergie en évitant au maximum les consommations inutiles. Pensez par exemple à programmer une veille de l'écran assez précoce. Autre facteur de consommation, le lecteur de CD, car son moteur tourne pratiquement en permanence lorsqu'un CD est sollicité. Si vous lisez un DVD, vous n'aurez pas le choix et devrez utiliser le lecteur de DVD (si vous en possédez un). En revanche, un fichier DivX peut être copié dans son intégralité sur le disque dur et, ainsi, vous permettre d'économiser la durée de votre batterie puisque l'accès au disque dur est beaucoup moins exigeant en énergie.

Astuce

**Plus d'autonomie**

Il est toujours possible de prévoir une seconde batterie de rechange de façon à doubler le temps de fonctionnement en autonomie de votre portable.

## Les films et le reste...

N'oubliez pas que le format DivX ne réserve pas ses faveurs au seul visionnage de films issus de DVD vidéo. Le DivX peut également être utilisé pour des montages plus courts, à des fins par exemple de conférences ou de démonstration. L'avantage par rapport à un fichier *.avi* traditionnel ne se situera pas cette fois au niveau du gain de qualité de l'image ou du son mais plutôt au niveau de l'espace mémoire gagné grâce à la compression améliorée.

## Vive les vacances !

Si vous possédez un Caméscope numérique et que votre portable soit équipé d'une interface Fire Wire (IEEE 1394), dites-vous que vous allez pouvoir réaliser des montages directement depuis votre lieu de villégiature, par exemple pour les offrir à vos amis après les avoir exportés sur une cassette DV puis VHS. De la même façon, en ne sélectionnant que les moments intéressants de vos films et en les sauvegardant au format DivX, vous réaliserez un important gain de place et pourrez ainsi réutiliser instantanément vos cassettes DV, si coûteuses à l'achat et qui risquent de s'endommager, par exemple à cause de la chaleur...

Renvoi

Vous trouverez toutes les informations et manipulations liées à la capture depuis un Caméscope dans un chapitre qui s'y consacre entièrement.

▲ Fig. 1.41 : *Un couple peu encombrant mais ô combien efficace...*

# Du petit au grand écran

A priori, on peut penser que le DivX est étriqué dans les quelques dizaines de centimètres carrés de son écran d'ordinateur. Pourtant, si vous vous équipez de quelques périphériques de câblage, sachez que vous allez pouvoir "exporter" vos images vers votre téléviseur ou, mieux, vers un projecteur vidéo...

## Par ici la sortie...

Avant toute chose, il vous faut savoir qu'il existe en tout et pour tout deux possibilités pour recueillir le signal vidéo de votre ordinateur. Le premier est la sortie S-VGA, celle-là même qui vous sert pour connecter votre écran d'ordinateur. Malheureusement, cette prise n'est pas compatible avec grand-chose. Inutile par exemple d'espérer trouver un câble capable de la transformer en prise Peritel... En revanche, les heureux possesseurs de projecteurs vidéo pourront trouver une entrée au format S-VGA.

Astuce

**Les boîtiers répartiteurs**

De nombreux boîtiers de connexion sont proposés sur le marché. Vous pourrez grâce à eux brancher plusieurs appareils et passer de l'un à l'autre sans être obligé de débrancher constamment vos prises.

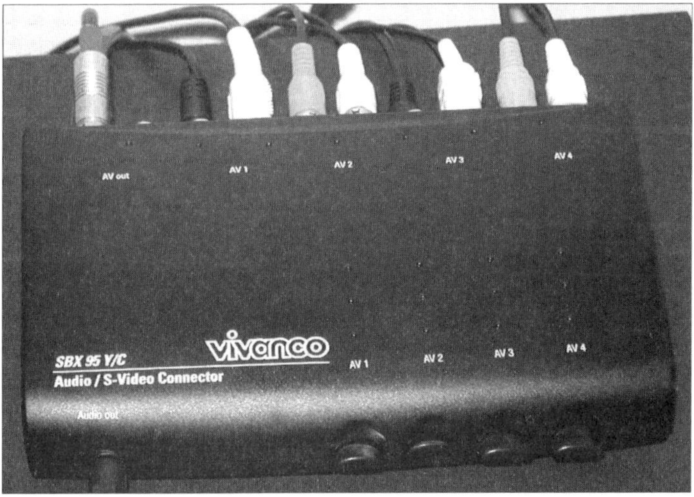


▲ Fig. 1.42 : *Un boîtier S-Vidéo/Cinch/audio*

La seconde possibilité est, de loin, la plus répandue. Elle consiste à passer par la sortie de votre carte vidéo, si tant est que cette dernière en possède une. Attention à respecter le format et à utiliser les bons câbles afin de connecter votre ordinateur sur votre téléviseur ou, plus simplement, sur votre magnétoscope. En effet, outre la possibilité supplémentaire de pouvoir enregistrer vos images sur des K7 VHS, vous trouverez à coup sûr une prise d'entrée, au minimum au format analogique (Cinch) et au mieux au format S-Vidéo.

## Trouver sa place !

Installer un ordinateur de bureau à proximité de la télévision du salon n'est pas toujours une solution facilement envisageable. Aussi bien sur le plan esthétique que sur le plan pratique, cette option exige en outre une certaine longueur de câbles pour relier le clavier et la souris à l'unité centrale. Tirer des mètres de câble entre votre bureau et votre salon n'est guère davantage encourageant car la moindre manipulation des commandes vous demandera d'incessants va-et-vient entre les pièces concernées.

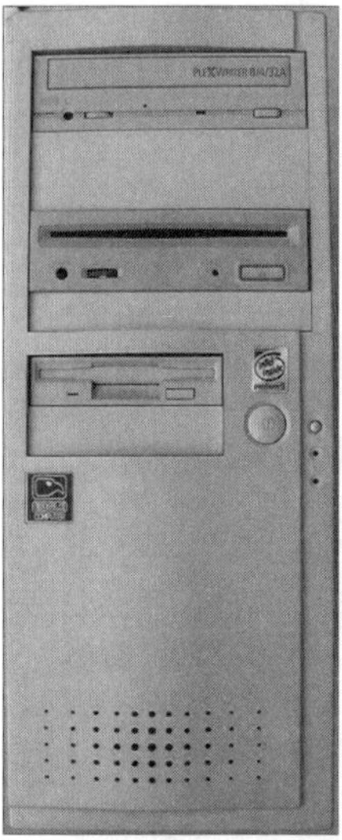

◄ Fig. 1.43 :
*Même sans écran, une tour reste une tour...*

Une fois de plus, le portable apporte une solution toute trouvée. Il s'intégrera en effet très facilement dans le décor d'un salon et saura vite se faire oublier. Une fois la séance vidéo terminée, votre petit bijou pourra servir à d'autres usages.

Remarque

**Plus de tout !**

L'image gagne en taille et le son également, surtout si vous possédez un système d'amplification dédié à votre installation TV.

▲ Fig. 1.44 : *Les premiers pas vers le home-cinéma...*

## Le must !

Attention, cette solution exige un budget important mais quel résultat ! L'opération consiste à vous équiper d'un projecteur vidéo. Il en existe de plusieurs catégories, exploitant différentes technologies. Pour le multimédia, nous vous conseillons de jeter un œil du côté des modèles LCD offrant au minimum une résolution de 800 x 600 (S-VGA). Si vos moyens vous le permettent, choisissez un XGA : vous atteindrez ainsi le nirvana du 1024 x 768. Comptez entre 20 000 et 30 000 F.

▲ Fig. 1.45 : *Un projecteur vidéo LCD ressemble un peu à un projecteur de diapos...*

Pensez à explorer le marché de l'occasion qui regorge de modèles parfois très récents vendus souvent à moitié prix. La raison de cette profusion de machines de seconde main tient au perpétuel renouvellement du parc lui-même, à la grande quantité de modèles qui voient le jour depuis deux ou trois ans. L'explosion du DVD n'est certainement pas étrangère à cet engouement pour des générateurs d'images surdimensionnées.

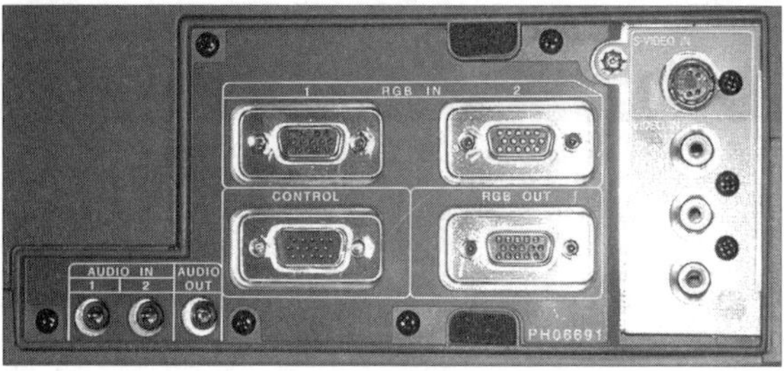


▲ Fig. 1.46 : *Du côté du panneau de connexions, il y a le choix !*

Outre la vidéo, toutes vos autres applications informatiques vont être transformées par l'utilisation d'un projecteur, du surf sur Internet aux jeux en passant par les séances photos ou bien encore les applications graphiques.

Chapitre 2

# Créer un DivX

Le DivX consiste donc en un codage particulier destiné à rendre un fichier vidéo compatible avec le codec DivX. Ce fichier vidéo peut se présenter sous différentes formes selon qu'il provient d'un DVD vidéo, d'un CD vidéo ou bien du disque dur de votre ordinateur. Dans tous les cas, il sera néanmoins indispensable de transiter par le disque dur. À l'heure actuelle, il est en effet impensable et plus simplement impossible de copier directement depuis un support (CD ou DVD) en lecture directe, comme c'est par exemple possible dans le cas d'un CD audio. La raison de cette limite est le codage qui demande de nombreux calculs et par conséquent une phase de traitement relativement longue. Comptez en effet environ 3 fois (ou plus) la durée de la vidéo dans son format original, selon le type de compression et la puissance du processeur qui se charge des calculs.

Nous allons donc distinguer le codage à partir d'un DVD vidéo du codage à partir d'un fichier déjà présent sur votre disque dur, dans un format ou un autre. Les manipulations sont comparables mais nous vous les présenterons avec des logiciels différents afin que vous ayez une idée la plus large possible des manœuvres à effectuer pour parvenir à vos fins.

## 2.1 Du DVD vidéo au DivX...

▲ Fig. 2.1 : *Du DVD au DivX, il n'y a qu'un pas, encore un peu long à franchir...*

La seule évocation de cette possibilité fait rêver. Quel confort et quel plaisir en effet que celui de pouvoir transférer vos films préférés sur un simple CD-Rom à quelques francs et vous constituer ainsi, à peu de frais, une collection parallèle à votre vidéothèque... Un rêve accessible qui peut pourtant rapidement se transformer en cauchemar si vous ne prenez pas le temps de préparer correctement votre matériel et de vous équiper des bons logiciels.

## Les préparatifs

Avant tout, assurez-vous que votre processeur et votre mémoire vive (RAM) sont respectivement suffisamment performants et volumineux pour prendre en charge les opérations de codage. Pour cela, rendez-vous dans la fenêtre des **Propriétés Système**. Vous pourrez y accéder en cliquant avec le bouton sur l'icône *Poste de travail* puis en choisissant la commande **Propriétés**.

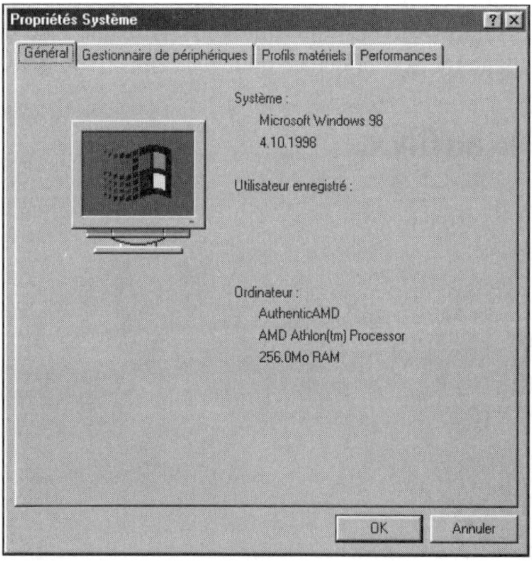


Fig. 2.2 : *Quelques indications sur les performances de votre ordinateur*

Vous trouvez, dans l'ordre, la version de Windows que vous utilisez, le nom de l'utilisateur enregistré (vous, normalement) et, juste au-dessous, le type de processeur embarqué ainsi que la quantité de Ram. Ici, nous voyons que nous sommes en présence d'un Athlon AMD et que nous disposons de 256 Mo de RAM. Pour connaître la fréquence du processeur, il suffit soit d'être attentif lors du démarrage de votre machine (l'information apparaît un court instant), soit de vous rendre dans le BIOS en appuyant sur la touche [Suppr] (ou [Del]) toujours lors du démarrage de votre ordinateur.

Remarque

**La mémoire qui flanche ?**

S'il vous manque de la mémoire, il vous suffit d'aller en acheter chez votre fournisseur habituel. Nous vous conseillons de vous munir des barrettes que vous possédez déjà afin d'être certain de la compatibilité de celles que vous allez ajouter.

Soyez ensuite certain de la taille de votre disque dur et de l'espace disponible qu'il offre. Il est facile de connaître ces deux informations, directement depuis le Poste de travail de Windows 98 ou supérieur. Comme vous pouvez le constater sur cette image, il suffit de cliquer sur le disque dont vous souhaitez connaître les caractéristiques afin de le mettre en surbrillance. Dans cet exemple, le disque C : possède un volume de 28,6 Go, dont une quinzaine reste disponible.

Fig. 2.3 : *Le poste de travail vous présente la liste des lecteurs contenus dans votre système*

**Astuce**

### Un deuxième disque dur

Ajouter un second disque dur peut s'avérer un choix judicieux afin de ne pas être contraint d'effacer des données pour faire de la place. Voyez les choses en grand et préférez une capacité de 20 ou 30 Go, au minimum.

Si vous ne l'avez pas effectué récemment, lancez une opération de défragmentation. Dans Windows 98 et +, vous trouverez cet outil dans le menu **Démarrer/Programmes/Accessoires/Outils système**. La défragmentation sert à optimiser les données contenues sur un disque dur de façon que les applications y accèdent plus facilement et démarrent ainsi plus rapidement.

Fig. 2.4 : *Si vous disposez de plusieurs disques durs, choisissez celui que vous désirez défragmenter*

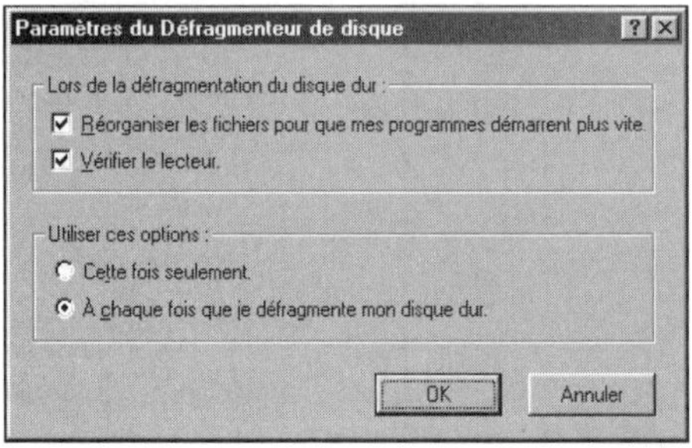


Fig. 2.5 : *Quelques paramètres non indispensables à modifier...*

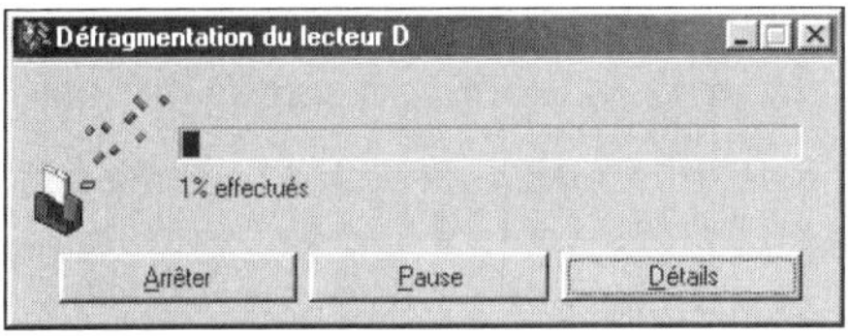


Fig. 2.6 :
*La défragmentation est une opération longue qui peut prendre plusieurs dizaines de minutes, voire plusieurs heures selon la taille du disque traité*

Après ces dernières vérifications, vous voilà prêt à vous lancer dans votre premier codage de DVD vidéo...

## Extraction sans douleur...

La première étape dans la création d'un fichier DivX à partir d'un DVD consiste à transférer les fichiers contenus sur le DVD en question vers votre disque dur. Il faut pour cela utiliser un programme que l'on appelle "extracteur" ou bien encore "ripper". Ce programme est nécessaire pour la bonne et simple raison que la plus grande partie des DVD vidéo sont dotés d'une protection nommée "CSS" qui empêche toute copie des fichiers présents sur le DVD (les *.vob*) sur tout autre support (disque dur...). À malin, malin et demi puisque les programmes rippers de DVD font, pour la plupart, sauter ces protections.

Nous avons choisi de vous présenter quelques-uns des rippers les plus efficaces qui circulent actuellement sur le Net. Sans cesse remises à jour, les versions se suivent et, le plus souvent, se ressemblent. En effet, dans la majorité des cas, les updates ne modifient pas structurellement l'interface ni l'organisation des fonctions générales, ce qui permet à chacun de retrouver ses marques même après avoir téléchargé une mise à jour pour tel ou tel programme.

En ce qui concerne leurs performances respectives, nous n'avons pas constaté de différences notoires en termes de vitesse. Les seules caractéristiques à même de vous faire pencher pour un logiciel ou pour un autre sont donc son interface, ses éventuelles options et plus globalement sa simplicité de prise en main.

Remarque

**Un fichier .vob, qu'est-ce que c'est ?**

Cette extension de trois lettres est en fait l'acronyme de Vidéo OBject. De tels fichiers contiennent néanmoins une partie vidéo et une partie audio. Vous les trouverez sur les DVD vidéo (et sur aucun autre support). Ce sont eux qui vous intéressent directement si vous souhaitez ripper un DVD.

Pour commencer, nous vous conseillons de choisir un fichier relativement petit (200 ou 300 Mo) afin de tester les différentes manipulations sans devoir patienter trop longtemps. Cela correspond à peu près à quatre ou cinq minutes de film et vous trouverez sans peine de telles séquences sur les DVD contenant des clips vidéo ou bien des concerts.

## Ripper avec Smart Ripper (v. 2.26)

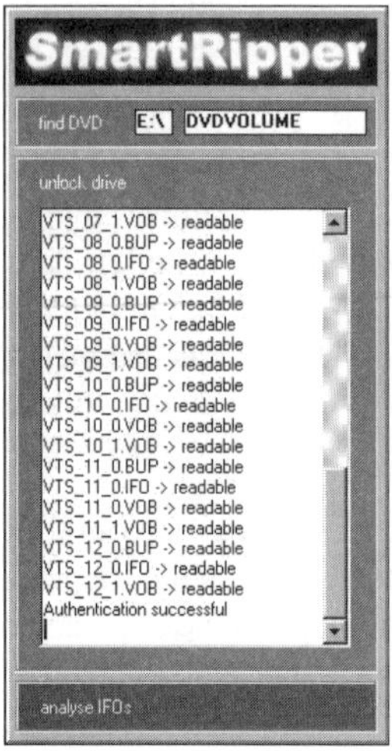


◄ Fig. 2.7 :
*Ne vous étonnez pas de trouver parfois beaucoup de fichiers sur un même DVD*

À première vue, Smart Ripper n'est pas le plus simple des logiciels. Pourtant, qui peut le plus peut le moins et nous vous conseillons de ne rien changer des options et réglages par défaut. Après avoir chargé le

DVD dans votre lecteur de DVD, vous verrez un cours instant défiler la liste de l'ensemble des fichiers présents sur votre DVD. Ne faites rien pour l'instant, vérifiez seulement que la totalité des fichiers a bien été reconnue. Le message "Authentification successfull" s'affiche alors.

Quelques secondes plus tard, cette fenêtre s'affiche. Ne vous affolez pas face à la profusion d'informations, les choses sont en réalité plus simples qu'il n'y paraît. Vous remarquez certainement sur la gauche de l'écran trois onglets distincts respectivement nommés **Movies**, **Files** et **Backup**. Ils correspondent à autant de techniques d'extraction possibles du contenu du DVD vidéo.

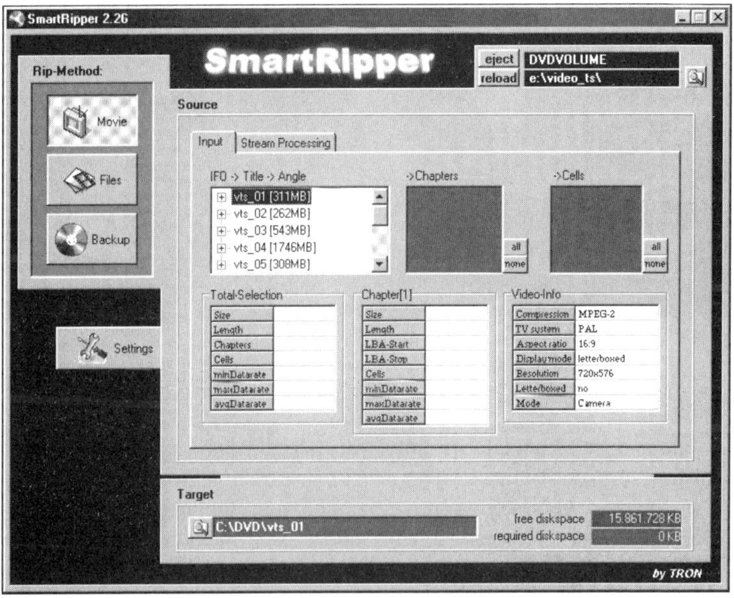


▲ Fig. 2.8 : *La fenêtre d'accueil de Smart Ripper*

### *Choisir la bonne méthode*

Il est probable que vous ne vous servirez principalement que de l'une de ces trois techniques mais, dans un souci d'exhaustivité, nous vous présentons les trois. Sachez toutefois que, si vous possédez suffisamment de place sur votre disque dur, la méthode la plus simple et la plus sûre est la troisième, celle qui consiste précisément à coder l'ensemble du DVD.

## ■ Méthode 1 - Movie

Movie vous permet d'extraire une scène isolée d'un film correspondant à une séquence bien précise.

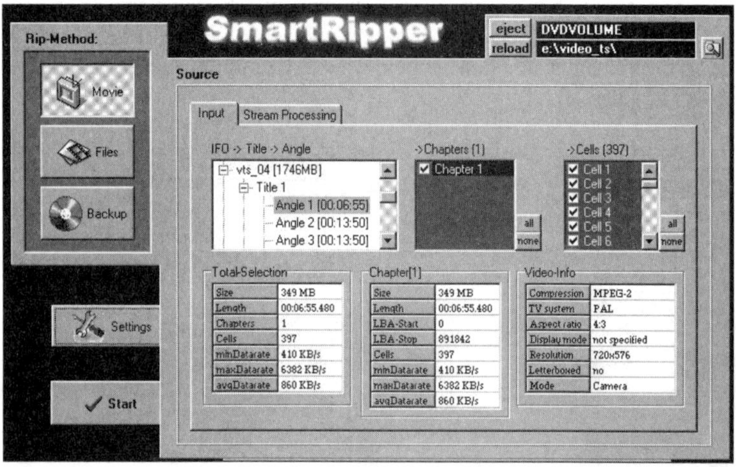


▲ Fig. 2.9 : *Dans cet exemple, on constate par exemple que la scène comprend plusieurs angles ; il est par conséquent possible de n'en extraire qu'un seul*

En cliquant sur l'onglet **Stream Processing**, vous accédez aux pistes audio et aux sous-titres. Cliquez sur la case *Enable Stream Processing* puis choisissez les pistes et sous-titres que vous souhaitez récupérer. En éliminant des pistes, vous gagnerez de l'espace mémoire et diminuerez également la durée de l'extraction (voir fig. 2.10).

## ■ Méthode 2 - Files

La deuxième méthode est un peu plus globale puisqu'elle ne propose que la liste des différents chapitres, les fameux fichiers *.vob*. Cochez ceux qui vous intéressent, à moins que vous ne souhaitiez sélectionner l'ensemble des séquences. Pour cela, cliquez sur le bouton **All** situé en bas à gauche de la fenêtre. À l'inverse, le bouton **None** désélectionnera l'ensemble des fichiers préalablement sélectionnés (voir fig. 2.11).

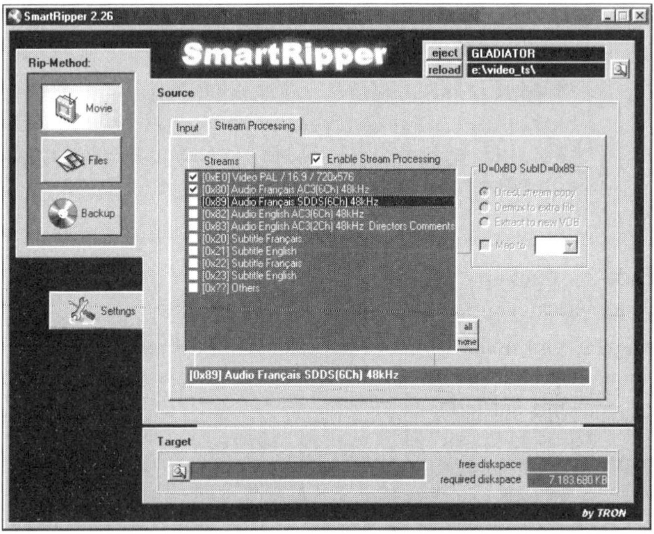


▲ Fig. 2.10 : *Dans cet exemple, nous n'avons sélectionné que la piste en français au format AC3, sans aucun sous-titre*

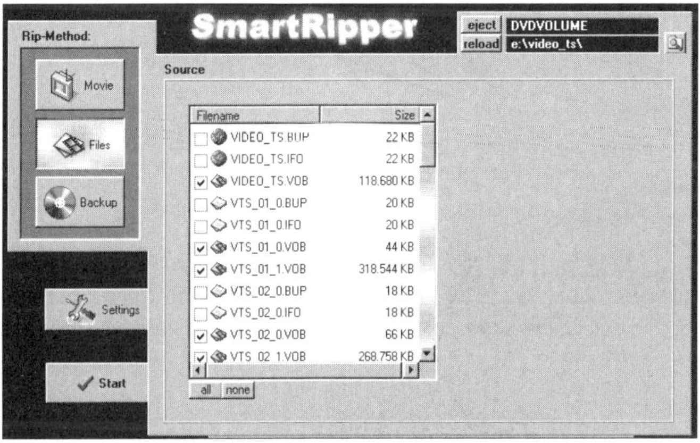


▲ Fig. 2.11 : *Vous pouvez choisir ici le chapitre qui vous intéresse ; les fichiers vidéo se distinguent non seulement par leur extension (.vob), mais également par leur taille plus importante (118 Mo, 318 Mo, 268 Mo...)*

Astuce

**Juste le film**

Si vous n'êtes intéressé que par les séquences de film et que les sous-titres ne vous intéressent pas, seuls les fichiers *.vob* vous concernent. Ce sont également les plus volumineux.

## ■ Méthode 3 - Backup

Enfin, si vous désirez coder l'ensemble de votre DVD avec toutes ses caractéristiques, choisissez la troisième méthode, Backup. Comme son nom l'indique, cette technique copie intégralement sur votre disque dur les fichiers contenus sur le DVD.

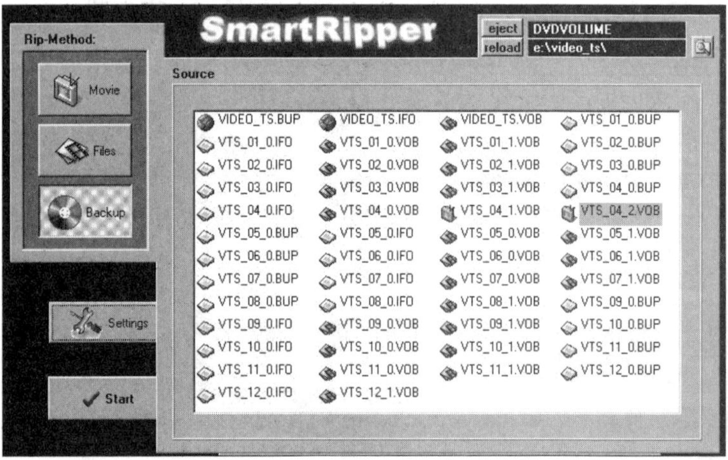


▲ Fig. 2.12 : *Avec la méthode Backup, vous êtes assuré de n'oublier aucun fichier vidéo ni sous-titre*

Remarque

**Bouton invisible**

Si vous ne sélectionnez aucun fichier, le bouton **Start** situé juste au-dessous du bouton **Setting** ne sera pas apparent.

## *Les bons réglages*

Deux types de réglage sont disponibles, selon la méthode de codage que vous aurez choisie.

### ■ Les réglages du mode Movie

Si vous avez choisi le mode Movie, voici la fenêtre qui s'affichera lorsque vous cliquerez sur le bouton **Settings**. Cette fois, nous n'entrerons pas dans des détails inutiles. Contentez-vous de vérifier que les deux premières options (*Key-Check* et *File-Splitting*) sont bien réglées sur *Every vob-file* et, dans la troisième colonne, cochez les cases 1, 2, 3, 4 et 6.

Juste un mot sur la case *DeMacrovision* qui, comme son nom le laisse supposer, désactive l'action du procédé Macrovision et vous permet par conséquent de copier le fichier sur une cassette VHS. Pour le reste, ne changez rien, c'est inutile.

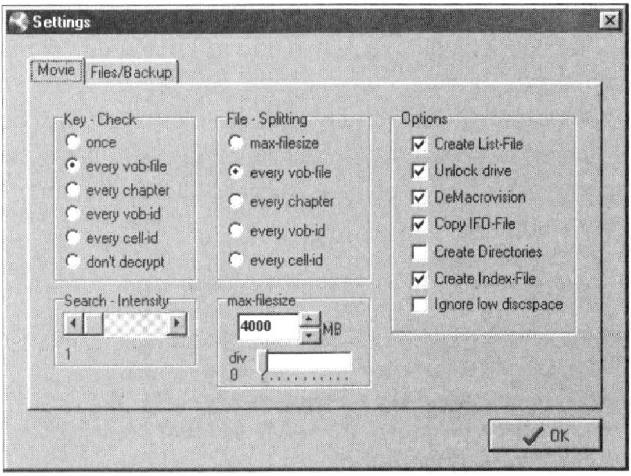


▲ Fig. 2.13 : *Les réglages Settings du mode Movie*

### ■ Les réglages des modes Files et Backup

Moins d'options et de complications dans cette fenêtre. À moins que vous ne souhaitiez effectuer par la suite des opérations complexes (traitement de la bande sonore...), ces modes d'extraction et ces réglages vous conviendront probablement. Comme précédemment, cochez les cases suivantes : *Every vob-file* et les trois premières cases de la colonne *Options*.

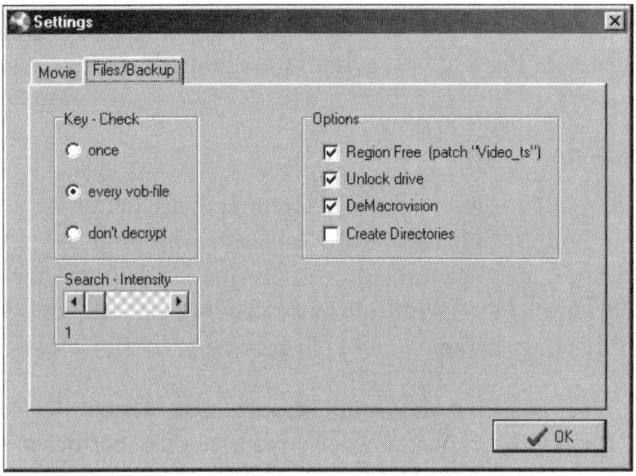


▲ Fig. 2.14 : *Les réglages, plus simples, des modes Files et Backup*

## *Le fichier de destination*

Vous l'aurez peut-être remarqué auparavant, la partie inférieure de l'écran de travail de Smart Ripper propose une fenêtre **Target** ("cible" en français). Il s'agit tout simplement ici de spécifier le répertoire de destination de votre fichier sur votre disque dur, ainsi que son nom que nous ne vous conseillons pas de changer pour des raisons de reconnaissance ultérieure des indexations.

▲ Fig. 2.15 : *Indiquez ici le disque et le répertoire dans lequel vous souhaitez extraire, temporairement, vos fichiers*

La partie droite de cette fenêtre contient deux indicateurs dédiés respectivement à l'espace disponible sur le disque sélectionné (*free diskspace*) et à l'espace requis pour la copie des fichiers (*required diskspace*). Ici, nous disposons de 15 Go alors que 7 Go sont nécessaires.

Remarque

**Libérez l'espace**

Vous constatez que l'espace nécessaire sur votre disque dur est particulièrement important. Une fois que ces fichiers auront été compressés, vous pourrez naturellement vous en débarrasser et récupérer ainsi l'espace occupé.

La durée de l'extraction ne devrait pas dépasser quelques dizaines de minutes pour l'ensemble d'un DVD (comptez sept minutes environ par Go avec un lecteur 8X). Cette durée reste variable selon les performances de votre machine et la vitesse de transfert de votre lecteur de DVD.

### *Vérification*

Afin d'être certain que le ou les fichiers ont bien été extraits, retirez votre DVD du lecteur puis lancez votre lecteur Windows Media Player. Ouvrez un fichier *.vob* et, si l'opération s'est correctement déroulée, vous verrez alors la vidéo défiler, comme s'il s'agissait du DVD original.

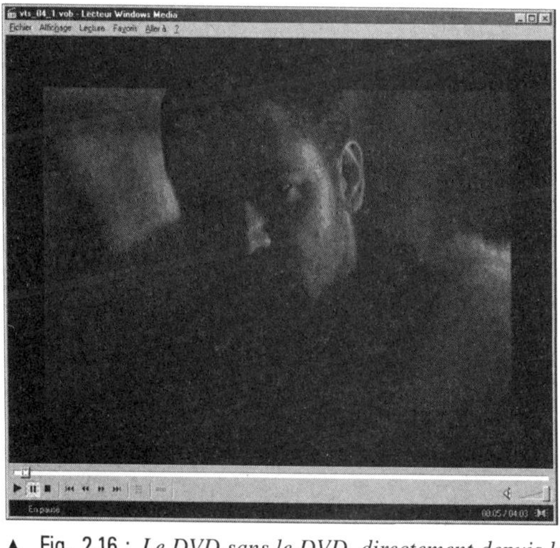


▲ Fig. 2.16 : *Le DVD sans le DVD, directement depuis le disque dur, c'est ça la magie des rippers...*

## Ripper avec Clad DVD (v. 1.71)

Clad DVD est probablement l'un des rippers les plus répandus sur le Net. Il doit sa popularité à sa simplicité d'utilisation et à la parfaite lisibilité de son interface.

### Choisir la méthode

Comme Smart Ripper, Clad DVD propose trois possibilités pour sélectionner les fichiers du DVD vidéo qui seront rippés. Grâce à la première option, *DeCrypt Files*, il est possible de choisir un à un le ou les fichiers à traiter. Pour en sélectionner plusieurs, il suffit d'utiliser les touches [Maj] ou [Ctrl] qui permettent justement une sélection multiple. En activant l'option suivante, *DeCrypt Movie*, seul le film dans sa version audio et vidéo initiale sera pris en compte. Seront donc exclus les sous-titres et les autres pistes vidéo éventuellement présentes sur le DVD. Enfin, la troisième option (*RIP Full DVD*) permet, comme son nom l'indique, de ripper l'ensemble du DVD.

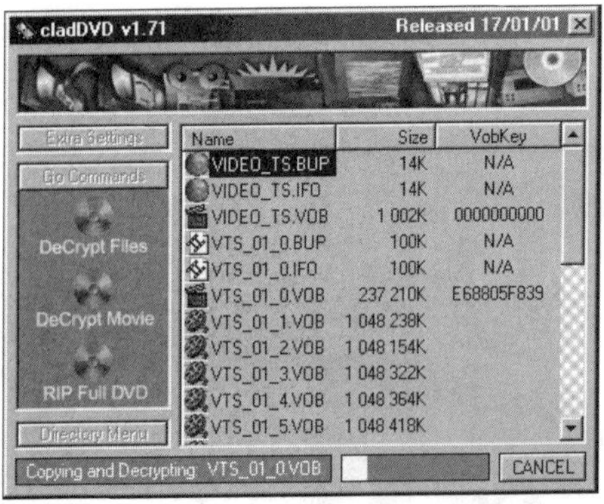


Fig. 2.17 : *La fenêtre de Clad DVD réduit les manipulations à leur strict minimum*

Quelle que soit la méthode retenue, il suffit pour lancer la procédure de cliquer sur le bouton lui correspondant, dans le menu de gauche qui s'intitule **Go Commands**.

### Les réglages

Moins complexes et moins nombreux que ceux de Smart Ripper, les réglages de Clad DVD n'en sont pas moins pratiques et efficaces. La première fenêtre, **Primary KEY Search**, est inutile à manipuler pour la bonne et simple raison que si la première méthode de recherche est inefficace, la seconde sera immédiatement lancée, sans que vous ayez besoin d'intervenir en quoi que ce soit.

La deuxième fenêtre, celle des **Options**, active par défaut les deux premières cases. Nous vous conseillons de cocher la troisième afin de retirer le procédé de Macrovision.

◄ Fig. 2.18 : *Comme dans la fenêtre principale, les différents réglages possibles restent peu nombreux*

## *Version 2.0 déjà disponible...*

Pour vous prouver que les choses évoluent très vite et très régulièrement, voici la toute dernière version de Clad DVD, la version 2.0. Cette nouvelle édition est un peu l'exception qui confirme la règle puisque l'interface a été totalement refondue. Les fonctions sont à peu près les mêmes, mais leur présentation est plus logique et plus élégante.

La fenêtre principale regroupe toutes les fonctions utiles à l'extraction et permet d'accéder au rip encore plus rapidement. Dans l'ordre, vous indiquez le répertoire source, celui qui correspond à la lettre identifiant votre DVD (e : dans le cas présent). Ensuite, vous tapez le chemin du répertoire cible dans lequel vous comptez placer les fichiers extraits.

Pour ce qui est du choix des fichiers, trois options sont proposées, de la sélection automatique de tous les fichiers du film (*Select Movie*) à la sélection personnalisée (*Advanced Selection*) en passant par le rip du DVD tout entier (*Select Full DVD*).

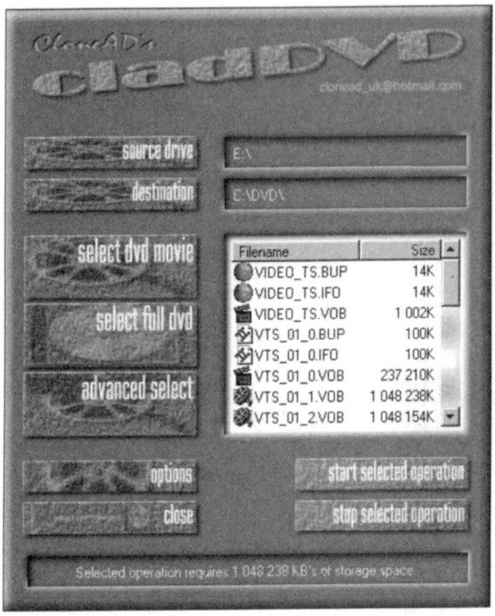


Fig. 2.19 : *L'interface de Clad DVD version 1.99 est certainement l'une des plus élégantes du moment*

Les options sont toujours là et bénéficient chacune d'une petite note explicative (en anglais, mais c'est mieux que rien !). Ainsi, vous découvrirez le rôle de chaque paramètre, de la priorité de la clé de recherche au retrait de la Macrovision en passant par le dézonage et le retrait des scènes multiangles.

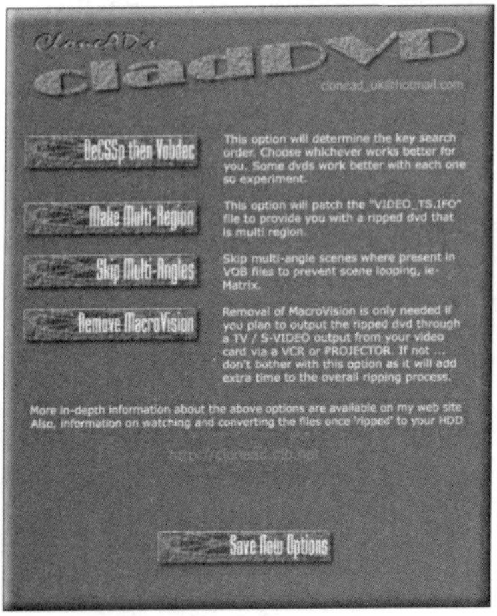


Fig. 2.20 : *Les quatre paramètres de la fenêtre des options, pour une fois compréhensibles intuitivement*

## Ripper avec DVD Decrypter (v.2.4)

Comme avec les autres rippers, insérez préalablement votre DVD dans votre lecteur, puis lancez DVD Decrypter. Voici la fenêtre qui apparaîtra alors. À gauche sont regroupées les informations relatives au contenu du DVD et, à droite, vous pouvez apercevoir la liste des fichiers en question.

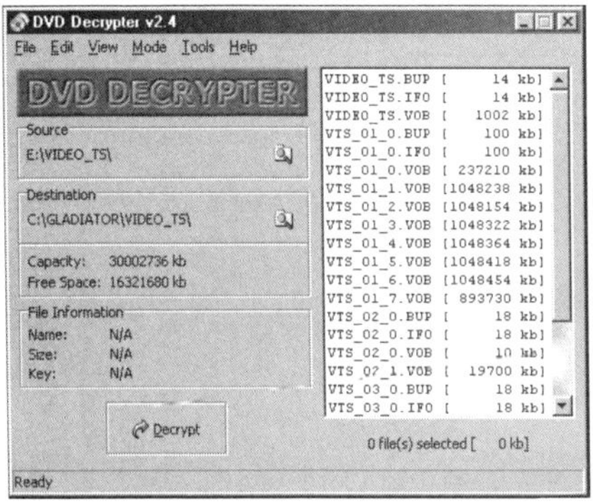


◄ Fig. 2.21 : *La fenêtre principale de DVD Decrypter 2.4*

Ici, la sélection des fichiers à décoder est accessible en cliquant sur le menu **Edit**. Au menu, trois options proposées. La première (**Select Main Movie Files**) concerne la sélection des fichiers principaux du film, dotés de la vidéo et de la partie audio initiale. Juste au-dessous, la fonction **Select All** prendra en compte l'ensemble des fichiers du DVD. Enfin, la dernière option permet d'inverser la sélection effectuée.

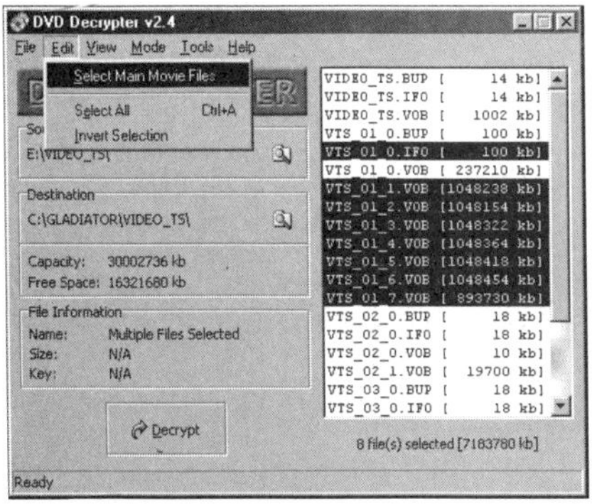


◄ Fig. 2.22 : *Choisissez la sélection de fichiers qui vous convient*

Dans le menu **Tools**, vous trouverez quelques réglages concernant votre lecteur de DVD, par exemple la région... Rien n'est ici cependant nécessaire dans la phase d'extraction. En dernière position du menu déroulant, une *Option Settings* vous permettra d'accéder à des réglages encore plus spécifiques, inutiles pour une utilisation standard.

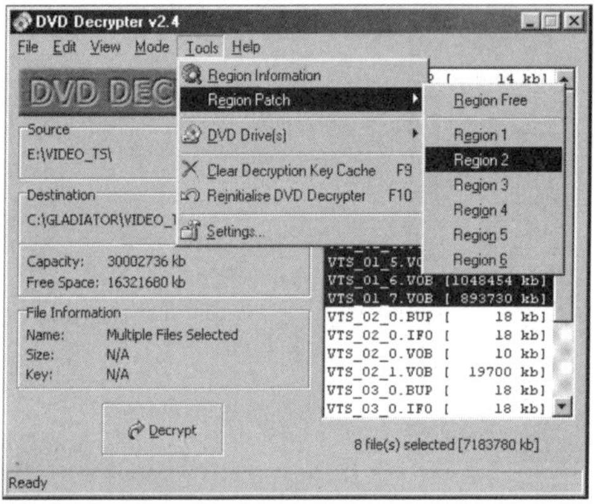


Fig. 2.23 : *Il est possible ici de choisir la région du disque inséré à condition de posséder un lecteur multizone*

Nous ne nous étendrons pas sur les différents réglages de la fenêtre intitulée **Settings** afin de ne pas compliquer inutilement les opérations. Intéressez-vous uniquement aux paramètres de l'onglet **General** dans lequel vous trouverez entre autres la désactivation de la Macrovision ou bien encore l'activation des options multiangles.

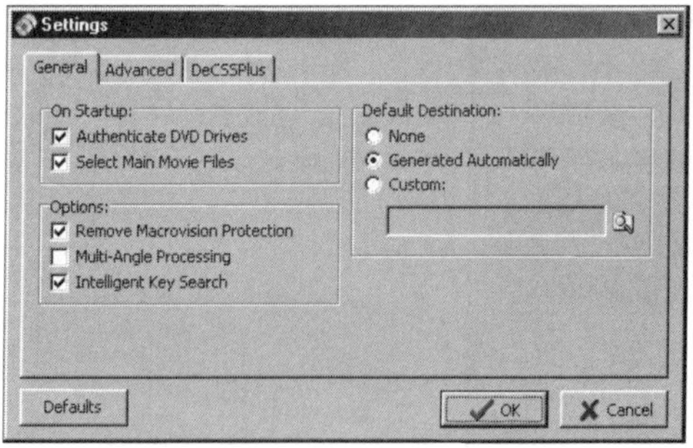


Fig. 2.24 : *À utiliser avec précautions, ces options ne concernent que les utilisateurs très expérimentés et ne sont pas nécessaires pour un rip simple*

Attention

**Rippage impossible !**

Les DVD les plus récents parfois ne peuvent pas être rippés. Si tel est le cas et que le logiciel d'extraction que vous avez choisi d'utiliser ne parvienne pas à s'en sortir, essayez-en un autre ou bien une autre version, la plus récente possible.

## Légal ou pas ?

En vertu de la loi française actuelle concernant la protection vidéo et informatique, quel que soit son support, un utilisateur peut réaliser une copie de sauvegarde du média qu'il possède (DVD vidéo, K7, VHS, CD audio...) à condition qu'il se soit acquitté du versement des droits d'auteur en achetant le produit sur le marché commercial habituel. Autrement dit, si vous possédez un DVD vidéo, rien ne vous empêche légalement d'en réaliser une copie au format DivX (ou autres, d'ailleurs...). L'usage de cette copie devra, tout comme l'original, rester limité au cercle privé (famille, amis...). Vous ne devez naturellement pas en faire commerce, ni même pratiquer l'échange.

S'il n'est pas illégal en lui-même, le format DivX pose tout de même de nombreux problèmes à l'ensemble de l'industrie du cinéma et dc la vidéo. Rendez-vous donc sur le site de la célèbre association américaine MPAA (*Motion Picture Association of America*). En gros, on vous explique que copier un DVD c'est très mal et que, si vous le faites, vous violez ni plus ni moins le premier amendement de la Constitution américaine statuant sur la liberté d'expression. Ces "mesures" visent essentiellement les technologies qui permettent de faire sauter les protections des DVD. Pour preuve de sa détermination, la MPAA aurait même chargé le FBI de partir à la recherche des nouveaux pirates de la vidéo.

Motion Picture Association of America

Home | About MPA, MPAA | US Economic Reviews | Movie Ratings | Jack Valenti Press Releases | Anti-piracy | Related Sites | Legislation | TV Parental Guidelines

The Law | Contact/Reward Program | Press Release Archive

Anti-Piracy

The Motion Picture Association of America (MPAA) serves as the voice and advocate of the American motion picture industry. On behalf of its member companies, the MPAA directs a comprehensive anti-piracy program. Begun in the U.S. in 1975, the program has several objectives: to strengthen industry security measures, to strengthen existing copyright protection through legislative activity, to assist local governments in the investigation and prosecution of piracy cases, and to provide technical support in the criminal and civil litigation generated by such investigations.

The most prevalent form of piracy in the U.S. is the "back-to-back" copying of videos. In some cases, video retailers purchase one or two genuine cassettes from an authorized distributor and then duplicate copies by hooking up one VCR to another. However, video piracy is becoming more organized and more sophisticated as pirates utilize illicit duplicating facilities. These facilities are capable of producing hundreds of thousands of videocassette copies each year. These

Since 1995, the MPAA has assisted law enforcement in more than 3,000 raids, resulting in the seizure of approximately 1. 1 million pirate video cassettes, worth more than $62 million at retail. In 1995 the MPAA placed a special emphasis on finding and dismantling the illegal duplication operations responsible for producing pirate videos. This emphasis has paid off as 6,163 VCRs have been seized since 1995.

In June of 1996, the largest ever video piracy operation in the United states was dismantled in New York. The nationwide conterfeit business sold more than 100,000 pirate videos a week, grossing approximately $500,000. The economic impact on MPAA member companies is estimated to be more than $87 million a year. The investigation, dubbed "Operation Copy Cat", culminated when search warrants were executed by the New York City Police Department, assisted by the MPAA, on 17 locations, including four labs. Authorities arrested 36 people and seized 817 VCRs, 77,641 pirate videos, $40,000 in cash, 37,000 blank cassettes, more than 100,000

▲ Fig. 2.25 : *Le site de la toute-puissante association américaine MPAA...*

## Site

www.mpaa/org.Press : à cette adresse, toutes les informations sur ce que pense la MPAA de la copie des DVD.

## MP3/DivX, même combat ?

À première vue, la comparaison semble de mise puisque ce sont les mêmes lois qui protègent les œuvres musicales et les œuvres cinématographiques. Or, à ce jour, aucun logiciel ou matériel de compression, de copie ou d'encodage de CD n'a été réprimé ni interdit. Les fichiers MP3 circulent actuellement à vitesse grand V sur Internet et, chaque jour, à peu près autant de sites ferment que de nouveaux sites naissent. Nous ne reviendrons pas sur les moteurs de recherche dédiés toujours plus nombreux et efficaces ni sur les programmes d'échange direct (type Napster...). De toute évidence, le phénomène MP3 est impossible à endiguer et il est certainement préférable de tout faire pour vivre avec, plutôt que de s'obstiner à lutter contre. De grands sites l'ont compris (MP3.com ou bien FRANCEMP3.com) et proposent des morceaux de différents artistes plus ou moins connus, tous volontaires pour faire figurer une ou plusieurs de leurs œuvres sur le site concerné. Les maisons de disques sont ainsi directement "épargnées" et craignent peut-être de finir par ne plus être indispensables. Monopole, quand tu nous lâches...

▲ Fig. 2.26 : *Le site francemp3.com propose beaucoup de titres au sein d'une interface particulièrement conviviale*

De là à penser que les DivX vont d'ici peu circuler de façon incontrôlable sur le réseau... Évidemment, il en existe déjà beaucoup, prêts à être téléchargés de façon parfaitement illégale. Cependant, un film complet pèse tout de même plus de 600 Mo, ce qui exclut des téléchargeurs/fraudeurs potentiels la majorité des utilisateurs, qui n'a d'autre accès à Internet que la ligne téléphonique.

## Deux poids, deux mesures...

À l'inverse des majors qui crient au scandale et à la spoliation, certains ont compris qu'ils avaient tout à tirer du format de compression DivX. Jérôme ROTA, l'un des créateurs du DivX, est le premier à évoquer l'avenir de ce support. Il a même créé à cet effet une société aux États-Unis. Son objectif ? devenir un des acteurs majeurs des nouveaux moyens de distribution cinématographique et vidéo. Conscient que le piratage est indubitablement favorisé, il n'hésite pas à affirmer haut et fort que son travail s'inscrit dans la politique des nouvelles technologies et qu'il suffit aux majors d'Hollywood de savoir intelligemment en tirer profit pour que tout se passe bien.

## L'avis des passionnés...

Nous avons contacté l'équipe à l'origine d'un site spécialisé dans la diffusion de courts-métrages, `www.unfilmde.com`. Le DivX fait partie de leurs préoccupations et des formats qu'ils utilisent pour délivrer leurs vidéos au téléchargement. Voici les réponses à nos questions :

**Q : Qui êtes-vous ?**

Nous sommes deux réalisateurs de courts-métrages et de publicité, Jérôme Genevray et Fouad Benhammou. Jérôme Genevray possède une formation d'ingénieur, avec une expérience de 4 ans en tant que consultant indépendant et cocréateur d'une *web agency*. Fouad Benhammou dispose quant à lui d'une formation de journaliste mais sa vraie passion reste le cinéma. Après avoir réalisé de nombreuses bandes dessinées dans son enfance, il s'occupe, en plus de sa fonction de réalisateur, de story-boards.

**Q : Quelle est l'histoire de votre site ?**

Le site a été créé en avril 2000, suite à la constatation, en tant qu'auteur, des difficultés que l'on pouvait rencontrer pour diffuser et faire connaître son court-métrage. De manière plus générale, le site a pour ambition d'être une communauté pour favoriser le développement des courts-métrages.

**Q : Quel est selon vous l'avenir du DivX ?**

De fait, le DivX s'annonce comme un futur standard pour la diffusion de cinéma et de vidéos... en tout cas, dès que la fonction de streaming fonctionnera effectivement.

**Q : Avez-vous déjà été confrontés à des problèmes juridiques (droits d'auteur...) dans le cadre des activités de votre site ?**

Non, mais nous réfléchissons activement aux problèmes de droits et de protection des œuvres et de leurs auteurs. Sur le site unfilmde.com, chaque court-métrage diffusé dispose d'une autorisation écrite et explicite émanant de l'auteur principal.

**Q : Pensez-vous qu'un jour prochain le DivX soit un format commercialisé (téléchargement ou support CD) ?**

Pourquoi pas mais, comme le mp3 en son temps, le DivX est devenu un format grand public "open source" et par conséquent accessible à tous, très facilement. S'il devenait payant, il est probable qu'un autre format verrait le jour.

**Q : Quel serait votre souhait le plus cher concernant le DivX et son évolution future ?**

Nos plus grandes attentes se situent au niveau d'une fonction en streaming opérationnelle et pleinement efficace !

## Coder en DivX à partir d'un DVD vidéo

Si vous avez suivi scrupuleusement les instructions que nous venons de vous proposer, vous devez à présent disposer d'un (ou plusieurs) fichier(s) *.vob* sur votre disque dur. Assurez-vous d'avoir clairement identifié le répertoire dans lequel il se trouve et lisez-le avec votre lecteur Media Player afin d'être certain qu'il ne possède pas de défaut. Vous allez ensuite pouvoir passer à la phase de codage proprement dite. Quel que soit le codeur, l'opération est longue. Comptez en effet plusieurs heures pour un film complet. Pour illustrer notre exemple, nous avons choisi une vidéo d'une durée de quatre minutes, extraite d'une compilation musicale.

Comme c'est le cas pour les rippers, il existe plusieurs méthodes et plusieurs logiciels de codage. Nous nous limiterons au programme le plus simple d'emploi, également l'un des plus utilisés, FlasKMPEG.

## Coder avec FlasKMPEG (v.0.6)

FlasKMPEG est probablement l'un des codeurs les plus courants et les plus utilisés. Il permet en effet de créer des fichiers au format *.avi*, supportant le(s) codec(s) (sous la forme de plug-ins) que vous aurez préalablement installé(s). Le DivX est naturellement au programme... Les fichiers d'origine reconnus sont les fichiers MPEG 1 et MPEG 2, ceux-là même que vous venez d'extraire de votre DVD. Autre avantage de FlasKMPEG, son interface est partiellement traduite en français, ce qui ajoute considérablement au confort et à la prise en main.

▲ Fig. 2.27 : *FlasKMPEG*

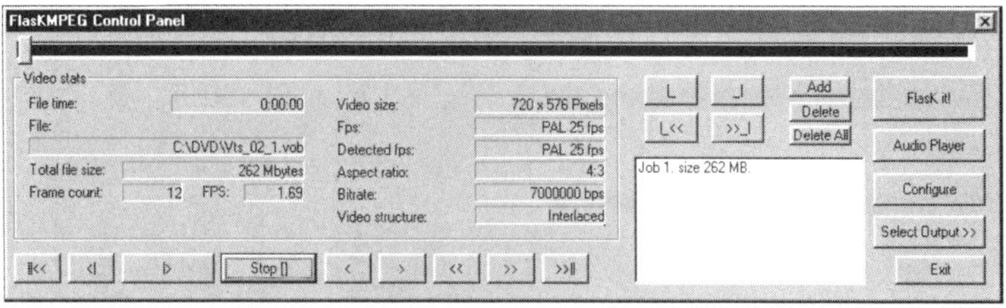


▲ Fig. 2.28 : *Une fois lancé FlasKMPEG, ouvrez le fichier .vob que vous venez de créer ; voici les deux fenêtres connexes qui apparaîtront*

Comme vous pouvez le constater, on distingue d'une part un écran de visualisation et d'autre part un panneau de contrôle. Beaucoup d'autres fonctions de réglage seront également accessibles lorsque vous sélectionnerez les différentes options proposées dans les menus situés dans la partie supérieure de la fenêtre de visualisation.

Les fichiers vidéo contenus sur un DVD sont nombreux et se partagent l'intégralité du film. Pour être certain de tous les ouvrir en même temps, nous vous conseillons d'ouvrir le premier fichier *.ifo* que vous trouverez (nommé en principe *Vts_01_0.ifo*).

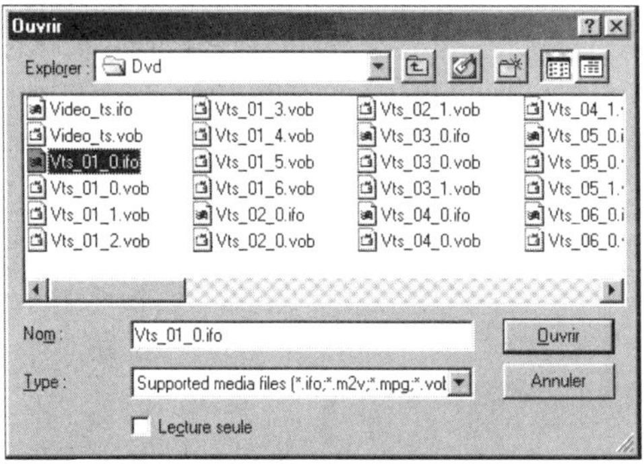


◄ Fig. 2.29 : *Ouvrez le fichier .ifo*

La liste des différentes pistes audio disponibles devrait alors apparaître. Choisissez-en une et confirmez votre choix en cliquant sur le bouton **FlasK this DVD !**

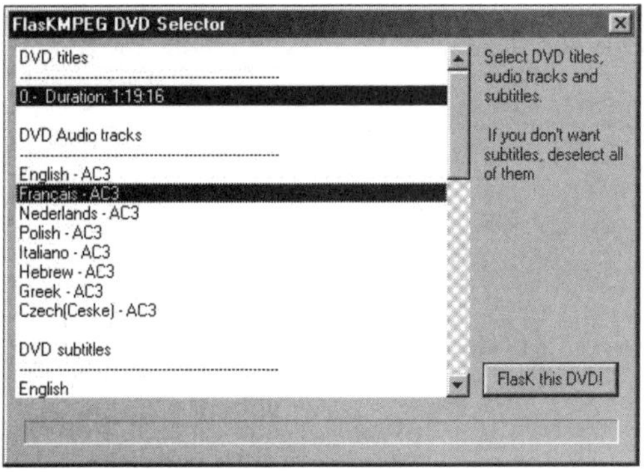


Fig. 2.30 : *Nous choisissons ici la piste en français*

Avant de lancer le codage, il convient d'explorer et de paramétrer éventuellement quelques-uns de ces réglages.

## *Les réglages des menus*

Nous ne nous étendrons pas sur le menu **Fichiers** qui recense les options d'ouverture et de fermeture des fichiers en question, ni sur le menu **Profiles** qu'il suffit de laisser sur l'option *Default*. Ces différentes options correspondent en fait à autant de préréglages. Il vous sera ultérieurement possible de sauvegarder vos propres profils de réglage et de les retrouver ainsi dans ce menu. Nous avons listé les options par ordre d'apparition dans les menus mais il est bien évident que vous pourrez accéder à chacune de ces fonctions dans l'ordre de votre choix, selon vos besoins.

1. Premier menu sur lequel nous nous arrêtons, celui des **Options**.

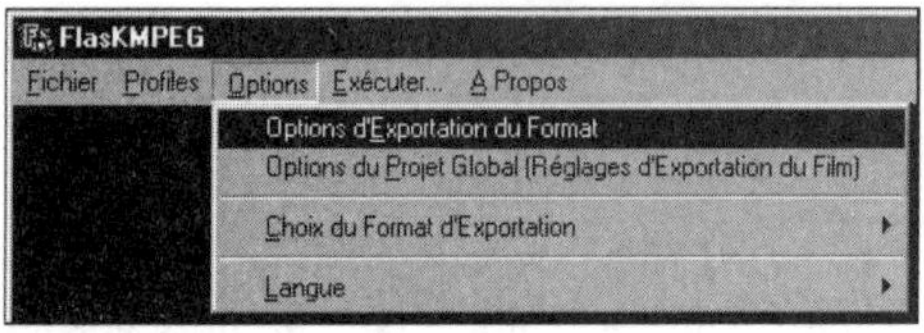


Fig. 2.31 : *Menu Options*

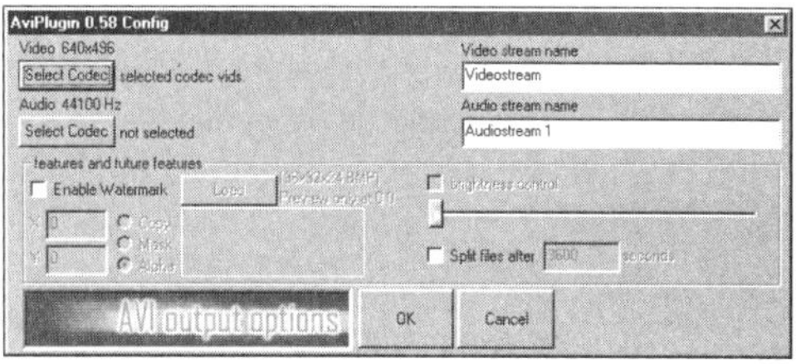


◄ Fig. 2.32 : *Commencez par cliquer sur les Options d'Exportation du Format*

Ici, vous devez choisir les codecs vidéo et audio parmi ceux qui sont installés sur votre disque dur. Vous pourrez même les nommer sur la droite. Juste au-dessous, une fenêtre vous permet d'ajouter une "Watermark", une espèce de logo personnalisable qui sera affiché en permanence, en transparence sur l'image diffusée. À noter que vous pouvez réaliser vous-même votre propre logo à condition qu'il soit au format *.bmp* et aux dimensions 96 x 32 pixels.

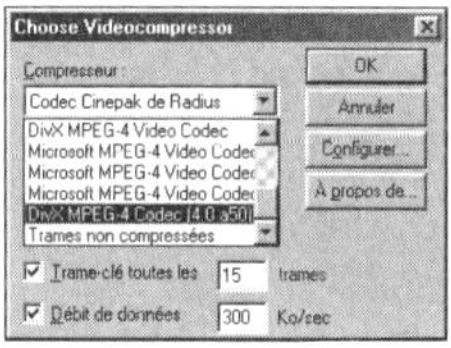


◄ Fig. 2.33 : *La fenêtre de sélection vidéo vous présente la liste des différents codecs vidéo qui sont installés sur votre système*

Vous remarquez que nous avons choisi l'un des deux codecs DivX présents, le plus récent. L'autre correspond à une version antérieure, toujours active et utilisable si vous le souhaitez.

Astuce

**Jongler avec les codecs**

Il est possible de fonctionner avec plusieurs codecs DivX. Vous devrez certainement utiliser en priorité la version la plus récente. Cependant, certaines versions plus anciennes pourront offrir des options de configuration et des réglages différents. Pour accéder à ces éventuels réglages, cliquez tout simplement sur le bouton **Configurer**.

En ce qui concerne les deux paramètres du bas, laissez-les tels quels. Il s'agit en effet de réglages par défaut qui conviennent à la plupart des configurations et par conséquent à la majorité de vos codages.

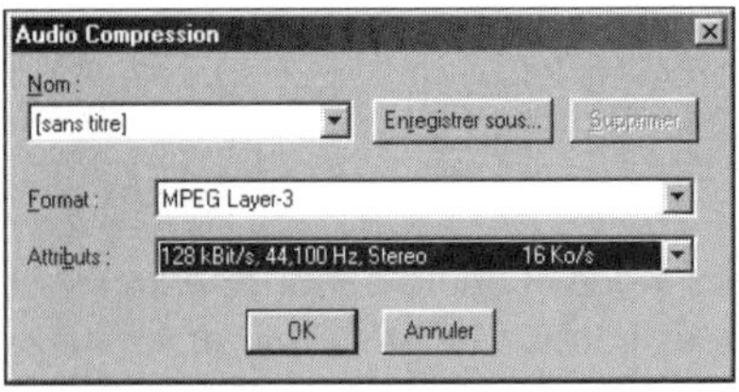


◄ Fig. 2.34 : *Le choix du codec de compression audio...*

Choisissez parmi tous les codecs audio disponibles celui que vous souhaitez utiliser et pensez également à régler sa fréquence d'échantillonnage. Vous apercevez sur la droite la taille en Ko de chaque seconde audio compressée.

Remarque

**Sélectionner des codecs audio et vidéo**

Il est impératif de sélectionner des codecs audio et vidéo, sans quoi la compression ne pourra pas être réalisée et un message d'erreur s'affichera.

2. L'option suivante du menu vous permet d'accéder aux noms des fichiers vidéo et audio si ces derniers sont distincts. Dans notre exemple, nous allons les regrouper au sein d'un seul et même fichier *.avi*. Il est par conséquent normal que la seconde option qui concerne le fichier d'export audio reste grisée et inaccessible. Nous y reviendrons ultérieurement.

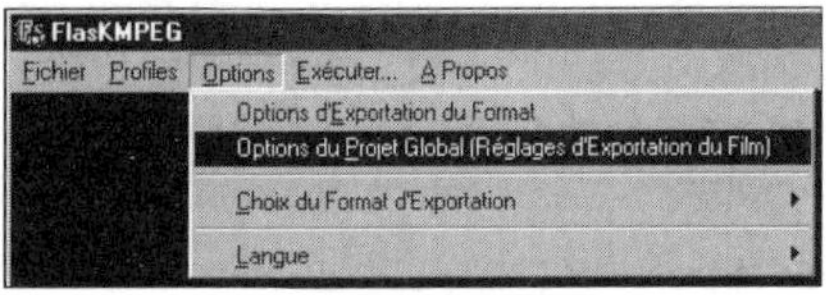


◄ Fig. 2.35 : *Les Options du Projet Global ouvrent une fenêtre que nous retrouverons un peu plus bas, en cliquant sur le bouton Configure*

3. Vient ensuite le choix du format d'exportation. Pour le DivX, le format *.avi* (le premier) est de rigueur. Il devrait normalement être activé par défaut.

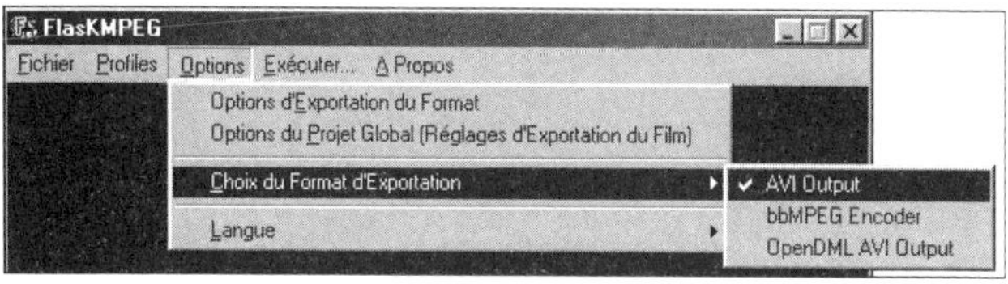


▲ Fig. 2.36 : *Vérifiez que le format .avi est bien sélectionné*

## *Les réglages du panneau de contrôle*

Le panneau de contrôle de FlasKMPEG offre de nombreuses possibilités et de multiples réglages. De la lecture du fichier vidéo au lancement des différents écrans de réglage en passant par le positionnement de marques de repère, nous allons ci-après vous présenter l'ensemble des options du logiciel.

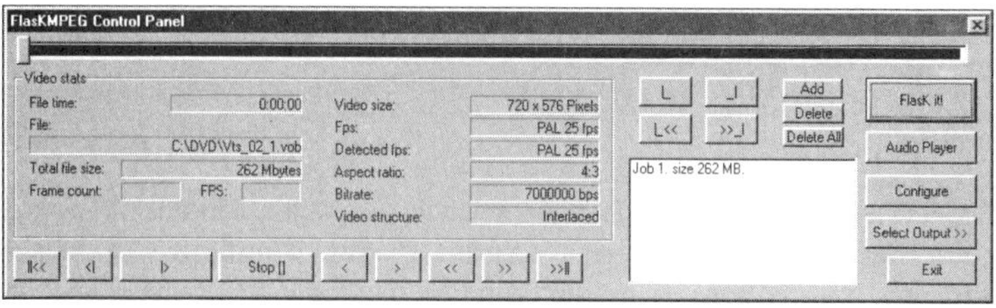


▲ Fig. 2.37 : *Le panneau de contrôle de FlasKMPEG*

Les deux tiers de gauche de la fenêtre sont occupés par l'affichage des caractéristiques du fichier vidéo original. Volume mémoire occupé, résolution, nombre d'images par seconde, format (4:3...) ou bien encore structure vidéo, tout y est. Juste au-dessous se trouve la barre de transport grâce à laquelle vous pouvez lancer la reproduction du film dans la fenêtre de visualisation. Une série de quatre boutons fléchés vous permet ensuite de poser des marques de début et de fin et d'y accéder rapidement. Vous pourrez ainsi voir une portion de séquence en boucle. Vous pourrez également choisir de ne coder qu'une portion de la séquence. Pour cela, définissez-en le début et la fin, puis cliquez sur le bouton **Add**. Dans la liste des *Jobs* (juste au-dessous), un second travail sera mis en attente, correspondant à la section que vous venez de définir. Pour supprimer les *Jobs* inutiles, cliquez simplement sur **Delete**.

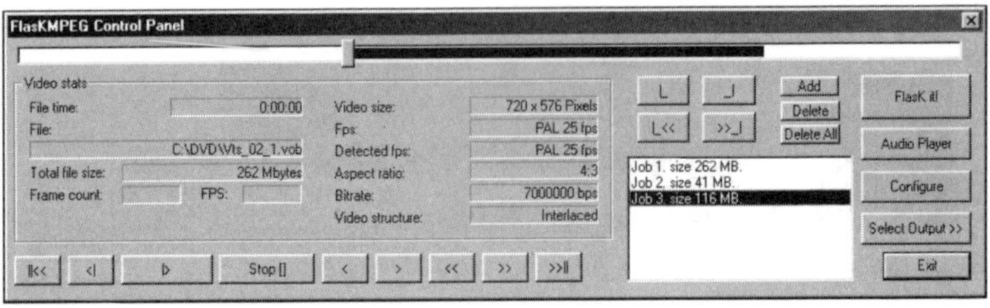


▲ Fig. 2.38 : *Outre le traitement complet (262 Mo), deux autres portions ont été définies pesant respectivement 41 Mo et 116 Mo*

Remarque

### Absence de son

Lors de la reproduction vidéo, le son n'est pas diffusé, ce qui est tout à fait normal. De la même façon, il est possible que le film soit diffusé de manière ralentie. Ne vous en inquiétez pas : lors du codage, la bonne vitesse de diffusion sera rétablie.

Les derniers boutons sont destinés à lancer le codage (**FlasK it !**), et à ouvrir des fenêtres de réglage (**Audio Player**, **Configure** et **Select Output**). Nous allons à présent étudier les fonctions respectives de chacune de ces fenêtres de réglages.

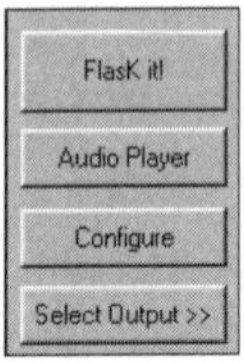


◄ Fig. 2.39 : *Encore des réglages... Rassurez-vous, tous ne sont pas rigoureusement indispensables*

## ■ L'Audio Player

À partir de ce player, vous allez pouvoir entendre la piste audio de votre fichier audio/vidéo. La lecture démarre dès que vous affichez la fenêtre ; vous disposez de deux boutons **Play** et **Stop** pour lancer et interrompre la reproduction. Les réglages se divisent en quatre types.

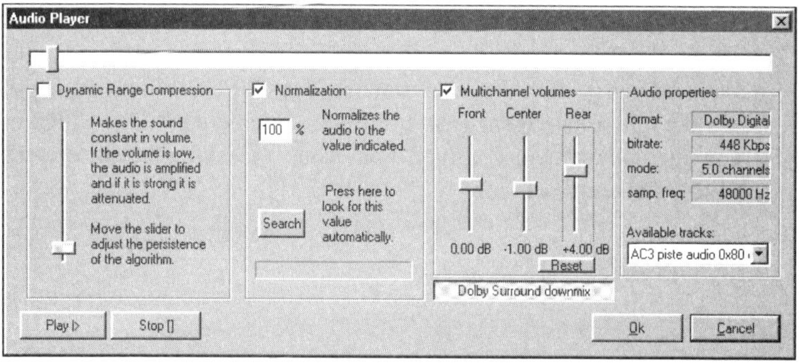


▲ Fig. 2.40 : *La fenêtre de réglage Audio Player*

1. Le premier concerne la compression. En cliquant sur la case *Dynamic Range Compression*, vous appliquez à la bande sonore un effet qui ajuste automatiquement le volume et ce, de manière constante. Autrement dit, si le son est trop faible, il sera automatiquement amplifié tandis que, s'il s'avère que des crêtes apparaissent, celles-ci seront atténuées de la même façon. L'objectif est de conserver au son un niveau plus ou moins équilibré afin d'obtenir la plus grande homogénéité possible.

2. Le deuxième réglage s'appelle la *Normalisation*. Son rôle est d'obtenir le meilleur rapport signal/bruit et par conséquent de tirer le meilleur parti de la bande son. Réglez la valeur sur *100 %* et lancez une recherche automatique en cliquant sur le bouton **Search**. Le point le plus élevé sera ainsi débusqué et servira de référent pour ajuster l'ensemble des niveaux.

3. Troisième point, le réglage des canaux dans le cas où la bande sonore est disponible dans un format compatible. La balance se fait de façon claire et précise, à savoir : un potentiomètre pour les enceintes avant, un pour la voie centrale et un dernier pour la paire d'enceintes arrière.

4. La dernière partie de la fenêtre présente les caractéristiques acoustiques de la partie audio. Pas de réglage particulier à effectuer si ce n'est celui qui consiste à choisir parmi les éventuels formats contenus dans le fichier original. Ici, c'est le format *AC3* qui a été sélectionné.

## La fenêtre des Options

C'est à partir de cette fenêtre des options que vous allez pouvoir véritablement pénétrer au cœur du logiciel FlasKMPEG. Au programme, cinq onglets qui se partagent l'ensemble des paramètres audio, vidéo et généraux du codeur. Nous allons donc vous présenter les différentes possibilités, l'une après l'autre.

# L'onglet Image

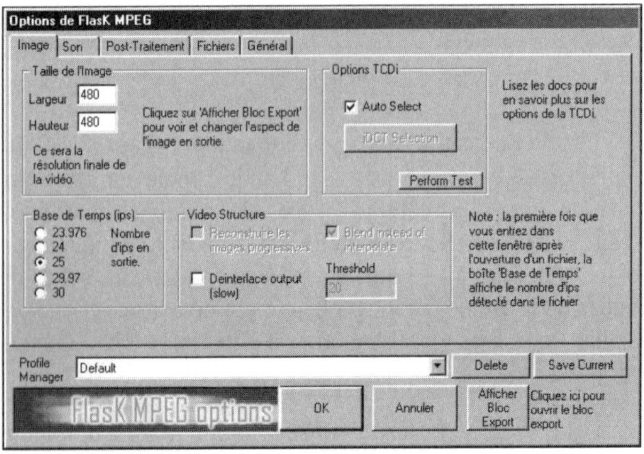


▲ Fig. 2.41 : *Les réglages de l'onglet Image*

Premier élément à paramétrer, sans doute le plus visible, la taille de l'image compressée (exprimée en pixels). Vous pourrez définir la largeur et la hauteur. Nous vous conseillons de conserver le même rapport que celui de l'image originale afin d'éviter toute déformation éventuelle. Gardez bien à l'esprit que les valeurs que vous allez indiquer ici sont celles de l'image finale. Il est également impératif d'utiliser des nombres multiples de 16 pour rester compatible avec le standard MPEG.

Juste au-dessous de cette fenêtre, vous trouvez la base de temps. Celle-ci correspond en fait au nombre d'images par seconde ou IPS (FPS en anglais). Nous vous recommandons de ne pas modifier cette valeur. En effet, le logiciel la repère automatiquement en fonction du flux entrant. Notez bien que la valeur d'IPS doit impérativement être identique à celle du fichier original.

Remarque

**PAL vs NTSC**

Tous les films en PAL sont calibrés à 25 IPS, contre 24, 29.97 ou 30 IPS pour le mode NTSC.

Vient ensuite la case des *Options TCDI*. Elle correspond en quelque sorte à une optimisation des calculs effectués lors du codage. Contentez-vous de la cocher, sans plus. En cliquant sur la case intitulée *Perform Test*, vous lancez une phase de test qui s'assure que votre machine sera exploitée au mieux.

Le dernier bloc d'informations concerne la structure vidéo. Si vous travaillez en PAL (25 IPS), vous remarquerez que l'option *Reconstruire les images progressives* reste inaccessible. Ce mode de traitement est destiné aux fichiers MPEG2 fonctionnant en mode 24 IPS progressif, ce qui n'est pas le cas des DVD. Le deuxième élément, accessible cette fois, est le Désentrelacement vidéo. Il ne concerne que les vidéos entrelacées et doit être manié avec parcimonie car le traitement se révèle très long et souvent inutile. Pour savoir si une vidéo est entrelacée ou non, consultez le panneau de contrôle.

## L'onglet Son

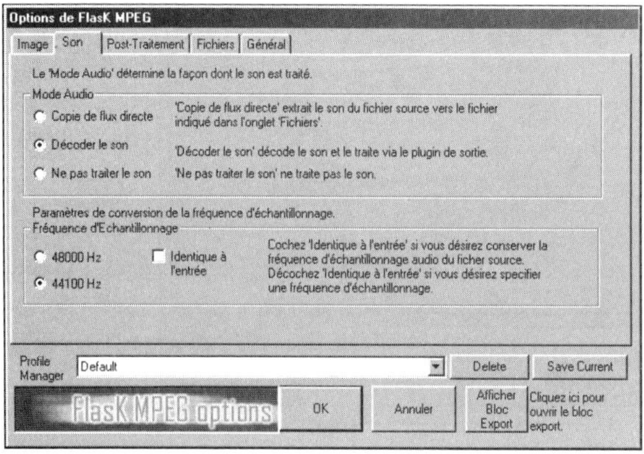


▲ Fig. 2.42 : *L'onglet Son*

Voici à présent la fenêtre dans laquelle se trouvent les paramètres liés à la piste audio. Vous devez en premier lieu déterminer quel mode audio va être utilisé. Celui-ci détermine la façon dont le son est traité. La copie de flux directe permet d'extraire le son dans une piste isolée qui sera spécifiée sous l'onglet **Fichiers**. Le Dolby Digital et le MPEG 1 sont pour l'instant supportés. La seconde option, sélectionnée par défaut, permet de décoder le son directement dans le fichier *.avi* qui contiendra également la vidéo. Le plug-in utilisé sera celui que vous avez choisi dans la fenêtre **AVI Plugin**. Enfin, il vous reste une possibilité : ne pas traiter le son et conserver uniquement la vidéo. Cela vous fera gagner du temps de codage et le volume du fichier compilé sera d'autant moins important.

La seconde partie de cette fenêtre est occupée par les réglages de la fréquence d'échantillonnage. Si vous cochez la case *Identique à l'entrée*, vous n'aurez pas la possibilité de choisir entre les deux modes et la fréquence d'échantillonnage sera identique à celle du fichier source. En revanche, si vous ne la cochez pas, vous pourrez opter pour 44,0 kHz ou 48 kHz. Pour information, 44,1 kHz est une valeur suffisante pour un codage DivX et vous ne constaterez probablement aucune différence entre les deux fréquences.

## L'onglet Post-traitement

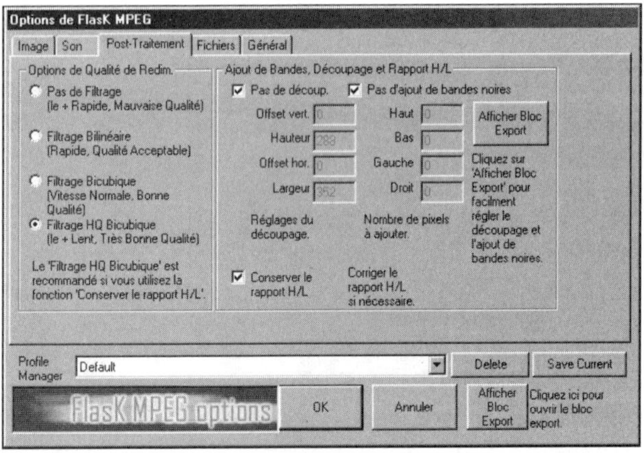


▲ Fig. 2.43 : *L'onglet Post-traitement*

L'objet des paramètres de post-traitement est une fois de plus d'optimiser le codage des informations. Les quatre options de filtrage correspondent à autant de qualités de rendu et sont classées qualitativement par ordre croissant. Le résultat est en outre explicité sous chacun d'entre eux. Nous vous conseillons d'utiliser le filtrage le plus élevé. Il est également le plus lent mais c'est celui qui vous permettra d'obtenir la meilleure qualité d'image.

La partie droite de la fenêtre se destine quant à elle à la gestion des bandes noires horizontales et verticales. Vous pouvez soit les faire disparaître, soit en ajouter. Dans le premier cas, vous gagnerez de l'espace puisque les bandes en question ne seront pas codées avec le reste de l'image. Au contraire, vous pouvez ajouter des bandes pour obtenir par exemple un effet Cinémascope. Pour effectuer les différents réglages avec précision, vous aurez besoin d'afficher le Bloc Export (voir plus bas).

## L'onglet Fichiers

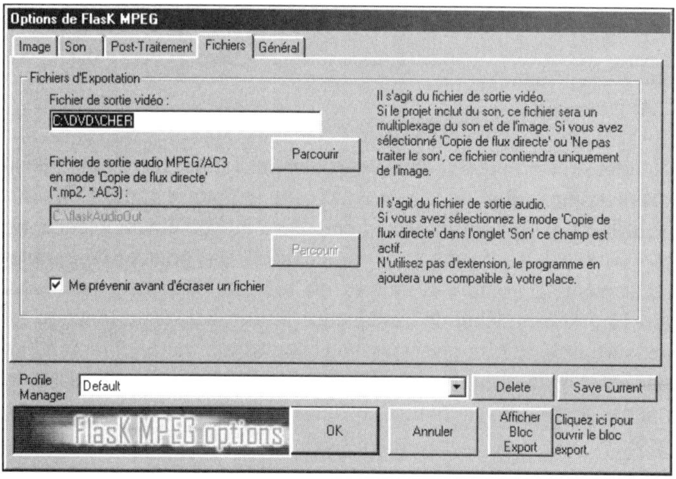


▲ Fig. 2.44 : *L'onglet Fichiers*

C'est ici que vous déterminez les répertoires et les noms de fichiers que vous allez créer. La première ligne concerne le fichier de sortie vidéo tandis que le fichier de sortie audio ne sera accessible qu'à la condition que vous ayez choisi le mode Copie de flux directe.

## L'onglet Général

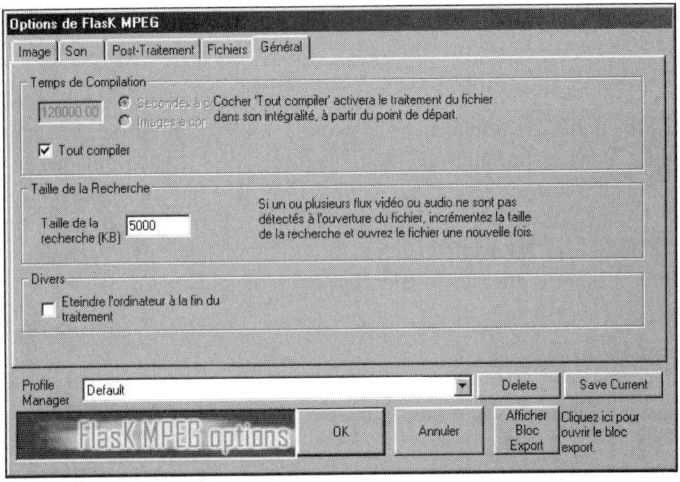


▲ Fig. 2.45 : *L'onglet Général*

Trois options sont proposées dans cette fenêtre. La première correspond au temps de compilation qui sera pris en compte pour le codage. Si vous cliquez sur la case *Tout compiler*, le fichier sera intégralement encodé. En revanche, si vous laissez cette case non cochée, vous pourrez déterminer très précisément le nombre d'images ou bien de secondes qui seront compilées, à partir du début de la séquence. L'utilité de cette fonction est évidente, surtout si le film que vous vous apprêtez à traiter comprend un générique de fin de 10 minutes. Vous pourrez donc vous en passer et gagner ainsi à la fois en temps de codage et en volume du fichier compressé.

La *Taille de la recherche* est une option qui permet de régler les éventuels problèmes de détection des flux audio. En augmentant cette valeur, vous mettrez toutes les chances de votre côté pour repérer et identifier l'ensemble des pistes audio disponibles.

Dernier élément : la case qui consiste à programmer l'extinction de l'ordinateur une fois le codage effectué. Pratique si vous lancez une procédure en votre absence et souhaitez limiter votre consommation d'énergie.

## Le Bloc Export

▲ Fig. 2.46 : *Le Bloc Export, pour tailler votre image sur mesures...*

1. Le Bloc Export est une fenêtre de visualisation qui vous donne une idée très réelle de l'aspect que va prendre votre réalisation. Il se compose d'un bloc de commandes et d'une fenêtre de visualisation dans laquelle s'affiche chaque modification que vous effectuez. De

gauche à droite, vous pouvez donc agir sur le découpage des bandes noires. Celui-ci se matérialisera par des lignes blanches de démarcation. La manœuvre est simple : vous diminuez la taille du cadre en modifiant les valeurs *Hauteur* et *Largeur* et vous replacez ensuite ce cadre grâce aux valeurs Offset.

◄ Fig. 2.47 : *Le cadre blanc détermine la partie de l'image qui sera prise en compte*

2. Le deuxième cadre de réglages concerne la taille de l'écran. Il s'agit donc de régler également les valeurs de hauteur et de largeur mais, cette fois, on traite l'image entière. Vous avez le choix entre plusieurs valeurs d'incrémentation et de décrémentation, ce qui va vous permettre de tailler l'image exactement à vos mesures.

Astuce

**Le bon ratio**

Pensez à vérifier le ratio de l'image de sortie et veillez à ce qu'il corresponde autant que possible à celui de l'image originale. Vous trouverez ces indications en haut à gauche de la fenêtre de visualisation (AR Input & Output).

3. Enfin, la troisième partie des réglages du Bloc Export concerne l'ajout de bandes. Rien de bien complexe puisqu'il suffit de cliquer sur les boutons + et - pour voir l'image rognée en haut, en bas, à gauche ou à droite. Notez que l'image utilisée pour la prévisualisation des réglages du Bloc Export peut être modifiée en utilisant le curseur situé en bas de l'écran.

Nous vous avons présenté dans le détail l'ensemble des fonctions de FlasKMPEG. Avant de passer à un autre outil de codage, nous allons tâcher de résumer les manipulations en simulant un codage et en nous contentant de décrire uniquement les opérations nécessaires.

## Tout régler en moins de 5 minutes...

Nous partons du principe que votre fichier *.vob* est correctement rippé et clairement localisé sur votre disque dur.

◄ Fig. 2.48 : *Ouvrez votre fichier .vob depuis son emplacement sur votre disque dur*

1. Vérifiez que les images correspondent à votre séquence en faisant défiler rapidement le curseur de lecture (voir fig. 2.49).

2. Configurez correctement vos deux codecs vidéo et audio au moyen du bouton **Select Output** et de la fonction **Configure Output Mode** (voir fig. 2.50).

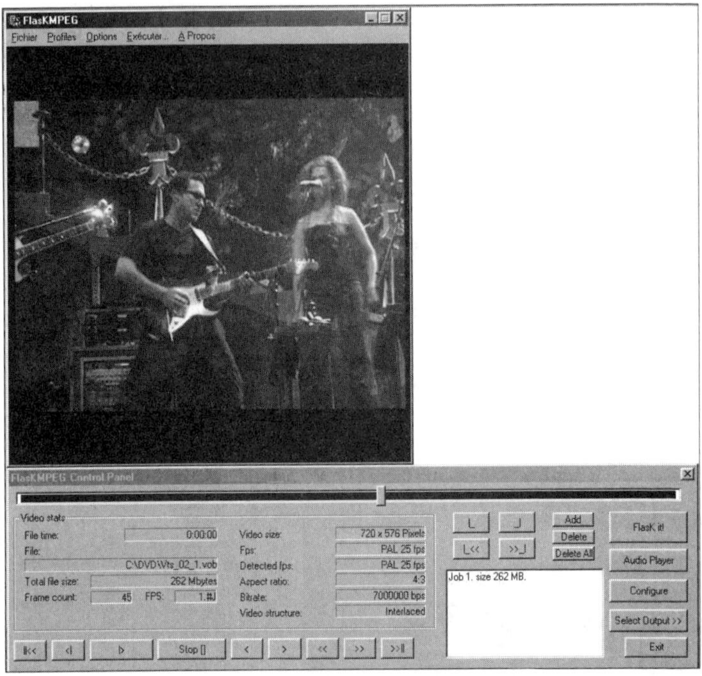


▲ Fig. 2.49 : *N'allez pas trop vite pour laisser à votre disque dur le temps de réagir*

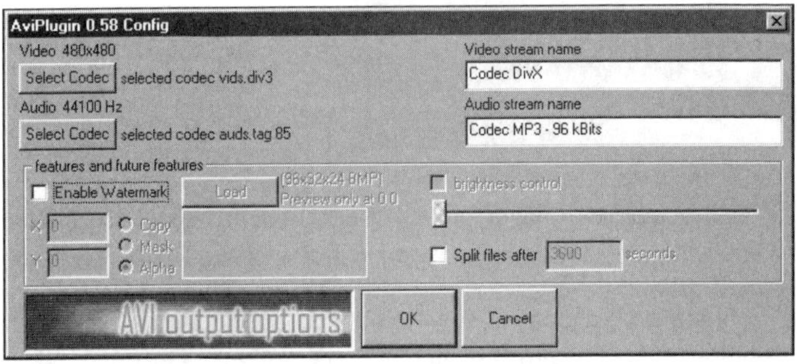


▲ Fig. 2.50 : *Ces réglages sont très importants, prenez le temps de les effectuer*

3. Vérifiez les cinq onglets de paramétrage de la fenêtre des *Options* (bouton **Configure**).

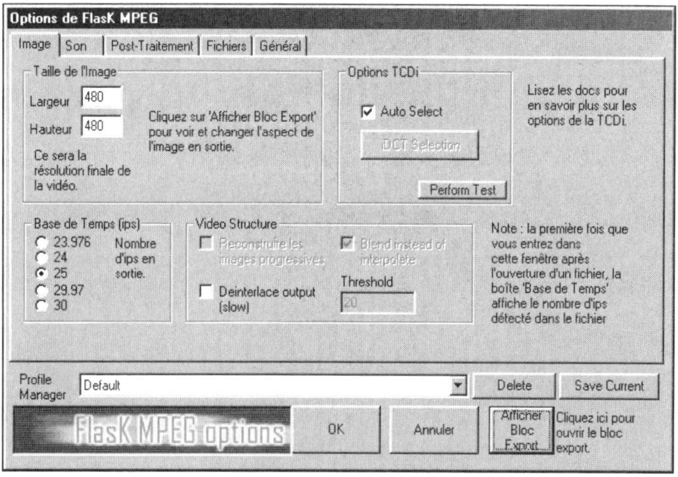


▲ Fig. 2.51 : *Chaque option doit être passée au crible*

4. Rendez-vous dans l'*Audio Player* et activez le compresseur ainsi que la normalisation.

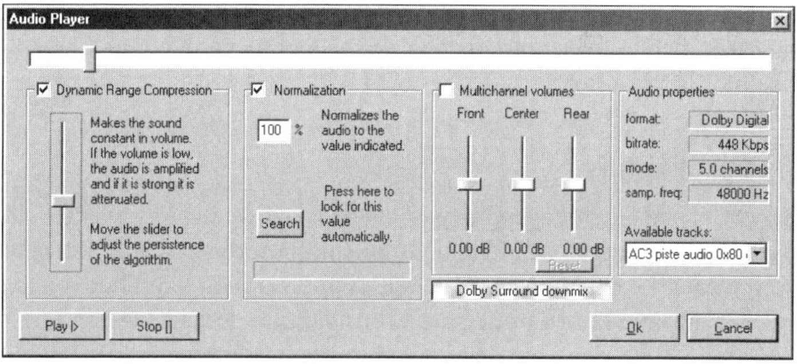


▲ Fig. 2.52 : *L'audio est également un paramètre indismensable à surveiller*

5. Revenez au panneau de contrôle et lancez le codage en cliquant sur le bouton **FlasK it**. La fenêtre de codage affiche la progression de

l'opération et vous indique les différentes caractéristiques des fichiers source et cible.

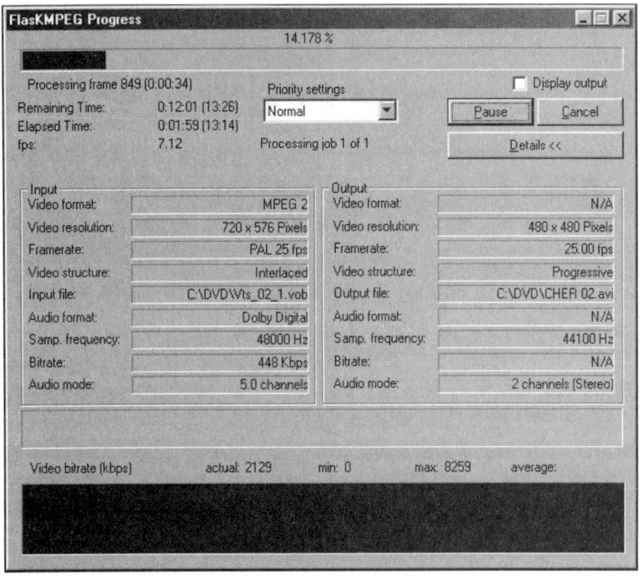


▲ Fig. 2.53 : *Ça y est, vous touchez le bon bout !*

Lorsque la procédure est arrivée à son terme, il ne vous reste plus qu'à ouvrir le fichier avec votre lecteur de média compatible pour constater le résultat de vos efforts.

## Des problèmes ?

Si votre codage n'engendre pas de décalage entre le son et l'image, estimez-vous heureux ! Malheureusement, il est possible que votre fichier soit décalé. Le problème est courant et plus ou moins difficile à résoudre et ce, pour une raison principale : l'irrégularité du décalage en question. En effet, s'il ne s'agissait que de replacer la bande son sur la bande vidéo, l'affaire serait réglée en quelques minutes mais le décalage se décale lui-même. Il faut alors faire appel à des logiciels spécifiques, plus délicats à manipuler, pour tenter de recaler l'image et le son de façon durable et constante. L'un des meilleurs outils pour ce genre de manipulation est le logiciel AVI Info.

## Utilisation d'AVI Info

Grâce à ce programme, vous allez pouvoir caler le son et l'image de manière extrêmement précise. Vous le trouverez à l'adresse `www.terabit.demon.co.uk/index.htm`. Avant tout, sachez que AVI Info nécessite un lancement un peu particulier dans la mesure où il est indispensable d'utiliser le fichier *.avi* pour lancer l'application. Pour cela, vous pouvez, au choix, faire glisser le fichier sur l'exécutable (que vous aurez préalablement placé sur votre Bureau, pour plus de simplicité) ou bien utiliser le bouton droit de votre souris sur le fichier *.avi* en question.

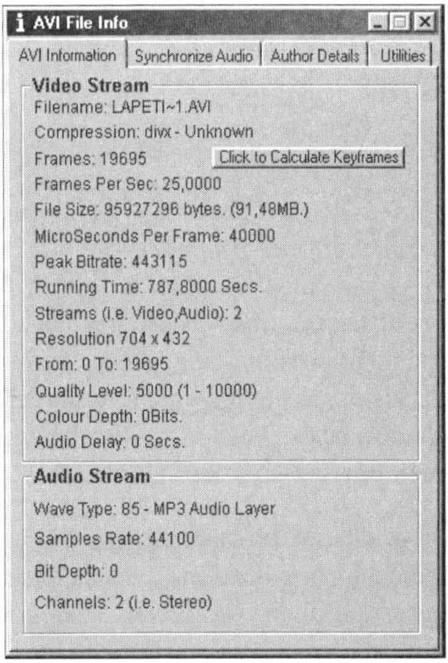


Fig. 2.54 : *Voici la fenêtre d'informations qui vous accueille lors du lancement de AVI Info*

Vous pouvez apercevoir ici l'ensemble des informations relatives au fichier que vous souhaitez traiter, aussi bien pour la partie vidéo que pour la partie audio.

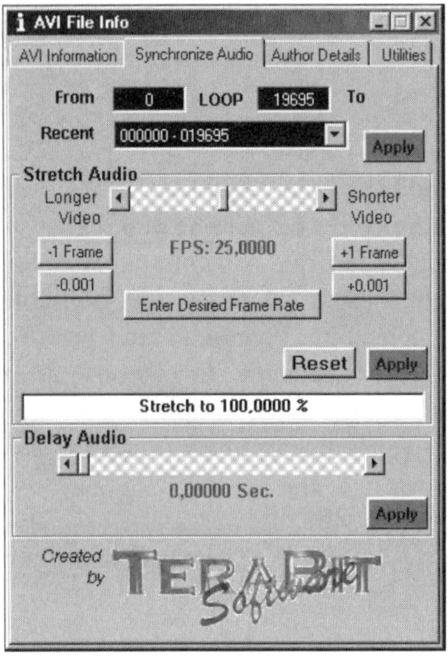


Fig. 2.55 : *Des réglages dignes d'un horloger...*

C'est dans cette fenêtre baptisée fort justement **Synchronize Audio** que tout se passe. Tout d'abord, il vous faut définir à la *frame* ("cadre") près la portion de séquence sur laquelle vous souhaitez travailler. C'est ainsi que vous pourrez travailler différemment les multiples décalages en les isolant et en les traitant individuellement. Impossible de procéder autrement qu'à tâtons. Il est donc capital de visionner attentivement le film en prenant la peine de noter les différents décalages. Vous vous retrouverez alors avec plusieurs séquences que vous pourrez aborder une par une.

Dans la partie *Stretch Audio*, indiquez de quelle manière vous allez procéder. En fait, la vidéo ne subit aucune modification, c'est la piste audio qui va être retouchée. Le curseur allant de *Shorter Video* à *Longer Video* permet par une compression ou une extension du son de simuler le rallongement ou bien le raccourcissement de la vidéo. Nous vous conseillons de procéder de manière très minime et d'utiliser les boutons **-0.001** et **+0.001**. Il est également possible de saisir directement la valeur en cliquant simplement sur le bouton **Enter Desired Frame Rate**. Un cadre vous indique un peu plus bas le taux de compression utilisé. Enfin, vous disposez d'un *Delay audio* qui agit comme un retardateur et permet de décaler le son de manière globale.

Au moment où vous sortirez du programme, un message vous demandera si vous souhaitez sauvegarder ou non vos modifications qui n'auront été jusque-là en rien destructrices.

Nous n'irons pas plus loin dans les manipulations puisqu'il vous appartient de trouver le bon compromis et les bons réglages de manière totalement empirique. Il ne peut y avoir de procédure particulière à suivre que nous puissions vous recommander.

## Coder en DivX à partir d'un fichier

La marche à suivre est comparable à celle que nous avons mise en place pour le codage d'un fichier provenant d'un DVD vidéo, à ceci près que la phase d'extraction disparaît. Il faut donc concentrer ses efforts sur le passage du format *.mpeg* (l'un des plus répandus) au format *DivX*.

### Les fichiers .mpeg

Une fois de plus, FlasKMPEG va prendre en charge le travail et s'en tirer avec tous les honneurs. Il vous suffit d'ouvrir le fichier à coder de la même façon que vous l'avez fait pour les fichiers extraits à partir d'un DVD. Ensuite, la marche à suivre est identique en tous points.

### Les fichiers .avi

FlasKMPEG ne peut importer des fichiers *.avi*. Un autre logiciel est en revanche capable de s'acquitter de cette tâche en vue d'un codage DivX : Virtual Dub. Ce programme est en réalité capable de beaucoup d'autres choses en matière de manipulation de fichiers vidéo.

1. Commencez par ouvrir le fichier vidéo que vous souhaitez encoder au format *DivX* (voir fig. 2.56).

2. Voici la fenêtre qui devrait alors s'afficher. Taillez-la de façon à pouvoir afficher les deux fenêtres vidéo. La barre de contrôle inférieure permet de lancer la lecture ou bien de l'interrompre (voir fig. 2.57).

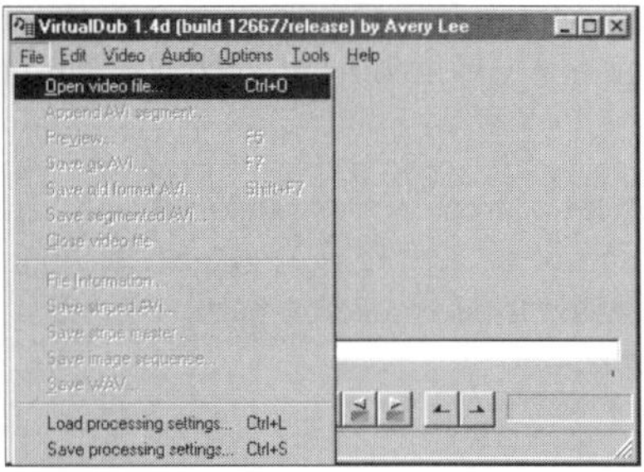


◄ Fig. 2.56 : *Vous pouvez ouvrir aussi bien des MPEG que des AVI*

▲ Fig. 2.57 : *La fenêtre principale de travail de Virtual Dub*

3. Dans le menu **Vidéo**, cliquez ensuite sur la commande **Compression**.

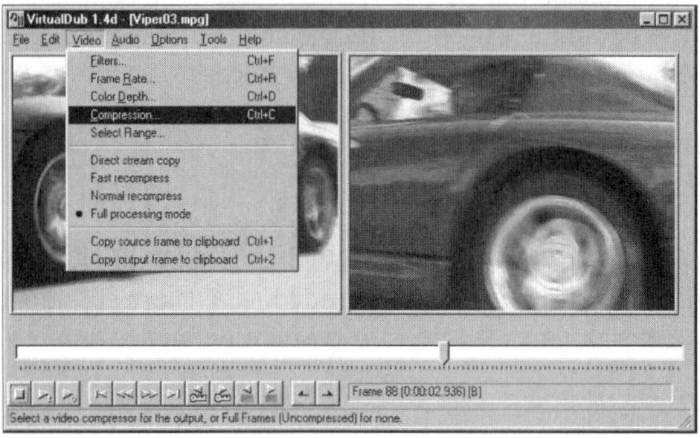


▲ Fig. 2.58 : *La commande Compression*

Vous accédez normalement à la fenêtre des différentes compressions vidéo supportées par le programme. Celles-ci dépendent directement des codecs que vous avez préalablement installés sur votre système. Comme vous pouvez le constater sur cette image, nous possédons ici, entre autres, deux codecs DivX, de différentes versions.

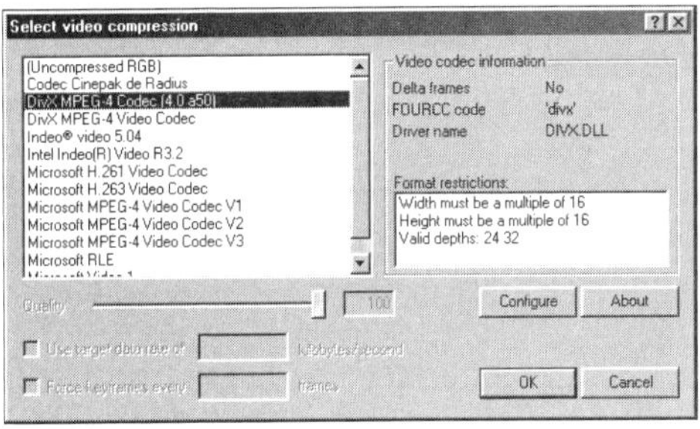


◄ Fig. 2.59 : *La liste des codecs disponibles*

4. Si vous le souhaitez, cliquez à présent sur le bouton **Configure** pour afficher la fenêtre relative aux différentes options du codec concerné. Ne modifiez rien à moins de connaître la fonction exacte de chacun de ces paramètres et d'en envisager ainsi les conséquences.

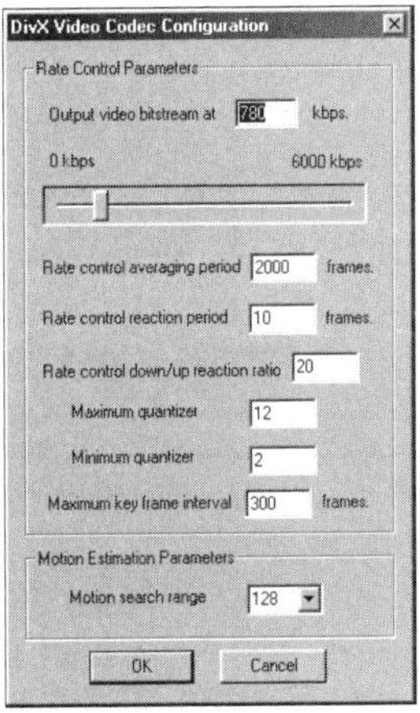


◄ Fig. 2.60 : *La fenêtre de configuration dépend directement du codec que vous choisissez ; celle-ci est celle de la version 4.0 a50 du codec DivX*

5. Assurez-vous que les deux options suivantes sont cochées dans les menus **Vidéo** et **Audio**. Si ce n'est pas le cas, activez-les.

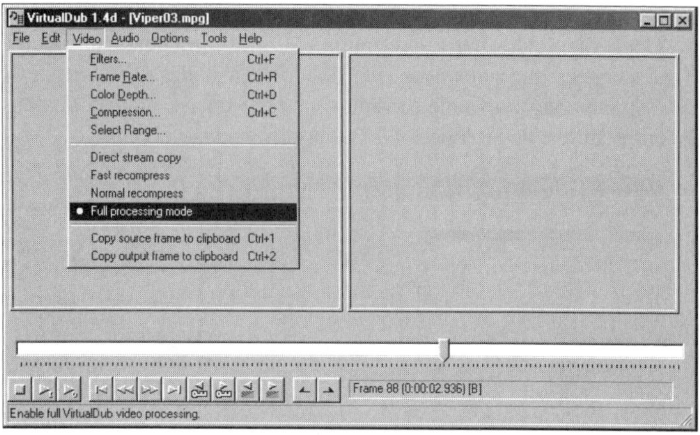


▲ Fig. 2.61 : *Réglage de la vidéo*

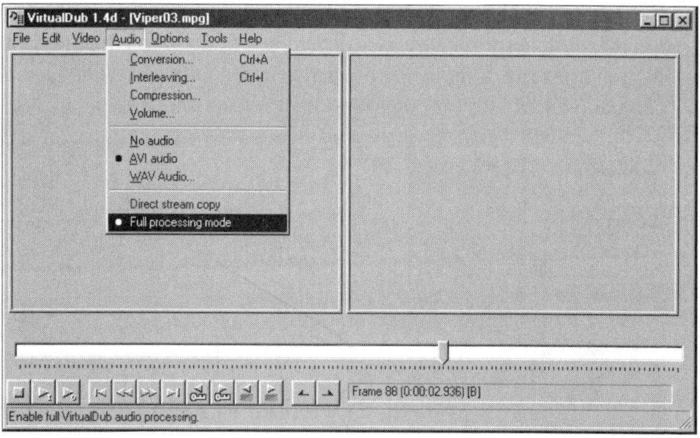


▲ Fig. 2.62 : *L'audio et la vidéo doivent être réglés sur les modes Full Processing*

6. Il ne vous reste plus enfin qu'à lancer l'encodage par le biais de la commande **Save as AVI...** qui se trouve dans le menu **File**.

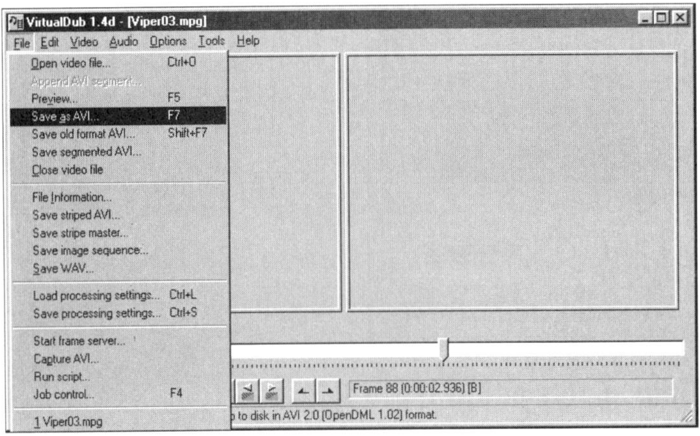


▲ Fig. 2.63 : *En sauvegardant, vous lancerez en réalité l'encodage au format DivX*

Juste après avoir nommé votre fichier cible, vous verrez apparaître cette fenêtre témoignant de la progression de l'encodage.

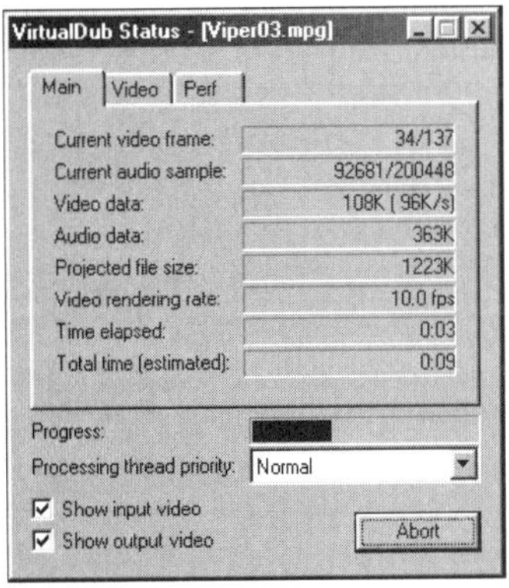


◄ Fig. 2.64 : *Toutes les caractéristiques de votre fichier DivX sont affichées ici*

7. Si vous cliquez pour finir sur l'onglet **Vidéo**, vous verrez s'afficher un graphique de l'encodage en cours. Amusant mais relativement inutile...

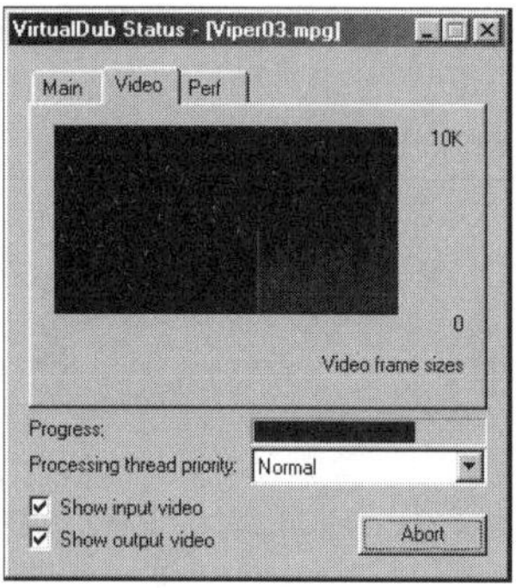


◄ Fig. 2.65 :
*Un graphique joli mais peu utile...*

## Deux pistes audio ?

En comparaison avec un DVD vidéo, notre fichier DivX se limite pour l'instant à une simple version audio, sélectionnée au moment du codage. Si vous le désirez, sachez qu'il est possible d'en coder une seconde. Ces fichiers sont communément appelés BivX en raison justement de leurs deux pistes audio. La manœuvre n'est pas des plus simples ; vous aurez besoin pour cela de plusieurs outils comme un calculateur de BitRate grâce auquel vous calculerez avec exactitude le BitRate à utiliser pour que le BivX tienne sur un CD de 650 ou 700 Mo.

◄ Fig. 2.66 :
*Advance DivX BitRate Calculator est l'un des meilleurs calculateurs de BitRate*

Remarque

**Ripper avant de coder !**

Il est indispensable que la seconde piste audio que vous souhaitez ajouter ait été rippée depuis le DVD vidéo. Si ce n'est pas le cas, passez de nouveau par Smart Ripper ou bien un autre logiciel d'extraction.

Vous aurez également besoin d'un puissant éditeur audio tel que Graph Edit. L'objectif est d'obtenir un fichier Wave qu'il vous suffira ensuite de réintégrer en utilisant Virtual Dub. L'ensemble de ces procédures est relativement complexe et vous demandera à la fois beaucoup de patience et une grande minutie. Si toutefois vous souhaitez tenter l'expérience, nous vous recommandons de consulter l'un des meilleurs sites consacrés au DivX, situé à l'adresse `http://f.campanella.free.fr`.

### Plus simplement...

Étant donné le prix du CD-R, il est également envisageable de créer un second DivX dans la langue de votre choix. Certes, l'opération vous demandera un second encodage et la poignée d'heures de patience qui l'accompagne, mais les manipulations seront beaucoup plus simples à appréhender.

## Des sous-titres ?

De la même façon qu'il est possible de créer un fichier contenant plusieurs pistes audio, il est tout à fait envisageable de créer des sous-titres. En outre, l'opération est beaucoup plus simple à mettre en œuvre et nous allons ci-après vous la décrire. Une fois de plus, il existe plusieurs programmes pour réaliser cette opération. Nous avons sélectionné parmi eux SubRip dans sa version 0.93. Vous trouverez ce programme à l'adresse `www.subrip.fr.st`.

1. Après avoir été installé et lancé, SubRip vous propose cette interface. En vous rendant dans la fenêtre des **Options**, vous remarquerez qu'il est possible de modifier la langue de l'interface.

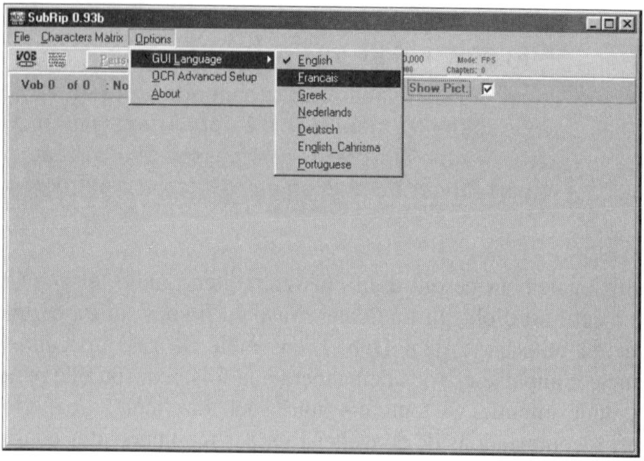


▲ Fig. 2.67 : *Nous choisissons le français et vous conseillons de faire de même*

2. Il s'agit ensuite d'ouvrir le fichier *.ifo* initial qui doit normalement se trouver sur votre disque dur (après avoir été correctement rippé). Il y a de fortes chances pour que ce fichier se nomme *VTS_01_0.ifo*. Pour cela, rendez-vous tout d'abord dans le menu **Fichiers**, cliquez sur la commande **Ouvrir Vob(s)** puis sur le bouton **Ouvr. IFO** dans la fenêtre qui vient de s'ouvrir. La liste des fichiers devrait alors se remplir comme vous pouvez le constater dans cet exemple.

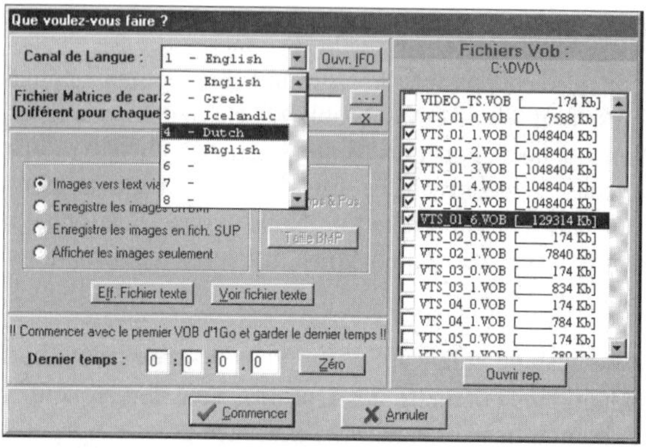


▲ Fig. 2.68 : *L'ensemble des fichiers rippés depuis le DVD apparaissent dans la fenêtre de liste des fichiers .vob*

3. Appliquez-vous à présent à cocher les fichiers correspondant aux différentes pistes du film (les plus volumineux). Il ne vous reste plus qu'à choisir la langue de sous-titres de votre choix et à cliquer sur le bouton **Commencer**. Une fenêtre de paramétrage des couleurs va alors vous être proposée. Vous devez ici choisir la couleur que vous souhaitez leur donner.

◄ Fig. 2.69 : *Choisissez la couleur des sous-titres et celle du contour éventuel*

4. Arrive alors une phase quelque peu fastidieuse au cours de laquelle vous allez devoir aider le programme à reconnaître les différents chiffres, lettres et symboles de l'alphabet. À chaque signe non reconnu une fenêtre s'ouvrira et vous demandera de le taper sur votre clavier. La manipulation surviendra assez fréquemment au début mais, une fois que vous aurez saisi tout l'alphabet ainsi que les signes de ponctuation les plus courants, l'utilitaire de reconnaissance du programme travaillera de manière automatique et relativement rapide (comptez en tout une quinzaine de minutes par heure de film en incluant les différentes séquences de saisie).

◄ Fig. 2.70 : *Pensez à respecter les majuscules et les minuscules*

Remarque

**Caractères jumeaux...**

Il pourra arriver que deux caractères soient associés dans un même cadre et assimilés à un seul signe. Dans ce cas, tapez les deux signes en question à la suite l'un de l'autre.

5. Lorsque tous les fichiers *.vob* ont été décodés, rendez-vous dans la fenêtre d'affichage des sous-titres. Là, vous disposez de quelques options de correction, si besoin est. Dans le menu **Format de Sortie**, il est possible de convertir le fichier de sous-titres vers le format SVCD et d'accéder ce faisant à plusieurs autres options.

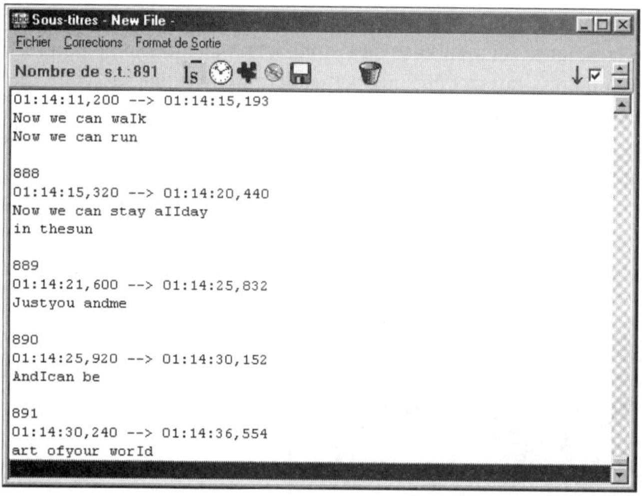


▲ Fig. 2.71 : *Toujours plus d'options*

Attention car tous les lecteurs ne sont pas capables de lire les sous-titres. Micro-DVD est compatible avec le fichier de sous-titres. Pour ouvrir le fichier en question, ouvrez tout d'abord le fichier vidéo, puis le fichier audio (qui peut être le même par exemple dans le cas d'un codage *.avi*). Ensuite, le programme vous demande de localiser le fichier des sous-titres.

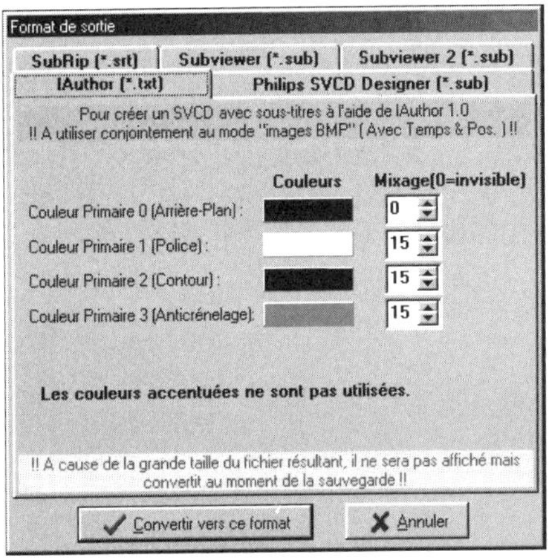


◄ Fig. 2.72 : *Beaucoup d'options mais elles ne sont pas toutes indispensables*

**Remarque**

### Versions bêta...

Les versions des programmes que nous venons de citer ne sont pas toutes très stables et il se peut que des erreurs de reconnaissance et des incompatibilités apparaissent. Soyez patient et utilisez éventuellement une version plus ancienne de tel ou tel programme.

Le codage d'un DVD reste pour l'instant une opération délicate mais néanmoins surmontable. Une fois que vous aurez réussi votre premier codage DivX, vous aurez de quoi être fier. En cas d'échec, ne vous formalisez pas et conservez votre courage tout en gardant à l'esprit que certains films se montrent particulièrement récalcitrants et refusent parfois de se soumettre à l'extraction quand ils n'affichent pas un décalage permanent et pratiquement impossible à corriger. Dans ce cas de figure, ne vous entêtez pas et passez à un autre film. Notre conseil est de commencer avec de courtes séquences afin de rendre les opérations moins longues et moins fastidieuses. Les méthodes et les logiciels que nous venons de vous présenter n'ont la prétention ni d'être uniques ni d'être les meilleurs. Vous aurez très probablement l'occasion d'en rencontrer d'autres ou bien d'utiliser d'autres versions des programmes.

Chapitre 3

# Du Caméscope au DivX

Le DivX est sans conteste l'outil parfait pour réduire un DVD vidéo à l'espace mémoire dont dispose un CD-R mais là n'est pas sa seule vocation. En effet, ce format de compression est tout à fait capable de travailler à partir non seulement de fichiers *.vob* issus de DVD vidéo mais également de n'importe quel autre type de fichier vidéo. Imaginez par exemple que vous disposiez d'un fichier *.avi* standard réalisé à partir d'une carte d'acquisition numérique et d'un Caméscope ; vous allez pouvoir comprimer en DivX ces fichiers généralement très volumineux dès l'instant que l'on souhaite conserver une qualité correcte à l'image. Nous allons donc étudier dans cette partie comment passer d'un film de vacances sur cassette analogique (8mm) ou numérique (DV) au même film sur un CD-Rom encodé naturellement en DivX.

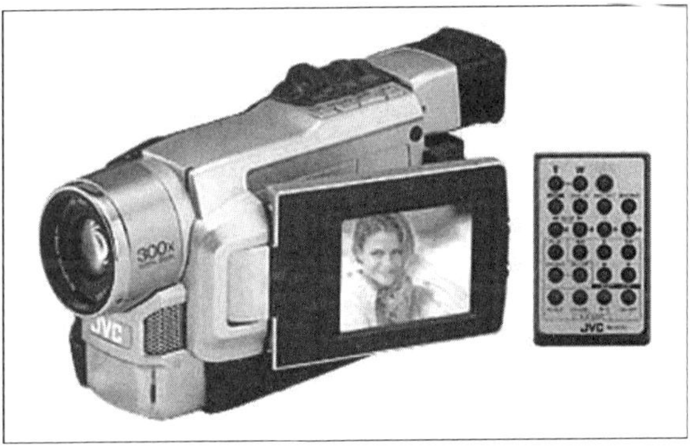


▲ Fig. 3.1 : *Les premiers prix de Caméscope numériques se situent entre 6 500 et 7 000 F*

# 3.1 Le matériel de base

Hormis la nécessité de posséder un Caméscope ou un magnétoscope si vous souhaitez partir de films VHS, il vous faut donc faire communiquer celui-ci avec votre ordinateur. Pour cela, le passage obligé est la carte d'acquisition. Il s'agit d'une carte qui, une fois insérée dans votre machine et correctement installée au niveau de ses pilotes, va vous permettre de recevoir un signal vidéo depuis une source externe. Nous reviendrons sur les différents modèles du marché et sur leurs différences un peu plus loin.

Outre la carte d'acquisition, votre PC doit être capable de recevoir et de stocker ces images. Deux exigences qui se traduisent donc par deux paramètres essentiels : la puissance de calcul et l'espace de stockage. Si en outre vous souhaitez vous lancer dans l'édition vidéo, avec effets et autres filtres à l'appui, une (très) grosse configuration est alors nécessaire. Il convient cependant de relativiser ces propos puisque le montage vidéo amateur n'a pas attendu l'arrivée des Pentium III et des Pentium IV pour exister. Disons pour simplifier qu'un bon Pentium II équipé d'un disque dur d'au moins 20 Go vous permettra de travailler avec une aisance confortable et suffisante.

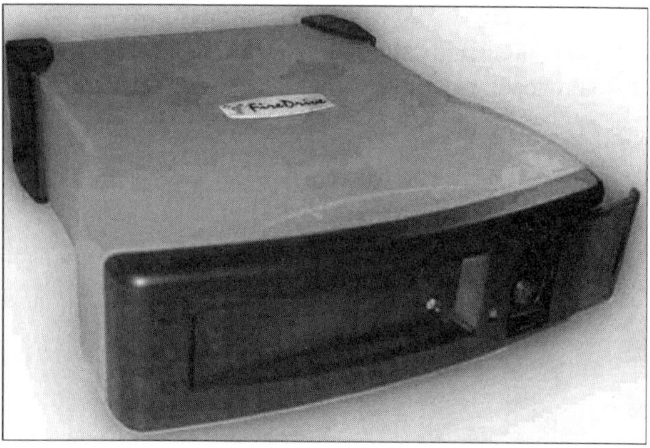

▲ Fig. 3.2 : *Un modèle de disque Fire Wire de 60 Go*

Astuce

**Un second disque dur**

Pensez à la possibilité que vous avez d'ajouter un second disque dur réservé à vos fichiers vidéo. Si vous le choisissez de capacité suffisante (20, 30 ou 40 Go), il vous permettra de stocker plusieurs heures de vidéo.

## Quelle carte d'acquisition vidéo choisir ?

Il en existe plusieurs sortes. Certaines sont en effet des modèles "tout en un" remplissant également les fonctions de carte vidéo traditionnelle, voire de carte 3D accélératrice (comme certains modèles proposés par le constructeur ATI). Ensuite viennent les cartes dédiées dont les seules fonctions sont l'acquisition et l'exportation d'images vidéo. Ces cartes doivent être installées en complément, souvent sur un port PCI disponible, en plus de votre carte vidéo principale. Leur rôle est de numériser et de compresser les images reçues de façon à les rendre enregistrables et lisibles par l'ordinateur. Les cartes dédiées à l'acquisition proposaient jusque récemment des connexions analogiques destinées à recevoir la fameuse prise Cinch issue de la sortie idoine de votre Caméscope. Depuis deux ans environ, l'arrivée des Caméscope numériques DV et Mini DV sur le marché du grand public a radicalement changé les choses et un autre type de cartes a vu le jour, les cartes Fire Wire (ou IEEE-1394). Cette fois, tous les transferts s'effectuent en numérique, dans les deux sens, ce qui procure au résultat final une qualité d'image réservée jusqu'à présent aux seuls professionnels.

Remarque

**À la chaîne...**

Le principe du port Fire Wire est qu'il permet de chaîner plusieurs périphériques entre eux, un peu comme l'USB. Si vous souhaitez par exemple ajouter un disque dur externe compatible avec cette norme, vous pourrez le faire sans difficulté et sans avoir à démonter votre ordinateur.

L'interface Fire Wire convient tout autant au Macintosh qu'au PC. Cependant, il est nécessaire de s'assurer que les pilotes des cartes IEEE 1394 sont bien compatibles avec l'une ou l'autre des deux plates-formes.

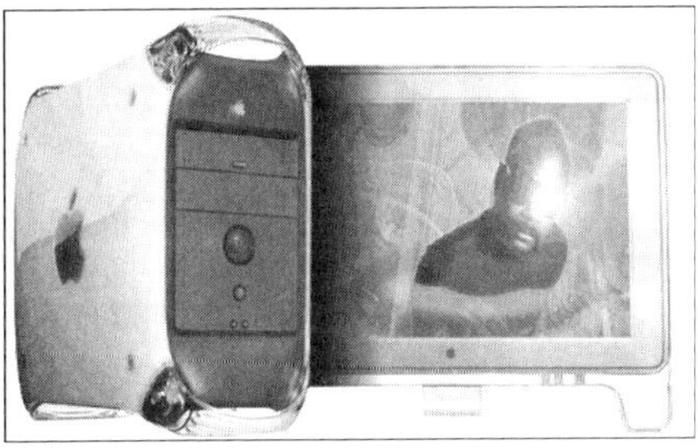

▲ Fig. 3.3 : *Avouez qu'une station de montage numérique à base de G4 en jette carrément ; le prix pour ce bonheur des yeux ? plus de 30 000 F...*

## La carte d'acquisition analogique

On la distingue par la nature de ses connections qui se présentent la plupart du temps sous la forme d'une ou plusieurs prises Cinch RCA et éventuellement de prises S-Vidéo. Leur format de compression est le format MPEG 1 et/ou 2 et on trouve des références chez la plupart des constructeurs du marché (Matrox, ATI, Pinnacle, Hauppauge...). Selon le modèle vers lequel vous portez votre choix, vous disposerez de fonctions différentes plus ou moins nombreuses. L'une d'entre elles, capitale, a trait au type de compression proposé. Il existe en effet deux types de compression, la compression logicielle et la compression matérielle. La première est à éviter car, très exigeante en termes de ressources, elle occasionne des temps de traitement beaucoup plus longs que la carte de compression matérielle. Cette dernière intègre quant à elle des puces spécifiquement dédiées aux travaux de compression et travaille de manière extrêmement plus véloce.

Ces cartes d'acquisition analogiques ont tendance à disparaître peu à peu du marché à cause de l'arrivée massive du format numérique DV. Cependant, de nombreux modèles sont encore d'actualité, comme entre autres l'ATI All In Wonder 128 Pro, la Studio DC10 Plus de Pinnacle ou bien encore les modèles WinTV de chez Hauppauge.

◄ Fig. 3.4 : *Une carte d'acquisition analogique de chez ATI*

Signalons enfin qu'un bon nombre de ces cartes offrent une caractéristique supplémentaire, un tuner intégré permettant de recevoir le signal TV hertzien, une fois raccordé à une arrivée d'antenne classique. L'avantage est ici de pouvoir enregistrer en temps réel une émission diffusée sur son disque dur qui se transforme du même coup en un puissant magnétoscope numérique.

## La carte d'acquisition numérique

La carte d'acquisition numérique nous intéresse davantage de par la qualité d'image qu'elle sous-entend. Destinée à fonctionner en osmose avec un Caméscope numérique au format DV, ce genre de carte offre généralement une simple paire de prises IEEE-1394. Chacune d'entre elles est une prise "aller-retour" capable d'envoyer et de recevoir des informations. Il suffit donc d'y connecter un Caméscope numérique via une prise idoine pour établir la connexion entre les deux matériels.

**Remarque**

**DV In...actif ?**

La plupart des Caméscope voient leur entrée (DV In) désactivée pour des raisons de protection de droits d'auteur. Cependant, il est possible de réactiver cette entrée via un petit boîtier généralement appelé "DV In" ou bien de manière logicielle (plus rare).

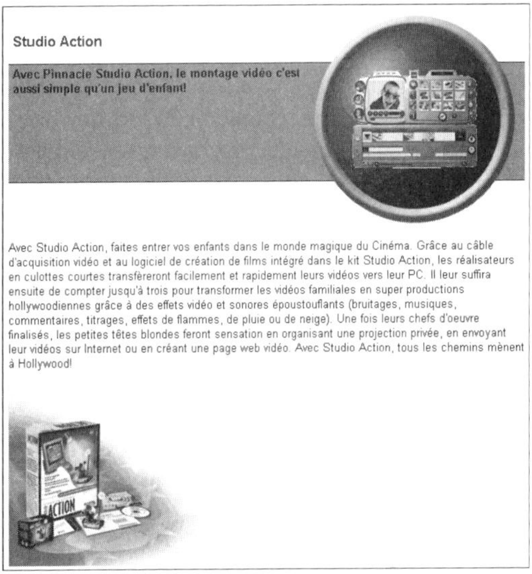


▲ Fig. 3.5 : *La Studio Action, un modèle d'entrée de gamme du constructeur Pinnacle*

### *La qualité de l'image*

Les avantages liés au choix d'une acquisition numérique sont multiples. Le premier est sans conteste la qualité. Par comparaison, dites-vous qu'il y a autant de différence entre un disque vinyle et un CD qu'entre une cassette VHS et une cassette DV. De ce fait, une qualité "moyenne" de compression correspond déjà à un rendu très appréciable. D'autre part, l'acquisition numérique permet d'opter pour deux types d'acquisition, dans deux qualités différentes. La première entreprend de recopier l'ensemble de la vidéo sur votre disque dur et permet par conséquent une qualité optimale tandis que la seconde technique se contente de conserver sur le disque un aperçu des images qui restent stockées sur la cassette DV. Ainsi, une heure de film peut tenir dans une centaine de Mo.

### *Des échanges facilités*

Le fait que la communication soit entièrement numérique donne un autre avantage, tout aussi incontestable et appréciable que la qualité de l'image : l'asservissement des commandes du Caméscope. En effet, selon le logiciel de montage que vous utiliserez, vous pourrez faire de votre Caméscope l'esclave parfait que vous dirigerez directement depuis l'interface du logiciel en question. De ce fait, pas besoin de se livrer à des manipulations complexes et risquées pour votre matériel. Retrouver une séquence particulière se révélera par conséquent une opération beaucoup moins fastidieuse qu'avec un Caméscope analogique et vous pourrez à la *frame* ("image") près choisir tel ou tel point de départ ou d'arrivée. De la même façon, les marquages et autres points de repère seront plus simples et surtout beaucoup plus précis à placer.

Remarque

**Plus maniable**

Avant l'avènement du montage numérique, la seule solution consistait à numériser l'ensemble de la bande analogique originale afin de bénéficier de la maniabilité nécessaire à un montage confortable. À présent, il est aisément envisageable de ne sélectionner que les séquences intéressantes afin de limiter l'espace nécessaire au stockage de ces données.

### *Et le son ?*

Certains modèles de cartes analogiques proposent, outre les connexions vidéo, des entrées audio, des entrées qui sont naturellement absentes des cartes numériques puisque les connexions Fire Wire intègrent à la fois l'audio et la vidéo. Dans le cas où une carte analogique ne propose pas d'entrée audio, il suffit tout simplement de se connecter aux entrées de votre carte sonore et le tour est joué.

▲ Fig. 3.6 : *La carte sonore Game Theater XP de Hercules est très pratique avec ses multiples entrées et sorties audio en façade de son rack externe*

## En résumé...

Si vous possédez un Caméscope numérique au format DV ou Mini-DV, n'hésitez pas à faire la passionnante expérience du montage "tout numérique" en vous offrant une carte d'acquisition DV. Pour un peu moins de 1000 F, vous profiterez en effet d'une solution de montage de qualité exceptionnelle et jouissant d'une ergonomie incomparable. Rien ne vous empêche par ailleurs d'ajouter une carte tuner grâce à laquelle vous pourrez recevoir des émissions de TV hertzienne afin de les enregistrer directement sur votre disque dur. En tout état de cause, l'objectif est de réaliser un fichier vidéo qu'il sera possible de comprimer au format DivX.

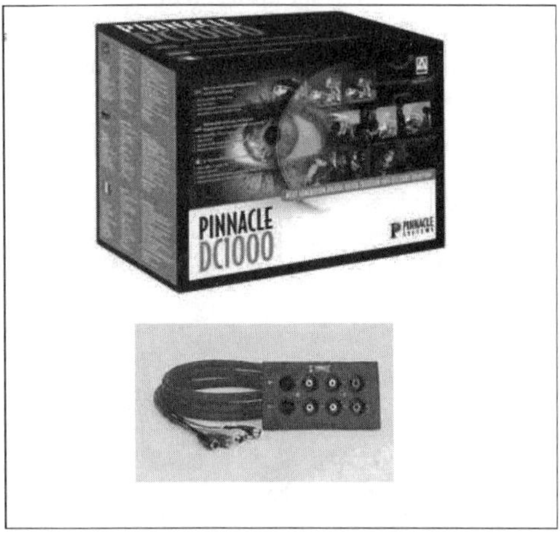


◄ Fig. 3.7 : *L'un des fleurons de la gamme Studio de Pinnacle : la DC 1000, une carte analogique haut de gamme*

Il existe naturellement de nombreux modèles de cartes d'acquisition et de réception TV qui offrent différentes caractéristiques et connexions. Néanmoins, dans le cas des cartes DV, la différence de prix tient davantage à l'offre logicielle qui accompagne le produit qu'à la qualité de la carte elle-même. Certains softs de montage coûtent en effet plusieurs milliers de francs. Une constatation qu'il convient toutefois de relativiser lorsque l'on s'attaque à du matériel à vocation plus professionnelle. Les éléments qui font alors la différence sont par exemple les codecs de compression utilisés, plus nombreux et plus performants.

Remarque

**Codec embarqué ?**

À ce jour, aucune carte ne propose le codec DivX dans son hardware. On peut néanmoins supposer que d'ici quelques mois le codec miracle devrait être intégré dans de futures cartes.

Des connexions audio et vidéo supplémentaires sont également au menu des cartes plus onéreuses. L'avantage est de pouvoir facilement ajouter d'autres sources (analogiques et DV) afin de réaliser des mixages plus riches. On peut également observer que les débits vidéo peuvent s'avérer plus élevés.

◄ Fig. 3.8 :
*Toujours chez Pinnacle, la Studio DV 500 associe des entrées numériques à des entrées analogiques*

# 3.2 Installer une carte DV dans son PC

Nous allons à présent vous expliquer dans le détail comment procéder à l'installation d'une carte numérique dans votre PC. Pour l'ensemble de cette rubrique, nous travaillons avec une DV Action ! du constructeur Hercules et sur une configuration à base de processeur Athlon 1GHz doté de deux disques durs, l'un de 6 Go et l'autre de 30 Go. Le système d'exploitation est Windows 98. Pour le son, nous avons choisi l'une des meilleures cartes audio du moment, la Game Theater XP, toujours chez Hercules, une carte qui offre de multiples possibilités de connexions audio analogiques et numériques grâce à la présence d'un boîtier externe au format micro-rack.

## Déballage et installation physique

Lorsque l'on ouvre la boîte de la DV Action, on constate que le strict minimum est de rigueur. Après tout, tant mieux, puisque qui dit moins de câbles et de docs dit probablement moins de problèmes d'installation. Dans l'ordre, vous trouverez donc la carte au format PCI, un câble Fire Wire ainsi que deux CD-Rom, l'un contenant les drivers d'installation de la carte et l'autre contenant le logiciel de U-Lead Systems Video Studio dans une version SE. Avant tout, ouvrez votre PC et repérez un slot PCI libre sur votre carte mère.

▲ Fig. 3.9 : *La carte DV Action ! de Hercules*

▲ Fig. 3.10 : *Les ports PCI sont facilement reconnaissables à leur couleur blanche ; généralement, une carte mère standard en possède trois ou davantage*

Remarque

**Attention à l'électricité !**

Lorsque vous manipulez une carte (vidéo ou autre), pensez à vous décharger de l'éventuelle électricité statique que vos mains peuvent véhiculer en entrant en contact au préalable avec le bloc transformateur de votre PC.

1. Voici ce que doit donner la carte DV Action ! correctement placée dans un port PCI :

▲ Fig. 3.11 : *Essayez dans la mesure du possible de laisser de la distance entre les différentes cartes introduites dans votre machine, de façon à permettre un meilleur refroidissement des composants grâce à une meilleure circulation de l'air*

2. En ce qui concerne le câblage, vous remarquerez que le cordon Fire Wire fourni avec la carte DV Action possède à ses extrémités deux connecteurs différents. L'un est destiné à votre Caméscope et l'autre à l'un des deux connecteurs de la carte.

▲ Fig. 3.12 : *Deux prises identiques sur la carte, pour deux utilisations identiques*

3. Ne cherchez pas à les distinguer l'un de l'autre, ce sont rigoureusement les mêmes avec chaque fois un flux de données aller et retour. S'il y en a deux, ce n'est donc pas pour une entrée et une sortie mais pour que l'utilisateur dispose d'une reprise permettant de connecter un autre périphérique Fire Wire.

▲ Fig. 3.13 : *Les deux connecteurs différents d'un câble Fire Wire*

4. Par nature le port Fire Wire est capable de reconnaître un branchement "à chaud". Il ressemble en cela une fois de plus au port USB. Lorsque vous connecterez votre Caméscope à votre carte DV Action, celui-ci sera donc instantanément reconnu et géré.

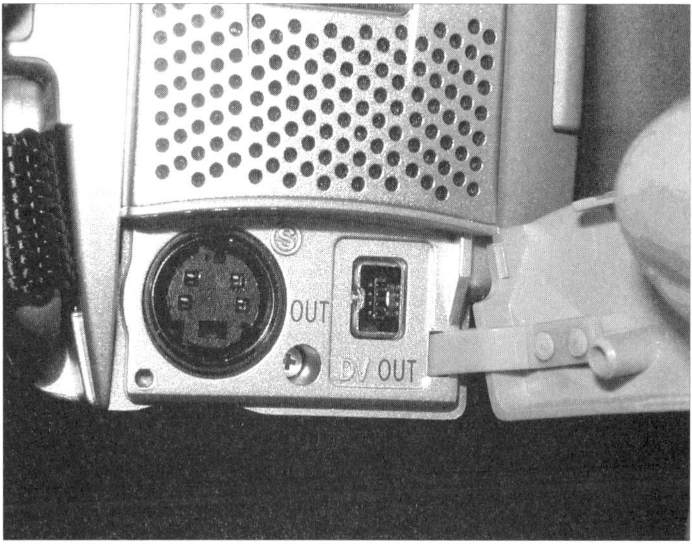


▲ Fig. 3.14 : *La prise DVOut d'un Caméscope ; elle peut également servir de prise d'entrée DVIn, selon les modèles*

5. Lorsque vous aurez correctement fixé votre carte dans l'ordinateur, redémarrez le système et une fenêtre de ce type devrait vous confirmer qu'un nouveau matériel a été détecté. Poursuivez l'installation en plaçant le CD de drivers à l'intérieur de votre lecteur de CD-Rom (voir fig. 3.15).

6. Si vous avez suivi la procédure d'installation, vous devriez pouvoir vérifier que la carte DV Action est reconnue en vous rendant dans le gestionnaire de périphériques (voir fig. 3.16).

▲ Fig. 3.15 : *Le CD-Rom contenant les drivers de la carte DV Action !*

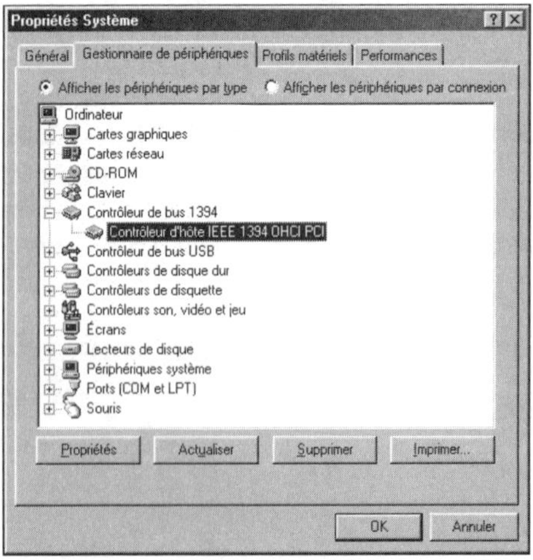


◄ Fig. 3.16 : *Le contrôleur de bus 1394 a correctement été reconnu par Windows 98*

## Installation des logiciels

Nous nous pencherons dans le détail, au prochain chapitre, sur les différents logiciels de montage que l'on peut trouver sur le marché. Pour l'instant, nous nous contentons de vous exposer les procédures standard d'installation des logiciels fournis avec la carte DV Action !, c'est-à-dire Video Studio 4.0 et un logiciel de gravure de CD, PrimoCD Plus.

Pour que votre Caméscope soit reconnu, il faut naturellement qu'il soit raccordé à la carte d'acquisition mais également le laisser allumé lors de l'installation de Video Studio afin qu'il soit reconnu et que le driver soit installé. Ce dernier devrait normalement apparaître dans la fenêtre **Contrôleurs son, vidéo et jeu...** du Gestionnaire de périphériques.

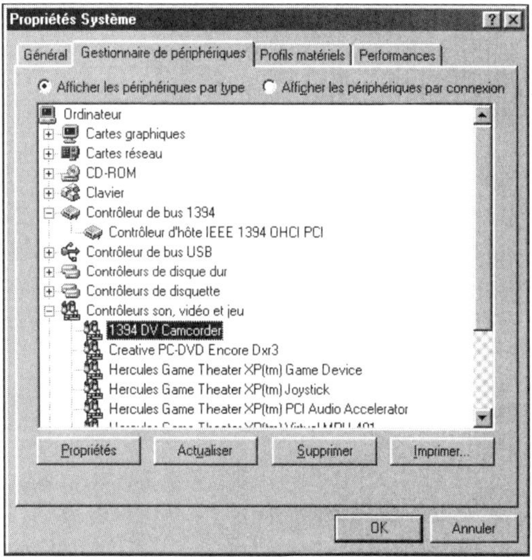


◄ Fig. 3.17 : *Le driver indiquant que le Caméscope est bien reconnu est un driver générique qui s'appelle 1394 DV Camcorder*

### Capturer avec Video Studio 4.0

La particularité de Video Studio est de proposer une interface très conviviale qui évite de se perdre dans des menus et autres fonctions compliquées. Il suffit de suivre une à une chaque étape proposée dans le menu supérieur pour aboutir à un projet complet. Nous ne traiterons ici que de la capture et de son codage en DivX.

1. Pour commencer, il faut créer un nouveau projet. Cliquez pour cela sur le bouton **Nouveau projet**.

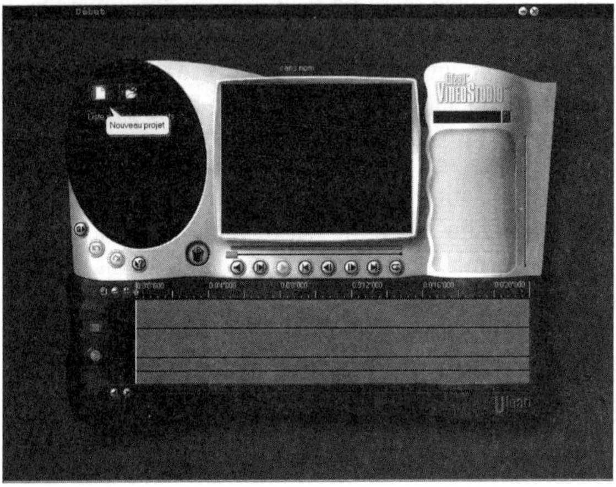


▲ Fig. 3.18 : *Cliquez sur le bouton Nouveau projet à moins que vous ne souhaitiez reprendre un projet existant*

2. Nommez ensuite le projet et précisez son format. Le choix est étendu. Chaque fois que vous cliquerez sur un format, vous en verrez le descriptif dans la fenêtre située juste au-dessous de la liste des modèles de projets disponibles.

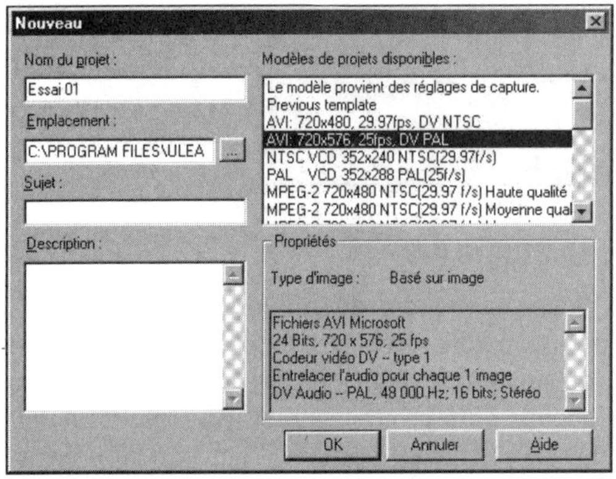


◄ Fig. 3.19 : *Essayez de trouver un bon compromis entre la qualité de l'image et la taille du fichier que vous obtiendrez*

3. Il est temps à présent de lancer le menu **Capture** grâce auquel vous allez pouvoir importer vos images depuis votre Caméscope. Le bloc de commande se compose de deux boutons de capture, l'un pour la vidéo et l'autre pour les images fixes. Au-dessous, le nombre d'images (frames) par seconde, variable selon le type de format que vous aurez préalablement sélectionné. On continue à descendre avec un compteur de temps puis arrive un bouton qu'il est important de cocher, **Capture Audio**. Si vous ne le faites pas, seule l'image sera capturée. Tout en bas, un bouton de **Mode de Capture** vous permet d'alterner entre le mode Capture et le mode Lecture.

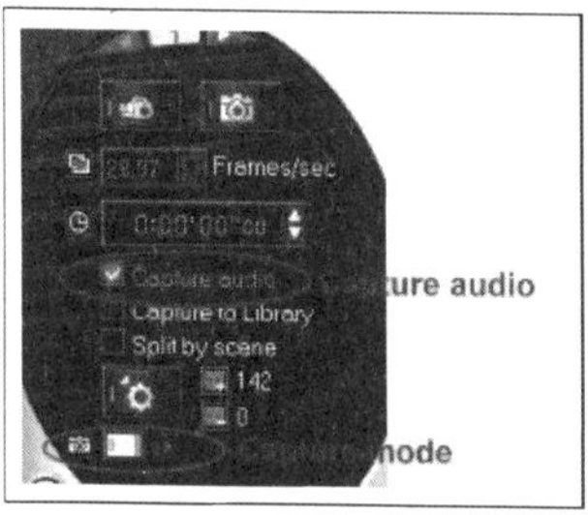


◄ Fig. 3.20 : *Le bloc de commandes du mode Capture de Video Studio*

4. La dernière opération pour encoder en DivX consiste à vous rendre dans le menu **Terminer**, situé complètement à droite de la barre des menus. Dans la fenêtre qui apparaît alors, cliquez sur le bouton **Créer un film**.

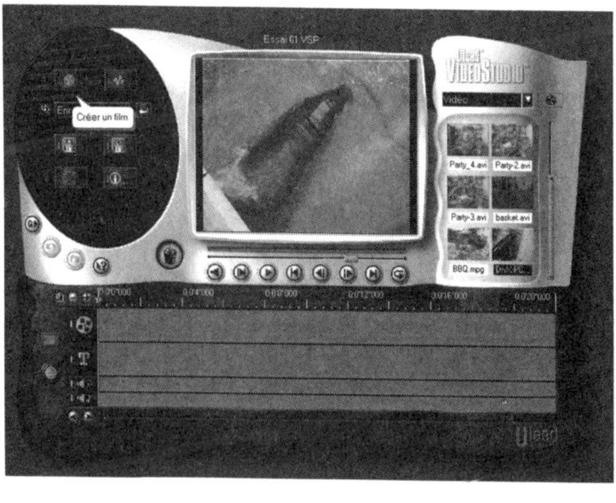


◄ Fig. 3.21 : *Sauvegardez votre vidéo en cliquant sur le bouton de création de film*

5. Il ne vous reste plus enfin qu'à choisir un des codecs disponibles, le DivX par exemple, et d'attendre que la compression s'effectue, ce qui peut prendre un certain temps si votre film initial est long.

Renvoi

Les différentes étapes consacrées au montage vidéo seront abordées au prochain chapitre et nous en profiterons pour vous présenter d'autres logiciels de montage.

## Graver un CD vidéo avec PrimoCD Plus

Si par hasard vous désirez stocker vos films non pas en DivX mais au format CD vidéo, le soft de gravure PrimoCD Plus vous le permet. Avant de lancer le logiciel, il vous faut disposer les bons fichiers vidéo, dans le bon format. Pas question en effet de placer dans la liste des tâches un fichier compressé en DivX ou bien un fichier *.mpeg* mal dimensionné.

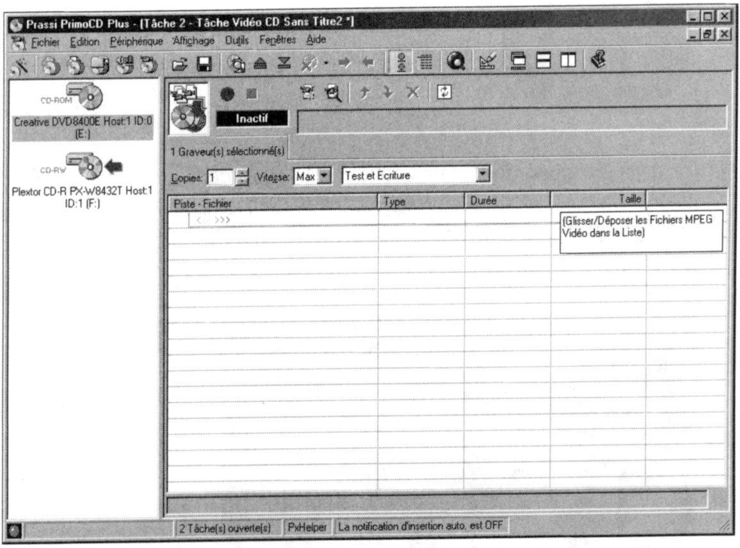


▲ Fig. 3.22 : *Lancez le logiciel et choisissez dans le menu Fichier l'option de création de CD vidéo*

Les restrictions à observer sont simples et explicites puisque trois formats et aucun autre sont compatibles avec le CD vidéo. Le premier est le format

NTSC en 352 x 240 cadencé à 29,97 ips. Le second est le format PAL en 352 x 288 à 25 ips. Enfin, le troisième format est le format film, aux mêmes conditions que le format NTSC. Si votre fichier vidéo ne correspond à aucun de ces trois formats, voici le message d'erreur qui apparaîtra :

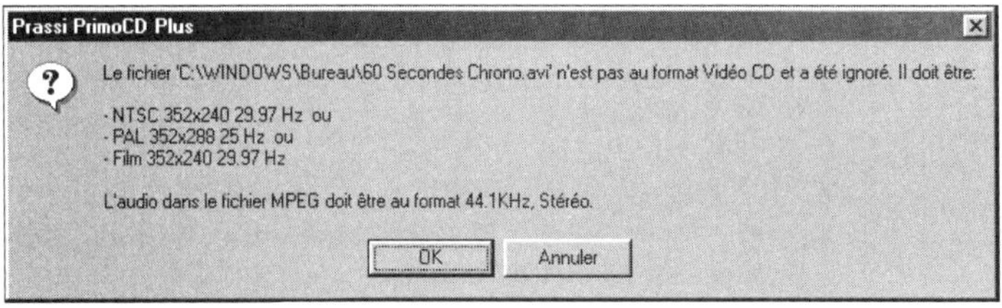


▲ Fig. 3.23 : *Si le fichier n'est pas compatible, impossible de réaliser un CD vidéo*

Voilà pour la DV Action ! de Hercules et les logiciels qui l'accompagnent.

Renvoi

En ce qui concerne les différentes possibilités d'édition et de montage, nous aurons l'occasion de les étudier au prochain chapitre de cet ouvrage.

## 3.3 Quel média de stockage choisir ?

Les fichiers vidéo, même compressés en DivX, restent très volumineux. Il est donc important de prévoir suffisamment d'espace pour stocker les fichiers en question et ce ne sont pas les médias qui manquent. Il faut distinguer deux cas : le stockage temporaire et le stockage définitif. Les coûts afférents à chacune des options envisageables ne sont pas les mêmes et, avant de vous ruer sur telle ou telle solution, estimez-en bien tous les paramètres.

### Le CD-R, roi du Mo...

Incontestablement, c'est lui qui arrive en tête. Les raisons de cette hégémonie du CD enregistrable sont diverses. La première est certainement le coût, ridiculement bas. En effet, à moins de 10 F l'unité, le CD vierge propose un coût au Mo situé entre 1 et 2 centimes ! Certes, il en existe qui flirtent avec les 5 ou 6 F mais n'oublions pas que nous sommes en train de parler d'un support pour des fichiers DivX qui nous auront demandé certains efforts. Il serait par conséquent très dommage de les voir définitivement perdus à cause de la défectuosité d'un support de stockage bas de gamme. Pour être certain de ne pas prendre trop de risques, choisissez un CD de marque (Verbatim, Kodak, Memorex, BASF...).

Astuce

**Miroir, mon beau miroir...**

Voici une petite technique toute simple pour être certain de la qualité d'un CD. Ouvrez un boîtier, prenez le CD vierge et regardez-le à la lumière. Si vous réussissez à voir au travers, la couche de métal est vraisemblablement très fine et ne souffrira aucune rayure. Au moindre coup de chaleur, elle risque également de se décoller du plastique.

▲ Fig. 3.24 : *Privilégiez les CD vierges proposés par les constructeurs*

La plus grande partie du marché du CD-R est occupée par les CD de 650 Mo. Sachez cependant qu'il existe des modèles un peu plus volumineux, les 700 Mo. La différence n'est pas gigantesque mais elle peut vous éviter d'utiliser deux CD pour stocker un film DivX à cause de quelques dizaines de Mo qui manqueraient. Leur prix est légèrement supérieur aux CD-R de 650 Mo (d'environ 10 à 20 %).

▲ Fig. 3.25 : *Un CD-R de 650 Mo et un autre de 700 Mo se ressemblent comme deux gouttes d'eau ; il faut dont bien observer la pochette pour ne pas les mélanger*

Il ne faut pas oublier de parler des CD-RW sur lesquels il est possible de graver et d'effacer ensuite ses données, jusque 1 000 fois environ. Ils ont besoin pour fonctionner d'un graveur compatible CD-RW. Les consommables sont quant à eux sensiblement plus chers que leurs cousins non réinscriptibles (entre 25 et 40 F pièce). L'avantage de cette solution est qu'elle permet les erreurs ou bien le test de formats sans encombrer inutilement le disque dur.

# Du Zip au Jaz...

Le constructeur Iomega propose depuis plusieurs années des lecteurs-enregistreurs opto-numériques capables de stocker des données sur des disques de différentes capacités. On les connaît sous les noms de ZIP ou JAZ. Selon les modèles, les cartouches proposent différentes capacités, de 100 Mo à 2 Go. Le prix n'est naturellement pas le même, l'usage non plus. L'objectif de ce type de matériel est en réalité de se substituer au stockage temporaire offert par le disque dur. Il est en effet plus facile de jongler avec quelques cartouches plutôt que d'ajouter un disque dur interne.

◄ Fig. 3.26 : *Le dernier modèle de JAZ externe qui existe en différentes versions : USB, SCSI et depuis peu Fire Wire au moyen d'un adaptateur*

Un autre avantage des supports amovibles est d'être aisément transportables et par conséquent de pouvoir passer sans difficultés d'une machine à l'autre. Un des meilleurs exemples de cette compatibilité est le ZIP 100 Mo, qui s'est peu à peu standardisé sur de nombreuses machines, en version interne ou externe.

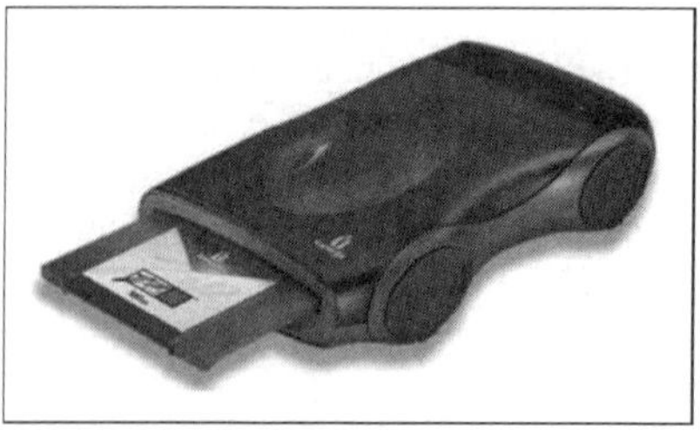

◄ Fig. 3.27 : *La dernière version très "design" du lecteur ZIP 100 Mo (environ 1 000 F) ; il en existe également une version 250 Mo (autour de 2 000 F)*

Selon le port utilisé (parallèle, SCSI, USB ou Fire Wire), le débit des échanges de données ne sera pas le même. Sachez cependant qu'un JAZ permet d'atteindre des débits comparables à ceux d'un disque dur (jusqu'à 8 Mo par seconde). De ce fait, les transmissions entre ce lecteur amovible et votre système seront bien plus élevées que celles que permettent un lecteur de CD-Rom.

## Le disque dur

Qu'il soit interne, externe ou amovible, le disque dur reste l'une des solutions les moins onéreuses en termes de coût au Mo (entre cinq et dix centimes le Mo). Ajouter un second disque dur représente effectivement un choix très judicieux pour l'utilisateur qui souhaite se lancer dans la vidéo numérique et plus encore dans la compression DivX. Si vous optez pour cette solution, n'hésitez pas à choisir un disque dur de grande capacité (20 ou 30 Mo) car vous ne le changerez probablement pas avant longtemps. Il faut compter entre 1 000 et 1 500 F pour un modèle interne IDE.

Astuce

**Débit élevé recommandé !**

La rapidité d'accès aux informations est un facteur très important dans le choix d'un disque dur. Des débits suffisants pour la vidéo sont atteints par des disques SCSI ou Ultra DMA. Encore faut-il que le mode DMA de votre système soit activé. Pour cela, rendez-vous dans le gestionnaire de périphériques et cliquez sur **Lecteurs de disque**. Choisissez ensuite la ligne désignant le disque que vous désirez activer et ouvrez la fenêtre des propriétés. Rendez-vous ensuite sur l'onglet **Paramètres** et, dans les options, cochez la case intitulée *DMA*.

Il peut être également intéressant de pencher pour un modèle extractible de façon à pouvoir l'utiliser de manière itinérante et passer ainsi d'une machine à une autre ou bien de l'échanger avec un ou plusieurs autres disques durs.

▲ Fig. 3.28 : *Tous les disques durs internes se ressemblent, seule leur capacité et leur vitesse les distinguent ; à ce propos, préférez un 7 200 tours/minute*

## L'outsider DV...

Si vous possédez un Caméscope numérique et que ce dernier soit équipé d'une prise d'entrée Fire Wire DV In, vous pouvez exporter vos films, une fois montés, vers une cassette DV. La seule condition est de conserver le format DV du film original. Dans ce cas, l'ordinateur ne sert que de support temporaire afin d'éditer la vidéo qui sera ensuite exportée vers le Caméscope. Cette solution peut s'avérer très intéressante pour stocker vos montages une fois achevés et leur conserver une qualité d'image exceptionnelle puisque tous les échanges restent dans les deux sens numériques.

Astuce

**De OUT à IN**

Si votre Caméscope ne possède pas d'entrée DV In, ne vous affolez pas, il suffit d'acheter un petit boîtier capable de réactiver la bidirectionnalité de la prise Fire Wire de votre Caméscope. Un tel accessoire se montrera compatible avec la majorité des appareils et il vous en coûtera aux alentours de 1 000 F.

Si votre budget vous le permet, sachez qu'il existe un appareil extrêmement méconnu du grand public, le magnétoscope numérique. Son prix (environ 10 000 F !) réserve ce matériel à un usage presque exclusivement professionnel. Ses performances ont pourtant de quoi en séduire plus d'un ; jugez plutôt : codage MPEG 2 en temps réel, son qualité CD hi-fi stéréo et jusqu'à sept heures de vidéo sur une seule et même cassette... Et, comme si cela ne suffisait pas, les magnétoscopes numériques assurent également une compatibilité totale avec les formats habituels VHS et S-VHS. Dernière petite remarque : ces appareils possèdent une connectique incomparable, tant pour l'audio que pour la vidéo. Vous trouverez, entre autres prises, un port Fire Wire en entrée, histoire de stocker vos montages directement au format DV et ce, sans aucune perte dans la qualité de l'image.

▲ Fig. 3.29 : *Un modèle du constructeur Thomson*

Astuce

**Augmenter la capacité d'enregistrement**

Les magnétoscopes numériques intègrent un mode de qualité "inférieure" (tout est relatif...) permettant d'aller jusqu'au triple de la capacité normale. Vingt et une heures de cinéma sans bouger de votre fauteuil, ça vous tente ?

◄ Fig. 3.30 :
*Les cassettes D-VHS offrent 300 minutes de stockage en MPEG 2 (qualité DVD) mais restent onéreuses (environ 150 F l'unité) ; que diriez-vous de 420 minutes (7 heures !) ?... la K7 vaut tout de même près de 300 F*

## Notre conseil...

Il serait très difficile de vous conseiller de choisir telle solution de stockage plutôt que telle autre. Étant donné que le graveur est un complément indispensable à toute "station de compression" DivX, nous ne pouvons que vous encourager à en faire l'acquisition. Mais c'est à vous de vous rendre compte de vos besoins et des faiblesses éventuelles de votre système. Dans tous les cas, deux disques durs (dont un est réservé exclusivement aux fichiers vidéo) représentent une configuration très judicieuse. De cette façon, si vous devez formater votre disque dur principal, le secondaire et les données qu'il contient pourront toujours être récupérés.

Astuce

**La bonne occase...**

Le marché de l'occasion regorge de bonnes affaires tant au niveau des disques durs qu'au niveau de tous les autres périphériques de stockage. N'hésitez pas à les consulter avant de faire votre choix.

Chapitre 4

# Montage en règles...

Comme nous venons de l'évoquer à maintes reprises, le DivX ne trouve pas la justification de son existence dans le simple fait de permettre la copie d'un DVD vidéo sur un CD. Il est également un format de compression idéal pour tous ceux qui s'intéressent de près ou de loin à la vidéo amateur. Et ceux-là savent bien l'importance de l'étape du montage. De quoi s'agit-il exactement ? C'est très simple en vérité. Une vidéo comprend des images et du son. L'opération de montage consiste à couper et à coller les séquences de son choix et à éventuellement modifier ou ajouter du son (musique, effets...), sans oublier les nombreux effets spéciaux que l'on peut appliquer à l'image (transitions, fondus...). Le texte peut également être au programme avec les sous-titrages et autres génériques. Bref, le montage est une phase incontournable pour qui souhaite aller au-delà du simple couchage de ses cassettes vidéo sur un support numérique de sauvegarde. Selon les cas, monter un film peut se faire rapidement ou bien demander de nombreuses heures de travail. Cela dépend de vos exigences mais également du logiciel que vous aurez choisi d'utiliser. Notre objectif n'est nullement de prétendre vous présenter dans le détail toutes les possibilités du montage mais plutôt de vous initier à la manœuvre tout en vous présentant les principaux logiciels du marché.

## 4.1 Quel PC choisir ?

De toutes les applications, le montage vidéo est certainement, avec le traitement graphique et l'imagerie de synthèse, l'une de celles qui demande le plus de ressources machine. Pour être monté, un film, ou une séquence de film, a en effet besoin d'être digitalisé. Cette acquisition numérique suppose donc un espace de stockage relativement élevé, même si celui-ci peut n'être que temporaire.

### Le disque dur

Pour vous aider à vous faire une idée des espaces nécessaires, voici un tableau présentant les différents formats et le volume qu'ils occupent. Nous avons pris comme base une minute de film en réglant le son sur sa qualité optimale.

| Tab. 4.1 : Correspondance format/volume | |
|---|---|
| Format | Volume |
| AVI (qualité originale) | 230 Mo |
| QuickTime | 118 Mo |
| MPEG-2 (DVD) | 47 Mo |
| MPEG-1 (Vidéo-CD) | 20 Mo |

En comparaison, le DivX n'occupera guère plus de 5 à 8 Mo pour une minute de film encodé. Cependant, avant de disposer de ce format, il convient de travailler au préalable sur le matériau brut que constitue le film dans sa qualité originale. Un disque dur rapide et offrant une grande contenance est par conséquent un choix judicieux (30 ou 40 Go). Si vous en avez la possibilité, choisissez d'en installer deux afin de consacrer l'un d'entre eux au seul stockage de vos images.

## Le processeur et la RAM

Sollicités essentiellement dans les phases d'encodage et de décodage ainsi qu'au moment où vous utiliserez des effets vidéo, le couple processeur/mémoire vive doit pouvoir ne pas être un frein à votre créativité. Un Pentium de seconde génération s'avère un minimum, l'idéal étant un Pentium III cadencé à 800 ou 1 000 MHz. Pour la RAM, ne vous privez pas et, compte tenu du prix peu élevé des barrettes, n'hésitez pas à équiper votre machine de 256 Mo, voire davantage.

## Le reste...

Nous ne reviendrons pas sur l'importance du choix de la carte d'acquisition puisque nous en avons déjà traité au chapitre précédent. Pour l'écran, prévoyez large et pensez que beaucoup d'opérations seront réalisées dans un mode fenêtré qui risque de se révéler encore plus inconfortable sur un écran de taille réduite. Choisissez un moniteur de 17 pouces ou davantage.

Certaines cartes vidéo peuvent supporter plusieurs écrans, ce qui peut vous permettre par exemple d'afficher sur l'un les nombreuses commandes de montage et sur l'autre, l'image témoin.

## 4.2 Tout est dans le virtuel !

Avant que l'ordinateur ne pointe son nez dans l'univers de la vidéo, les bancs de montage vidéo traditionnels, c'est-à-dire analogiques, travaillaient directement sur les bandes originales. Il était alors nécessaire d'user de beaucoup de précision et d'assurance pour réaliser un montage impeccable. Les différents effets et enchaînements d'images étant enregistrés en temps réel, il valait mieux être certain de son coup, au risque d'être contraint de recommencer l'opération. Avec l'arrivée du numérique, les données ont radicalement changé. Même si le support original peut rester analogique (Caméscope Hi-8, magnétoscope...), la phase de digitalisation change tout. Le film, une fois enregistré dans sa globalité sur le disque dur, devient un matériau beaucoup plus maniable. Toutes les opérations de découpage et de collage vont pouvoir s'effectuer rapidement et, par-dessus tout, le film monté ne sera créé que lorsque vous serez certain de votre travail.

## 4.3 Quel logiciel utiliser ?

Il existe, comme dans beaucoup de domaines d'application, un grand nombre de logiciels. Certains sont destinés à une utilisation personnelle occasionnelle, d'autres affichent une vocation (et un prix !) plus professionnelle. Nous ne vous parlerons pas de Première 6.0, d'Adobe, qui se voit réservé à un panel d'utilisateurs nantis en raison de son prix élevé (plus de 5 000 F !). Nous avons choisi Vidéo Deluxe, de Magix, qui par son prix et ses nombreuses fonctions comblera bon nombre de vos attentes. Nous aurions pu également explorer le domaine shareware mais, dans ce secteur du montage vidéo, les produits ne sont pas légion.

### Le montage avec Vidéo Deluxe

L'éditeur allemand est très connu pour ses nombreux logiciels de création musicale et de retouche sonore. En s'attaquant au monde de la vidéo personnelle, il vient directement empiéter sur un domaine jusque-là réservé à des éditeurs spécifiques. Et, comme si cela ne suffisait pas, le logiciel Vidéo Deluxe est proposé à un prix défiant toute concurrence (moins de 300 F, soit 46 € environ). Et ne pensez pas que pour cette somme vous aurez droit à un produit sous-dimensionné, bien au contraire...

▲ Fig. 4.1 : *Sur la boîte, une promesse alléchante : la vidéo à la portée de tous !*

Une fois de plus, Magix table donc sur un logiciel grand public et c'est un pari réussi puisque l'interface entièrement en français se montre particulièrement conviviale et intuitive. En ce qui concerne sa compatibilité, les vidéos aux formats numérique et analogique pourront êtres acquises sans difficultés via les ports FireWire, USB, une carte d'acquisition analogique.

▲ Fig. 4.2 : *La fenêtre principale d'arrangement de Vidéo Deluxe qui peut contenir un maximum de 16 pistes audio-vidéo stéréo*

Mais la simplicité d'utilisation n'est pas le seul argument en faveur du logiciel de Magix qui compte à son actif plusieurs dizaines d'effets vidéo de qualité professionnelle, un mode d'aperçu des effets permettant de gagner un temps de calcul considérable ainsi qu'une compatibilité très étendue avec les différents formats vidéo, graphiques et audio du marché actuel. Citons entre autres l'AVI, le Windows Media, le MOV, le MPEG-1, le MPEG-4, le BMP, le JPG, WAV... tout cela aussi bien à l'importation qu'à l'exportation. En outre, la partie consacrée au traitement audio est tout spécialement développée avec notamment un éditeur de fichiers wave intégré, une table de mixage virtuelle, une reconnaissance automatique du tempo (BMP) et de la tonalité ainsi qu'un nombre d'effets impressionnant. Notez que la plupart d'entre eux agissent en temps réel et ne demanderont par conséquent pas de délai de calcul. Signalons enfin que ceux qui possèdent des effets Direct-X déjà installés pourront tout à fait les utiliser depuis Vidéo Deluxe.

Mais il est temps de passer à un exemple concret.

1. L'idéal est de commencer par observer les performances du logiciel à partir d'un projet existant. Pour cela, rien de plus simple puisque le CD d'installation contient quelques exemples de films. Dans l'explorateur qui se trouve dans l'angle supérieur droit, ouvrez le répertoire baptisé *Demo_Projets* et choisissez un des fichiers *.mvd* proposés.

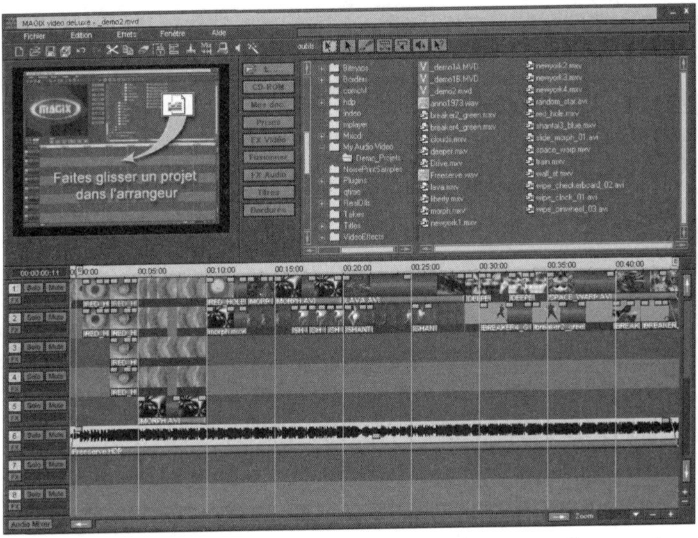


▲ Fig. 4.3 : *C'est à partir de cette fenêtre de travail que vous allez pouvoir principalement travailler*

2. Sinon, voici la marche à suivre pour démarrer à partir d'un projet absolument vierge. Nous ne nous attarderons pas outre mesure sur la phase d'acquisition que nous avons déjà décrite dans la partie consacrée à ce sujet. Sachez simplement que pour digitaliser une vidéo depuis Vidéo Deluxe, vous devrez lancer l'enregistrement depuis le menu **Fichier/Enregistrer audio/vidéo** (voir fig. 4.4).

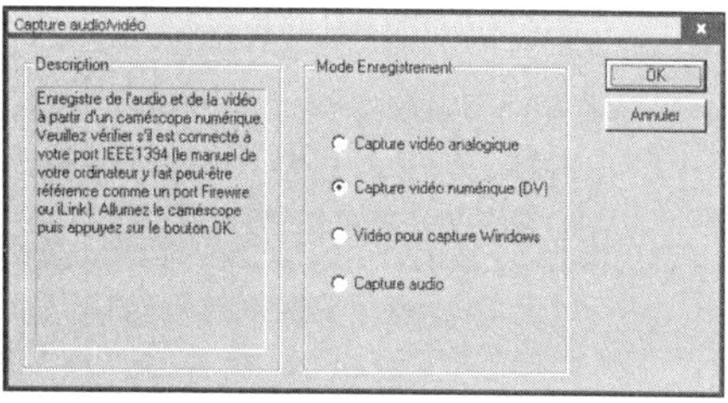


▲ Fig. 4.4 : *Après avoir cliqué sur la fonction d'enregistrement, vous avez le choix entre différentes options : analogique, numérique, Windows (réception tuner par exemple) ou bien simplement audio*

3. Après que vous avez acquis l'ensemble des séquences sur lesquelles vous souhaitez travailler, celles-ci devraient apparaître dans le répertoire que vous aurez créé pour l'occasion. Ne conservez dans un premier temps que les passages qui vous intéressent. Cette phase s'appelle le "dérushage". C'est maintenant que vous décidez que telle ou telle prise est bonne à monter ou bien inutile. Pour cela, vous disposez de plusieurs méthodes. La première consiste à placer le curseur de début (S) au point de coupe désiré puis à cliquer sur le bouton **Ciseau** situé dans la barre d'outils supérieure. L'autre méthode est un peu moins destructrice (bien que la première ne le soit pas vraiment) puisqu'elle se résume à une simple retaille des objets en partant de leurs angles inférieurs droit et gauche. De cette façon, il suffira de déplacer à nouveau cet angle pour retailler l'image.

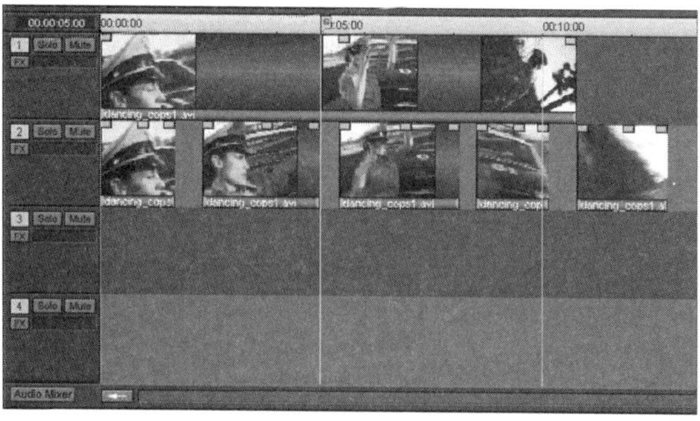


▲ Fig. 4.5 : *Dans cet exemple, vous voyez le même fichier vidéo en deux versions ; en haut, l'original et au-dessous, l'objet divisé en cinq parties*

**Astuce**

### Fusionner

Il est également possible de réunir deux objets séparés. Pour ce faire, placez les objets en question l'un derrière l'autre et cliquez sur la fonction **Grouper** qui se trouve dans le menu **Edition**.

4. Étape suivante : les effets. On distingue deux types d'effets. Les premiers visent les modulations qui concernent la vidéo elle-même tandis que les seconds regroupent les différents effets de transition d'une séquence à une autre. Pour accéder aux effets directs, rendez-vous dans le menu **Effets/Vidéo** puis cliquez sur **Effets vidéo**. Vous serez alors en face du générateur d'effets en temps réel dont vous aurez rapidement identifié les fonctions.

▲ Fig. 4.6 : *Le processeur d'effets vidéo bénéficie d'une fenêtre dédiée*

5. Pour les effets de transition, opérez de la manière suivante : choisissez les deux éléments que vous souhaitez voir fusionner. Ensuite, placez

ces deux séquences sur deux pistes différentes de façon qu'elles se suivent. Il ne vous reste plus qu'à placer l'effet désiré à la suite de la première séquence, au-dessus de la seconde séquence, pour qu'il soit appliqué lors de l'enchaînement. Vous remarquerez que vous pouvez déterminer le type d'effet (apparition ou disparition de l'image), selon votre envie, en cliquant sur la flèche qui s'affiche sur l'objet effet.

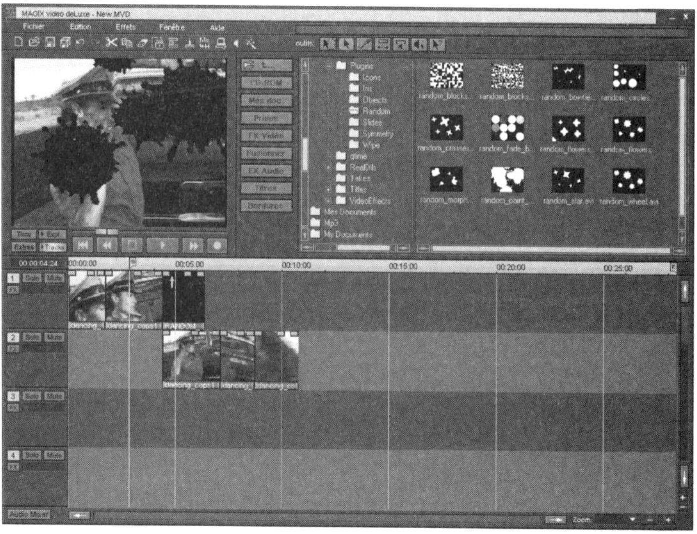


▲ Fig. 4.7 : *Ici, on fait disparaître l'image avec des taches d'encre qui apparaissent de manière aléatoire*

**Astuce**

### Disparition et réapparition

Pour passer d'un plan à un autre, il est possible d'utiliser le même effet pour la disparition de l'image et pour sa réapparition. Pour cela, placez vos deux séquences vidéo comme indiqué précédemment, choisissez votre effet mais, au lieu de le copier une seule fois au-dessus de la seconde séquence, copiez-le deux fois. Placez la flèche vers le haut dans le premier objet effet et vers le bas dans le second et le tour est joué.

6. À présent, passons aux effets de titrage. Là encore, de nombreuses fonctions sont disponibles pour obtenir autant d'effets variés. Pour accéder aux options de titre, cliquez sur le bouton **Titres** qui se trouve dans la série de boutons située à droite de la fenêtre de visualisation vidéo. Cliquez ensuite sur l'effet textuel de votre choix pour afficher l'éditeur de titres. Choix de la police, du corps, de la couleur et du type d'apparition, vous choisirez l'habillage qui vous plaît.

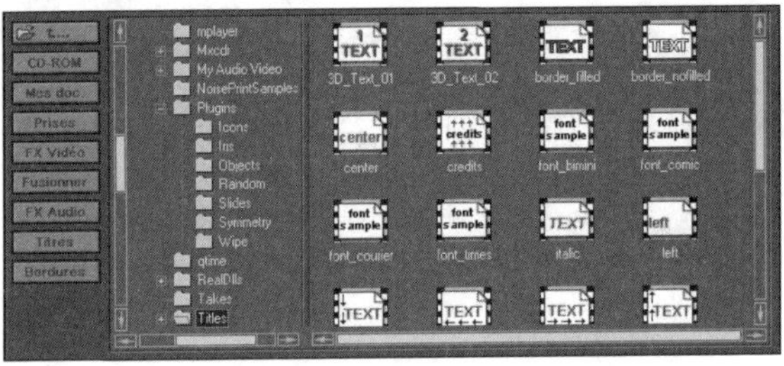


▲ Fig. 4.8 : *Une trentaine d'effets textuels sont disponibles*

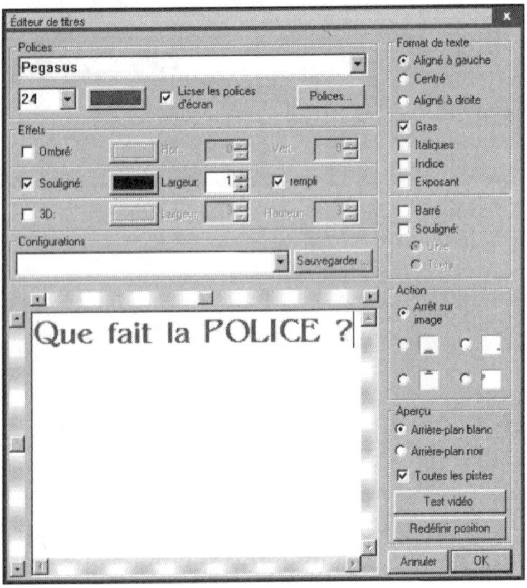


◄ Fig. 4.9 : *La fenêtre d'édition des titres à partir de laquelle vous allez pouvoir entrer votre texte et sa mise en forme*

◄ Fig. 4.10 :
*Voici un exemple de titres avec un effet de néon des plus élégants*

7. Vous devriez alors pouvoir commencer à bien travailler vos séquences vidéo. Passons à présent à l'audio. Il est indispensable de bien définir ce que vous désirez faire. Souhaitez-vous conserver la bande son originale ou l'améliorer ? À moins que vous ne préfériez la mélanger ou bien lui substituer une autre source audio... Pour conserver la bande son originale, vous n'avez rien de spécial à faire. En revanche, si vous souhaitez la mixer avec d'autres éléments audio, il vous faut l'extraire lors du chargement du fichier. Cette option n'est pas obligatoire même si elle est validée par défaut lors du lancement du logiciel. Vous la trouverez dans le menu **Fichiers/Paramètres/Informations**, sous la dénomination *Paramètres audio-vidéo*.

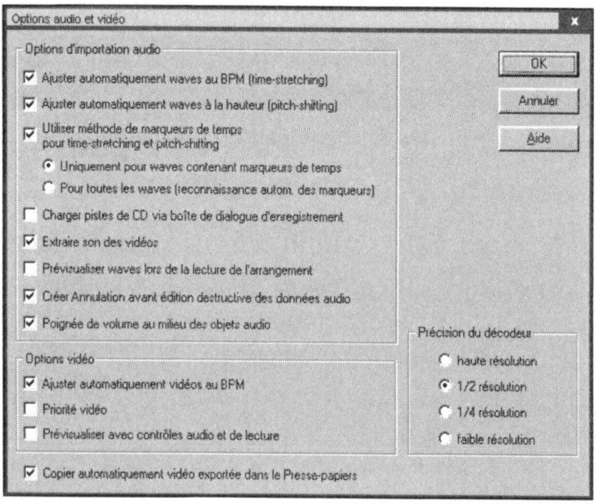


◄ Fig. 4.11 :
*Parmi les paramètres d'importation audio et vidéo, l'extraction audio*

8. Si votre séquence vidéo d'origine contenait effectivement une piste audio, voici à quoi devrait ressembler la fenêtre de travail de Vidéo Deluxe. En haut, la piste vidéo et juste au-dessous, la piste audio au format wave. Comme vous le constatez, elle semble un peu faible au niveau du volume. Nous allons voir comment y remédier et par la même occasion profiter des nombreux effets que propose Vidéo Deluxe.

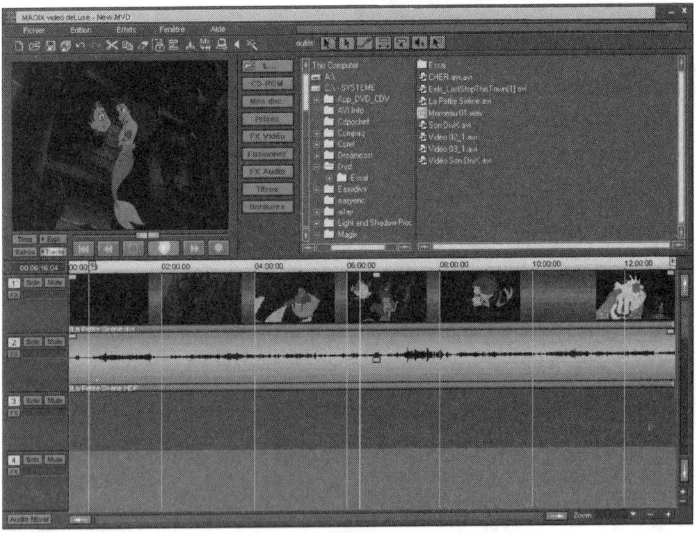


▲ Fig. 4.12 : *Une piste pour la vidéo et une pour l'audio, chaque chose à sa place*

9. Rendez-vous dans le menu **Effets/Audio** afin de pouvoir disposer d'une série d'effets spécifiques. Le premier effet est la normalisation et permet à l'ensemble de la piste d'atteindre son meilleur rapport signal/bruit sans dépasser le seuil de saturation. Au-dessous, vous trouverez également toute une série d'effets audio que nous allons vous décrire ci-après.

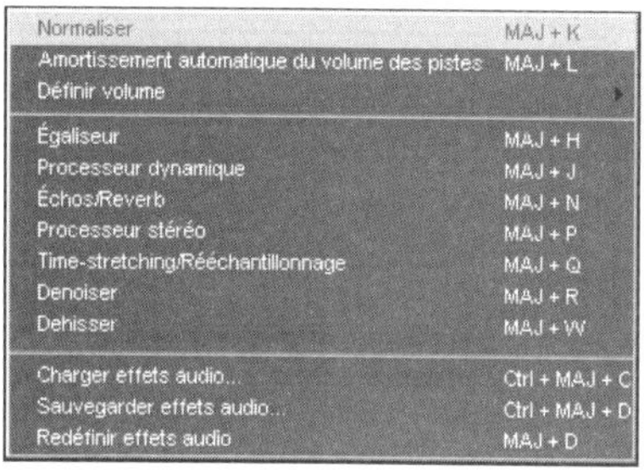


◄ Fig. 4.13 : *Le menu des effets audio*

Autant il est simple de se faire une idée précise de l'action de tel ou tel effet vidéo, autant les effets audio peuvent laisser quelque peu perplexe. Voici donc une description très précise de l'influence des différents effets audio ainsi que leurs paramètres respectifs.

## L'égaliseur

Grâce à l'égaliseur graphique 10 bandes intégré, vous pourrez donner à votre piste audio une allure très précise. Pour effectuer vos réglages, vous pourrez au choix utiliser les potentiomètres qui correspondent aux différentes fréquences ou bien utiliser le Touchscreen pour en quelque sorte dessiner votre courbe. Les effets s'appliqueront en temps réel et, pour vous en rendre compte, lancez la lecture avec le bouton correspondant. Vous remarquerez dans l'angle inférieur gauche la présence d'un menu pop-up contenant plusieurs préréglages. Le bouton suivant (**A/B**) est destiné quant à lui à passer rapidement d'un réglage à un autre afin de pouvoir instantanément les comparer. Enfin, en cliquant sur le bouton **Link Bands**, les potentiomètres voisins de celui que vous maniez se déplaceront proportionnellement, un peu comme s'ils étaient reliés par des fils.

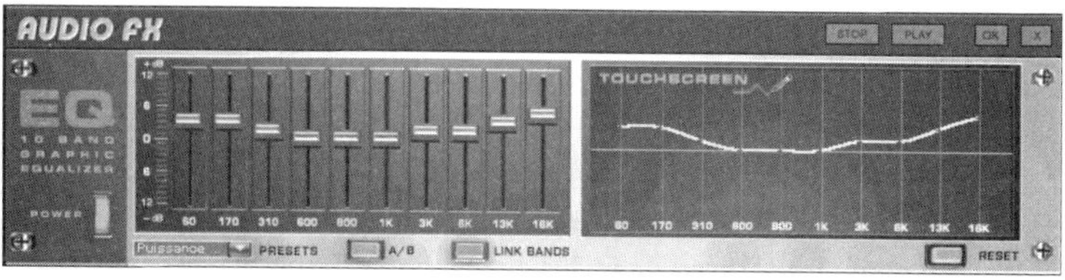


▲ Fig. 4.14 : *Un égaliseur digne des studios professionnels*

## Le processeur dynamique

Son rôle est d'effectuer une compression audio en agissant sur la dynamique du son. Rien à voir par conséquent avec le MP3 ! Ici, il s'agit d'opérer sur le signal sonore afin d'en "arrondir les angles". Comprenez que les passages les moins puissants seront augmentés tandis que les plus forts seront aplanis. Vous utiliserez principalement cet effet pour les basses et les voix qui peuvent souvent faire preuve de variations assez importantes selon les fréquences. Quatre paramètres sont disponibles. Le *Ratio* permet de régler de manière générale l'importance de la compression. La fonction *Treshold* correspond au seuil de déclenchement de la compression. Avec l'*Attack*, vous définirez le temps de réaction de l'effet. En le réglant assez bas, vous obtiendrez un effet d'augmentation et de diminution du volume très abrupt. Enfin, la fonction *Release* est en quelque sorte l'inverse de l'attaque. Elle sert à définir le temps de réaction de l'arrêt de l'effet.

Astuce

**Le pad au pouvoir !**

Vous aurez certainement remarqué la présence d'un espace rectangulaire appelé Sensor. En promenant le curseur sur cette zone, vous définirez des réglages de manière parfaitement intuitive. Chaque angle correspond à un niveau maximal de l'un des quatre paramètres.

▲ Fig. 4.15 : *Le compresseur, très utile pour homogénéiser une piste sonore comprenant de grands écarts de volume*

## La Reverb et l'Echo

La Reverb peut être utilisée dans des cas bien particuliers, par exemple un passage chanté sur une vidéo personnelle. Son objectif est de simuler un espace de résonance du son afin de lui ôter son côté un peu sec. Le *Room*

*Size* définit la taille de la pièce virtuelle. Plus sa valeur est élevée, plus l'effet sera diffus. Avec *Time*, vous choisissez la durée de l'effet. *Color* est en revanche une notion un peu subjective qui fait passer l'effet d'un son clair à un son plus sourd. Enfin, la fonction *Mix* dose la proportion entre le son sans l'effet et l'effet lui-même. L'Echo agit de la même façon mais, cette fois, ce sont des répétitions qui peuvent être créées. *Delay* détermine l'espacement de celles-ci et *Feedback* leur nombre (de 0 à l'infini).

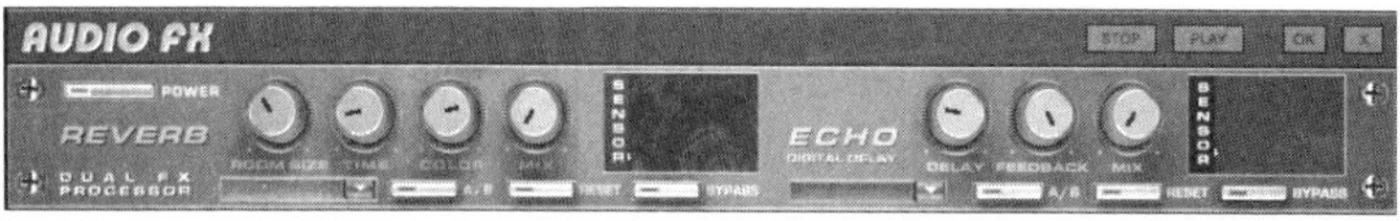


▲ Fig. 4.16 : *Donnez un peu d'écho à votre son...*

## L'effet Stéréo

Rien de bien compliqué ici puisque vous agissez tout simplement sur le panoramique gauche/droite du son. Attention à ne pas trop en user car un élargissement excessif peut créer une distorsion indésirable du son.

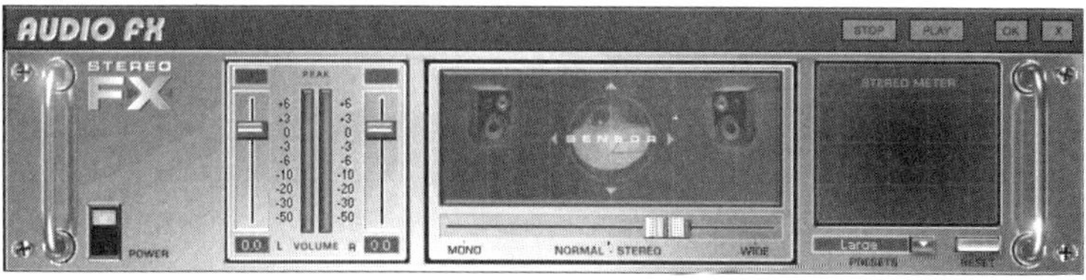


▲ Fig. 4.17 : *Gauche ou droite, choisissez votre canal...*

## Le Time Processor

Comme son nom l'indique, le Time Processor s'occupe de tout ce qui touche au temps et à la durée. Vous allez donc pouvoir ralentir ou bien accélérer une piste audio mais également modifier sa tonalité. Attention cependant car vous risquez de subir un décalage avec l'image. Le bouton de **Pitch** diminue ou augmente la tonalité (la hauteur) du son et vous pourrez ainsi obtenir des voix de type "cartoon" en réglant cette valeur très haut. Si vous réalisez des vidéos de karaoké, vous pourrez grâce au Pitch changer une tonalité et l'adapter à votre voix. Le Tempo concerne le rythme. Attention car en modifiant cette valeur, seule la piste audio sera modifiée, ce qui générera à coup sûr un décalage avec l'image.

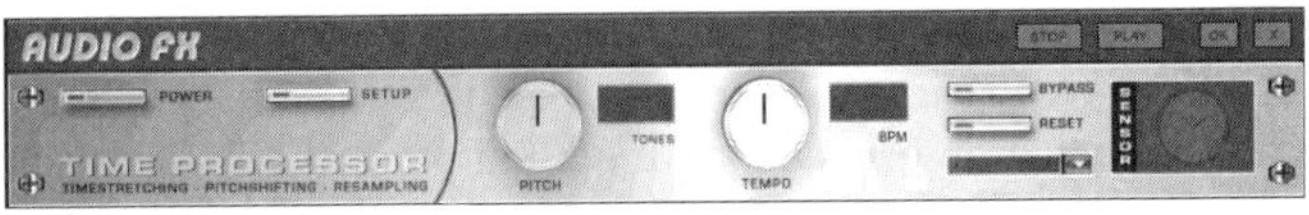


▲ Fig. 4.18 : *Changez de ton et de tempo grâce au Time Processor*

## Le Denoiser

"Débruiteur" en français ! Ce traitement est très connu et très utilisé dans de nombreux studios de montage. Il consiste à éliminer autant que faire se peut les bruits de fond d'un enregistrement audio. Il se montre particulièrement efficace dans le cas d'interférences ou de bourdonnements persistants. Le *Noise Level* est probablement le réglage le plus important et le plus délicat à paramétrer. Trop faible, les bruits ne seront pas atténués et trop élevé, l'ensemble du son risque d'être trop affaibli. La valeur de *Noise Reduction* concerne quant à elle le rapport entre le son naturel et le son avec la réduction de bruit. Enfin, la section *Noise Sample* permet de créer un bruit.

▲ Fig. 4.19 : *Le réducteur de bruit, indispensable surtout pour les enregistrements analogiques*

## Le Dehisser

Le Dehisser fonctionne de manière très similaire au Denoiser à ceci près que ce réducteur de bruit est spécialisé dans les sons sifflants (ssss...). Avec le Noise Level, vous déterminerez le seuil de déclenchement du réducteur tandis qu'avec le Noise Reduction, vous définirez le niveau d'atténuation.

▲ Fig. 4.20 : *Grâce au Dehisser, vous pourrez supprimer tous les éventuels sifflements présents sur un enregistrement*

Depuis l'explorateur de Vidéo Deluxe, en vous rendant dans le répertoire consacré aux effets audio, vous pourrez retrouver tous ces effets sous la forme d'icônes qu'il suffit de faire glisser sur la piste voulue afin d'ouvrir la fenêtre de réglage de l'effet en question qui sera ensuite appliqué à la piste audio. Signalons également qu'en double-cliquant sur une piste audio, vous ouvrirez un rack d'effets regroupant un certain nombre des effets que nous venons de citer.

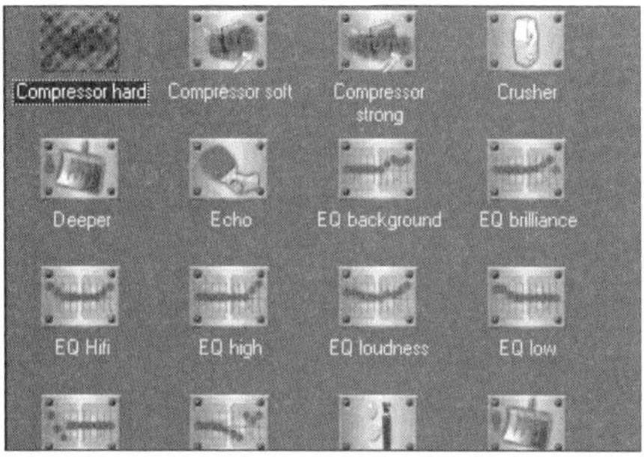


◄ Fig. 4.21 : *Les effets tous regroupés sous forme d'icônes*

▲ Fig. 4.22 : *Le rack d'effet proposé par défaut*

## Exporter votre travail

Enfin vous y êtes ! Votre vidéo ressemble à l'idée que vous vous en faisiez. Le montage est correct, vous avez pris le soin de retoucher les différentes pistes audio et vous souhaitez faire de votre projet un fichier exploitable directement depuis Windows. Vidéo Deluxe vous le permet naturellement et nous allons rapidement vous expliquer comment.

1. Dans le menu **Fichier**, placez-vous sur la ligne *Exporter arrangement* et choisissez dans le menu qui vient de s'ouvrir le format que vous souhaitez utiliser pour sauvegarder votre vidéo.

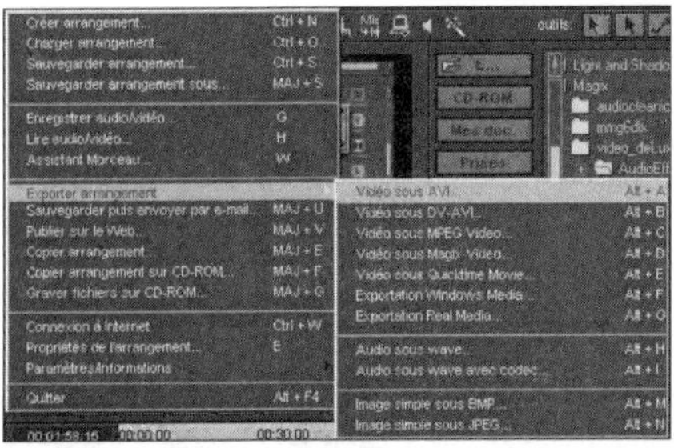


◄ Fig. 4.23 : *L'exportation est un jeu d'enfant ; ici, nous choisissons le format .avi*

2. Vous arrivez alors dans une fenêtre de réglages qui vous présente, de gauche à droite, la taille désirée pour la vidéo, la fréquence proposée en nombre d'images par seconde et, très important, le codec à utiliser. Si, comme nous dans cet exemple vous avez déjà installé le codec DivX, vous devriez normalement le voir figurer dans la liste. Une fois ces réglages effectués, vous n'aurez plus qu'à déterminer un répertoire de destination et à définir le nom du fichier cible.

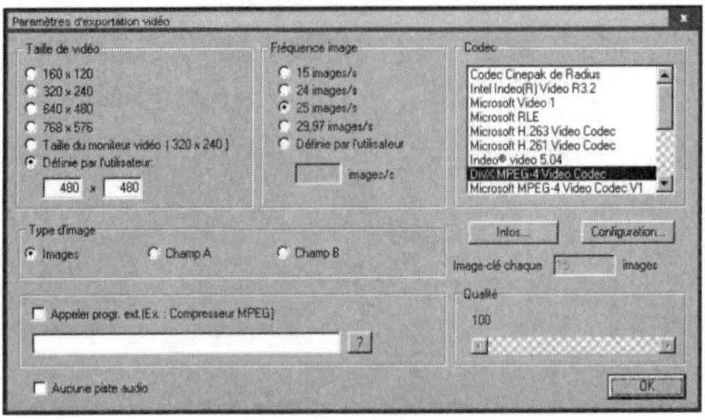


◄ Fig. 4.24 : *Si plusieurs codecs sont installés, choisissez celui qui vous semble le plus approprié*

## Les autres logiciels...

Nous vous avons parlé de Vidéo Studio de Ulead au chapitre consacré aux cartes d'acquisition. Sachez qu'il existe d'autres logiciels tels que Video Wave édité par MGI, Video Center de Micro Application ainsi que le très célèbre Première de la société Adobe. Quel que soit votre choix, les procédures générales seront à peu près les mêmes, à savoir l'acquisition (numérisation), le dérushage (visionnage des bandes originales), le découpage, le montage, le traitement audio puis l'exportation. Si vous n'avez jamais expérimenté le montage virtuel, nous vous conseillons de commencer par une séquence relativement courte (une dizaine de minutes au maximum) afin de vous faire la main et de comprendre la manipulation de ces nouveaux outils. Sachez également que bon nombre d'ouvrages sont consacrés à la vidéo et au montage virtuel, c'est notamment le cas de *Vidéo numérique*, un livre issu de la collection PC Poche de Micro Application. Vous y apprendrez dans le détail comment choisir votre matériel, soigner votre prise de vue et découvrirez l'utilisation de logiciels variés. *Vidéo numérique* vous donnera les clés pour vous lancer de manière approfondie dans cette discipline.

Chapitre 5

# Le DivX et Internet

L'histoire du DivX n'aurait très certainement pas pu s'écrire sans l'existence du Web. Comme pour le MP3, le rôle du réseau dans la propagation du format de compression vidéo est multiple et ne se limite pas ou plus en tout cas à la simple mise à disposition gratuite du codec. Des outils de codage aux logiciels dérivés en passant par les films et autres séquences DivX qui prolifèrent à vitesse grand V, c'est par dizaines de milliers que l'on peut retrouver des traces du DivX sur Internet. Nous allons dans cette partie vous en faire la démonstration en vous expliquant comment dénicher les meilleurs sites et en vous proposant une sélection de sites qui ont retenu notre attention pour diverses raisons.

## 5.1 Un DivX dans le moteur...

Nous commencerons par vous présenter les moteurs de recherche qui, semble-t-il, réagissent le mieux au mot DivX. Notre choix s'est porté essentiellement sur quatre moteurs francophones et deux moteurs anglophones parmi les plus renommés, ce qui ne veut pas forcément dire dans le cas présent les plus efficaces... La quantité de pages dédiées au DivX est si importante qu'il n'est cependant pas indispensable d'aller de prime abord vers des sites en anglais puisqu'il existe suffisamment de pages web francophones pour que chacun puisse normalement y trouver son compte. L'objectif ici est non pas de vous proposer des sites mais de vous indiquer les moteurs qui se sont plus ou moins bien comportés face à notre requête.

Remarque

**Majuscules ou minuscules ?**

Inutile de respecter la casse propre à l'écriture du mot DivX. En effet, la plupart des moteurs de recherche ne feront a priori pas la distinction entre les majuscules et les minuscules et vous orienteront dans tous les cas vers les mêmes liens.

### Yahoo.fr

Au moment où nous avons lancé notre recherche, le moteur proposait une catégorie DivX ainsi que neuf sites francophones dédiés au DivX. Ce n'est pas énorme en comparaison de certains autres moteurs que nous allons vous présenter ci-après.

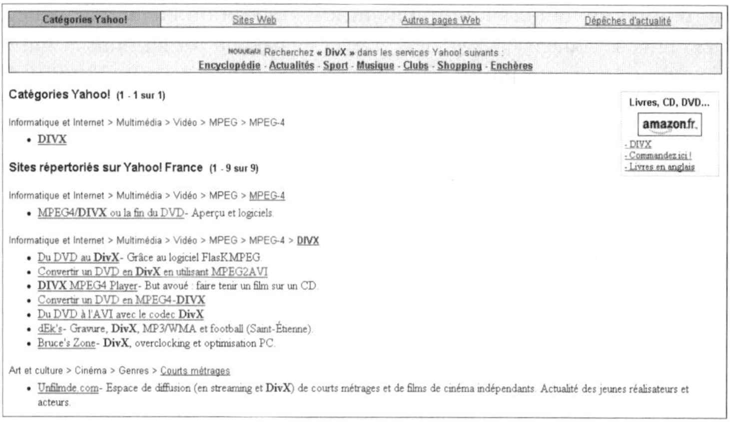


▲ Fig. 5.1 : *Le résultat de la recherche DivX sur Yahoo.fr*

Ici, on privilégie essentiellement des pages consacrées aux méthodes de codage et de conversion. On notera cependant que le site `www.unfilmde.com` est répertorié et fort justement décrit en tant que site dédié à l'actualité et au travail des jeunes réalisateurs.

Renvoi

Ce site fait partie de nos coups de cœur et nous vous le présenterons un peu plus loin dans ce chapitre.

Renvoi

Voir également l'interview des créateurs du site dans la partie consacrée à la création de DivX.

En cliquant sur la catégorie proposée par Yahoo.fr, la première impression est amplement confirmée et l'on retrouve une dizaine d'adresses renvoyant vers des sites consacrés au rip, à la conversion et à la gravure (voir fig. 5.3).

À la décharge du moteur, il est vrai qu'une grande majorité de sites a pour centre d'intérêt majeur les différentes manipulations à effectuer pour lire et/ou créer des DivX. Néanmoins, en allant jeter un rapide coup d'œil sur la version US de Yahoo, on constate que l'angle est radicalement différent avec une sélection de sites beaucoup moins techniques et davantage orientés vers des questions de droits. À voir par curiosité, des sites "antiDivX".

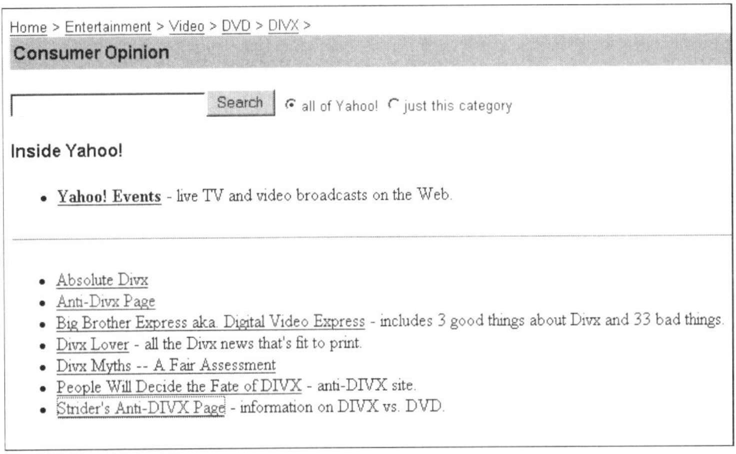


▲ Fig. 5.2 : *Décidément, Yahoo.fr autant que Yahoo.com ne semblent pas plus que cela épris de DivX...*

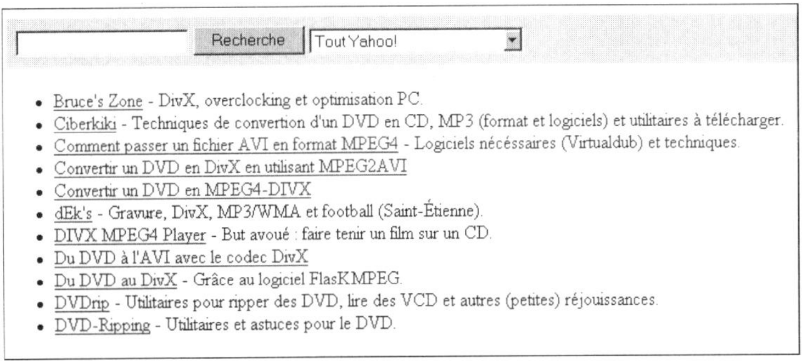


▲ Fig. 5.3 : *Yahoo a principalement axé sa sélection de sites DivX sur la partie technique de codage et de conversion*

## Lycos.fr

Lycos.fr va beaucoup plus loin et affiche plusieurs dizaines de sites dédiés au DivX. Seul problème avec ce moteur, il ne sait pas éliminer les doublons. Ainsi, plus vous avancerez dans les résultats, plus vous aurez de "chances" de tomber plusieurs fois sur la même adresse. Quoi qu'il en soit, les trente à quarante premiers résultats illustrent parfaitement les nombreuses facettes du DivX avec des pages très variées consacrées à la technologie en elle-même mais également aux films ou bien à des technologies dérivées (lire des DivX sur une console Dreamcast...).

Pages web francophones

1. Un Film De.com - Courts métrages en DivX & concours de cinéma
unFilmde.com diffuse des court métrages, de la video, des films de cinema indépendants! La partie magazine vous propose l'information du milieu du cinoche independant...
http://www.unfilmde.com/

2. ** CyberCombatClub : Le portail mangas - fantasy - jeux video ** : live chat | forum |...
CYBERCOMBATCLUB,l'internet 100 % combat ! Le Portail Manga-Jeux Vidéo- Jeux de Rôle ! en **DIVX**, Tout sur Neon Genesis Evangelion, Saint Seiya, Les Chevaliers du Zodiaque, LODOSS, GUNNM, FSS,l'anime, mangas, les jeux......
http://www.cybercombatclub.com/

3. 7eme Zone DVD
7eme Zone DVD
http://www.7emezone.com/

4. Bienvenue sur Infofans - Pour tout savoir sur vos Stars
Infofans regroupe de nombreuses informations concernant toutes les celebrites du moment. Retrouvez chaque jour toute l'actualite des stars, les news ,photos, screensaver, fond d'ecran, skins....
http://www.infofans.com/

5. DivX Free News and Downloads
BOOKMARKEZ CE SITE **DivX DivX** ;-) Le MP3 de la video HOME | DOWNLOADS | COMMENT ? | FILMS | LIENS **DivX** Download codec **divx** pour mediaplayer, downloader et installer. version PC : 3.11alpha release 4.open **DivX** HOME | DOWNLOADS | COMMENT ? | FILMS...
http://download.reality.be/divx/download.htm

6. DivX Free News and Downloads
Si un clip n'est pas disponible,ajoutez cette page à vos favoris , et revenez plus tard...
http://download.reality.be/divx/trailer.htm

7. divx
Pour que votre vidéo div-x fonctionne sur votre dreamcast il faut la convertir en vidéo Sofdec Data qui est le standard pour la dreamcast. Cette conversion ce se réalise en 2 étapes. D'abord il faut convertir le son en Sofdec Audio (.sfa), pour cela......
http://dciso.free.fr/divx.htm

▲ Fig. 5.4 : *Faites votre choix parmi les nombreux liens que propose le moteur Lycos.fr*

**Remarque**

**Unfilmde.com...**

En première position, on retrouve le site unfilmde-.com, signe que nous ne sommes pas les seuls à l'avoir remarqué.

Si vous activez l'option de recherche *Web mondial* au lieu de *Web français*, les liens sont multipliés par dix et il vous faudra vraisemblablement des heures et des heures de connexion avant de faire le tour de la question.

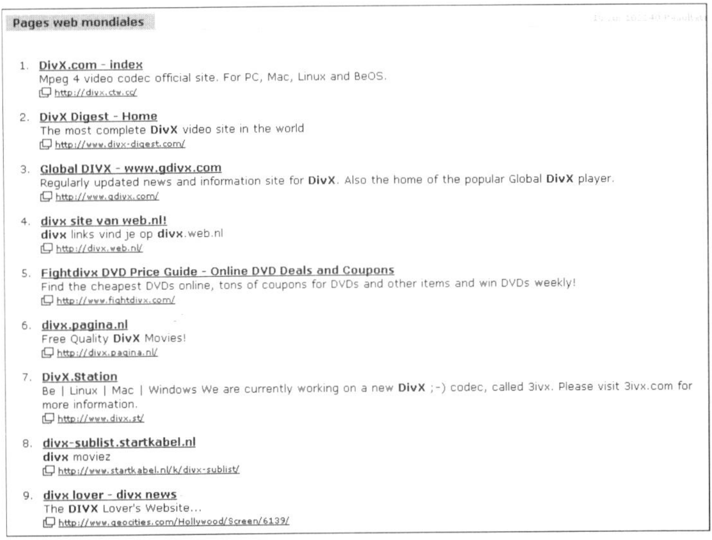


▲ Fig. 5.5 : *Rien à dire, Lycos fait largement la leçon à Yahoo en matière de liens dédiés au DivX*

▲ Fig. 5.6 : *Une vidéo de la Nasa, trouvée par hasard en lançant la recherche dans les vidéos*

Astuce

**Les bons critères**

Si vous regardez de plus près le menu pop-up de localisation de la recherche, vous remarquerez que vous pouvez également opter pour d'autres critères de sélection. Par exemple, en cliquant sur *Vidéos*, vous afficherez des pages contenant des vidéos au format DivX.

## Google.com

Sur Google.com, les choses se passent un peu comme sur Lycos avec une multitude de liens répertoriés qui ont apparemment moins tendance à se répéter. Comme vous le constaterez, les critères de recherche peuvent être volontairement limités au Web mondial, au Web francophone ou bien même au Web français. Les possesseurs de Macintosh ainsi que les utilisateurs de Linux seront également très satisfaits de constater que des sites consacrés à leurs systèmes sont proposés.

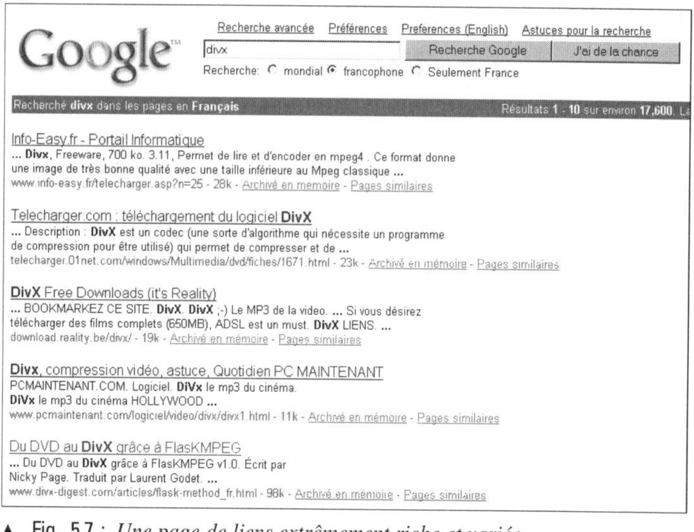


▲ Fig. 5.7 : *Une page de liens extrêmement riche et variée...*

Le seul défaut de Google est celui que l'on pourrait également reprocher à Lycos, à savoir une profusion de sites, non classés et qui peuvent, par leur grand nombre, allonger sensiblement la durée de vos recherches.

## Nomade.fr

Il semble que Nomade ait trouvé un juste milieu entre le faible nombre de sites proposés par Yahoo.fr et la pléthore de liens que regroupent les deux moteurs précités. À notre requête, le moteur a réagi en proposant une vingtaine de sites, sans aucun doublon. De l'information aux conseils techniques en passant par des sites consacrés aux dessins animés, vous n'aurez que l'embarras du choix.

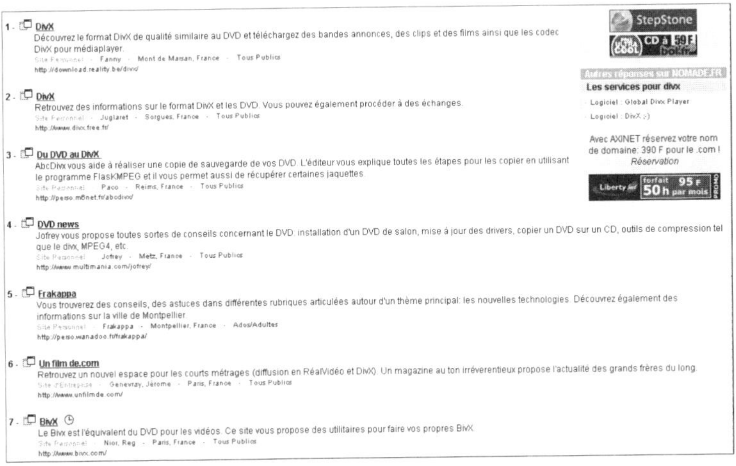


▲ Fig. 5.8 : *Une nouvelle fois, le site unfilmde.com a été remarqué*

Cette liste de sites correspond en fait à une sélection et non pas à un répertoire automatique. Vous remarquerez que chacun des sites de cette liste possède une description sommaire mais précise, à l'inverse de Lycos et de Google, qui se contentent d'afficher des lignes directement extraites du site et, par conséquent, pas toujours cohérentes. Parallèlement, le site vous propose de visualiser l'ensemble des liens disponibles sur le Net. Attention car le chiffre dépasse la dizaine de milliers...

◄ Fig. 5.9 : *Au moment où nous avons lancé notre recherche, 10 309 pages web consacrées au DivX étaient répertoriées*

**Remarque**

**Links à gogo !**

Un grand nombre de sites proposent une rubrique renvoyant à leur propre sélection de liens. Vous aurez donc probablement l'occasion, à partir d'une adresse déterminée, de rebondir vers d'autres pages web...

# Les moteurs internationaux

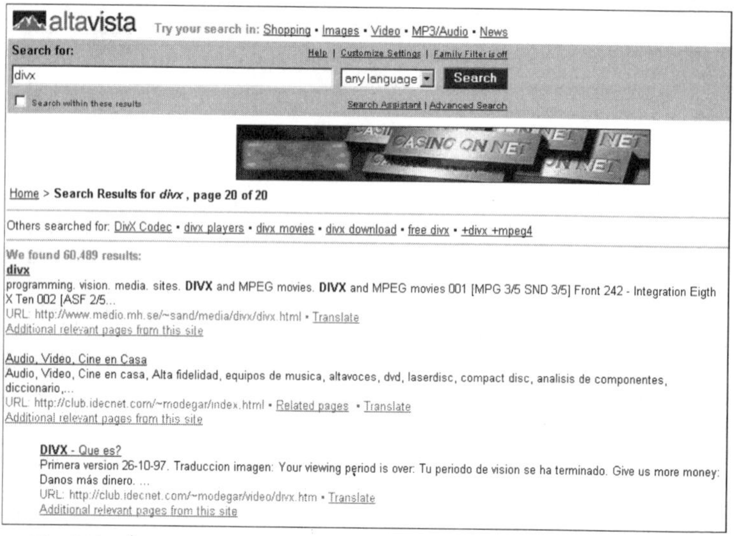


▲ Fig. 5.10 : *À ce niveau de résultat, on peut commencer à douter de l'intérêt d'une telle recherche*

Attention car les moteurs ayant pour vocation d'explorer la globalité du réseau Internet risquent de vous renvoyer sur des dizaines de milliers de sites et il sera d'autant plus difficile de faire votre choix. C'est notamment le cas du célèbre moteur Altavista qui propose plus de 60 000 "hits" pour le mot de recherche DivX, de toutes origines et dans toutes les langues possibles et imaginables.

Heureusement, il est possible de limiter le champ d'exploration par exemple à une langue déterminée. Nous l'avons fait et avons ainsi réduit les pages à un peu moins de 4 000. Pour l'essentiel, les liens trouvés ne sont pas fondamentalement différents de ceux que les moteurs francophones avaient relevés. Sur le moteur Excite.com, c'est à peu de chose près la même constatation avec tout de même des pages moins nombreuses et par voie de conséquence des répétitions également moins fréquentes.

Astuce

**Affiner la recherche**

Quel que soit le moteur que vous aurez choisi d'utiliser, il est possible de limiter le champ de vos recherches. Si par exemple vous recherchez des programmes, indiquez-le (par exemple : `DivX softwares`). Essayez également de taper `DivX movies` et vous aurez des surprises...

## En conclusion...

Comme dans tous les autres domaines d'Internet, un moteur de recherche est fait pour vous orienter et il y a fort peu de chances qu'à partir d'un terme générique tel que DivX vous tombiez exactement sur l'élément d'information ou le média que vous recherchez. Notre conseil est le suivant : naviguez sur la Toile sans objectif trop déterminé et, chaque fois qu'un site vous paraît intéressant, mettez-le dans vos signets de façon à le retrouver ensuite.

Astuce

**Un peu d'ordre**

Sous Microsoft Internet Explorer comme sous Netscape Communicator, pensez à classer vos liens enregistrés avec beaucoup de soin. Créez des dossiers, des sous-catégories et, si vous le souhaitez, renommez les liens de façon à les repérer de manière plus rapide et plus compréhensible.

## 5.2 Les meilleures adresses

Nous avons effectué pour vous une exploration minutieuse du Net et nous allons ici vous présenter les meilleurs sites que nous avons pu remarquer. Nous avons pris la liberté de les classer dans trois catégories.

- La première est celle des informations et recense tous les sites qui expliquent ce qu'est le DivX, comment il fonctionne et comment utiliser tel ou tel soft.
- La deuxième catégorie est réservée au téléchargement avec notamment les meilleures adresses à partir desquelles vous pourrez télécharger gratuitement les codecs, les programmes de rip, de codage et autres utilitaires en tout genre.
- Enfin, nous vous présenterons une sélection de sites contenant des vidéos au format DivX.

Il est possible que vous rencontriez le même site cité dans plusieurs catégories car certains contiennent en effet de nombreuses pages et abordent de manière très détaillée de nombreux domaines. Du fait de ce classement relativement précis, nous mélangerons les sites français et anglophones.

### Le Top 5 des sites de téléchargement

Voici une petite sélection de sites sur lesquels vous trouverez un grand nombre de programmes relatifs au DivX. Encodeurs, extracteurs et autres utilitaires en tous genres, ils sont tous proposés en libre téléchargement, alors pourquoi vous en priver ?

## DivXCrawler.com

La palme d'or de notre sélection revient sans conteste à ce site américain qui propose plus d'une centaine de programmes, classés dans différentes catégories. Vous trouverez ainsi les codecs, les éditeurs audio, les rippers, les encodeurs, les décodeurs... Chaque soft est commenté par quelques mots de description et tous sont stockés directement à cette adresse. Autrement dit, vous ne serez pas redirigé vers d'autres sites pour télécharger les logiciels. Les mises à jour sont très ponctuelles, ce qui vous évitera de télécharger des versions anciennes de tel ou tel soft.

| Essential Software | |
|---|---|
| DivX Codec For Other OS | |
| Linux(Version 0.47) | |
| Mac(Version 0.4) | |
| beOS(Version 1.0b4) | |
| SMR Patch | Allows for viewing DivX Video files encoded using SMR. |
| AVI Chop | Cut AVI Files to the sizes you want. |

| Assorted DivX Related Software | |
|---|---|
| Audio Editing Software | |
| AC3dec | Ax filter that does AC3 decoding. |
| AC3dec 0.821 | Command line based ac3 decoding. |
| AC3fix 0.3 | Fixes corrupt AC3 streams. |
| AviAc3Split | Splitter for AVI/AC3 files. |
| Azid 1.0.6.490 | Command line based ac3 decoding - correct Dolby Surround downmix, DRC, etc. Optimal parameters: -c normal -g 6 -L -3db (by Dark Avenger and Vilecoyote). You may have to adjust the -g parameter. |
| DSEnc 12b | Get true Dolby Surround downmixes - requires SoftEncode. |
| DirectSound 3D | Filter to have multichannel sound without AC3 files, requires Graphedit. |
| Graphedit | Use your DVD player's direct show filter to extract the audio. |
| Lame 3.88beta | Best and free MP3 encoder. |
| Lame ACM | LAME codec for the use in VirtualDub, FlaskMpeg and ac3dec, requires LameCom. |
| Lame dshow | Direct show filter of LAME. |
| Morgan stream switcher | Allows 2 audio tracks in WMP. |
| MP3Trim 1.7 | Allows you to cut MP3s directly. |
| PX3Conv 0.4 | AC3 to DS WAV converter. |
| RazorLame 1.12 | GUI for LAME. |
| Synchronizer 0.5 | Helps you synching your DivX movies. |
| Synch | Little program used to calculate synch values when using secondary synching method. |

▲ Fig. 5.11 : *L'essentiel des logiciels DivX, audio et vidéo, rassemblé à une seule et même adresse...*

### *L'adresse du site*

www.divxcrawler.com

## DivXDigest.com

Encore un site anglo-saxon qui ne regroupe pas moins de neuf catégories de logiciels. Dans l'ordre, vous trouverez donc les calculateurs de BitRate, les codecs, les outils de montage, les encodeurs, les lecteurs, les générateurs de sous-titres ainsi que quelques autres. Si vous ne savez pas par quel morceau commencer, une catégorie supplémentaire baptisée *Essentials* vous permettra d'accéder aux softs les plus importants. Il faut dire qu'il est un peu difficile de s'y retrouver parmi les quelque 200 logiciels disponibles...

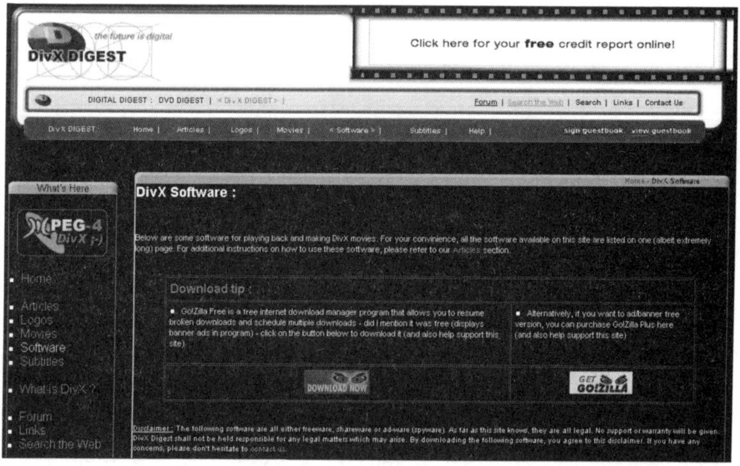


▲ Fig. 5.12 : *Une collection impressionnante !*

À la différence du site DivxCrawler, DivXDigest vous renverra vers les sites officiels des programmes. Cela vous prendra donc un peu plus de temps mais vous serez ainsi assuré de télécharger la dernière version du programme et pourrez en apprendre davantage sur son compte.

### L'adresse du site

www.divxdigest.com

## DivX.com

On reste de l'autre côté de l'Atlantique avec ce site qui est un peu plus limité à la fois en nombre de softs et en catégories. Vous trouverez les codecs, des lecteurs, des outils vidéo, des outils audio et une dernière rubrique d'utilitaires divers ne correspondant exactement à aucune de ces catégories. On peut féliciter ce site pour son ergonomie et son graphisme, tous deux très agréables. Si vous ne souhaitez pas avoir à hésiter pendant des heures face à une liste présentant des dizaines de logiciels, vous serez exaucé car seuls les ténors de la scène DivX ont été sélectionnés ici. Vous trouverez en vrac VirtualDub, FlaskMPEG ainsi que les dernières versions disponibles des codecs ou bien encore des lecteurs aussi illustres que The Playa. Chaque logiciel possède une petite fiche signalétique présentant l'essentiel de ses fonctions.

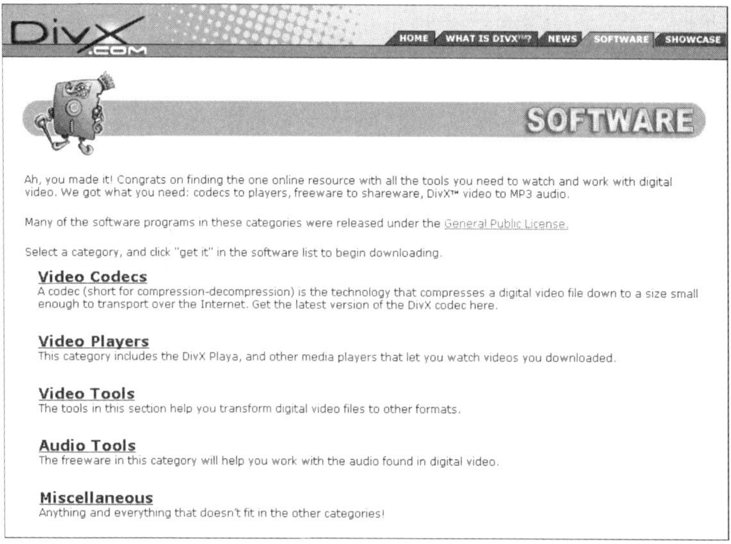


▲ Fig. 5.13 : *Le strict essentiel des sharewares DivX*

L'ensemble des softs est accessible instantanément, sans devoir changer de site.

## *L'adresse du site*

www.divx.com

## DivX DataBase (ddb)

Enfin, un site entièrement en français qui propose des versions récentes d'une quarantaine de softs liés au DivX. Les programmes sont brièvement présentés et l'on sent que les responsables de cette sélection connaissent les outils qu'ils présentent. On regrettera simplement que ces logiciels n'aient pas été classés par thème.

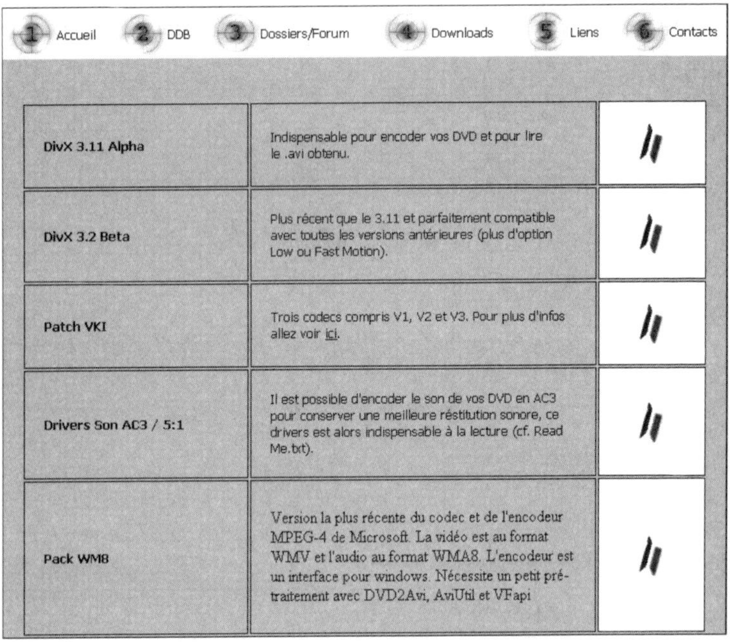


▲ Fig. 5.14 : *Une sélection des meilleurs outils commentée en français*

Tous les programmes sont téléchargeables directement depuis le site ddb.

### *L'adresse du site*

www.ddb.fr.st

## Divx2DVD

Dans le même ordre d'idées que le site DivX DataBase, ce site créé à l'initiative d'un passionné du format regorge de conseils assez pointus. Il propose en outre une sélection d'une vingtaine de programmes disponibles au téléchargement. Tous sont abondamment décrits et certains bénéficient même d'une documentation en ligne extrêmement détaillée. Des liens renvoyant vers les sites officiels des programmes en question sont également proposés.

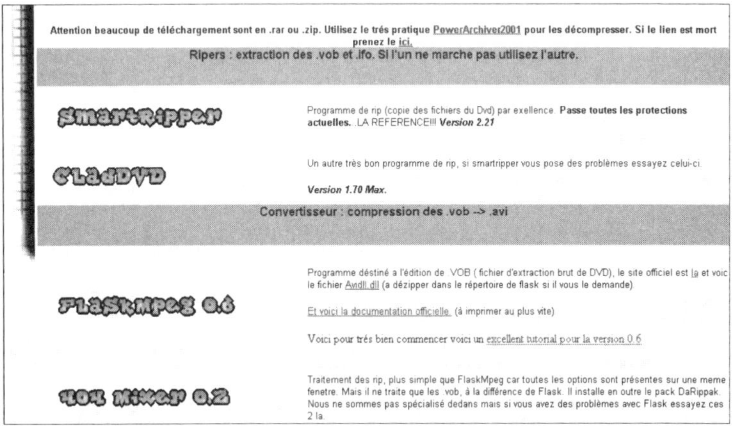


▲ Fig. 5.15 : *Moins de softs que sur les sites américains mais les principaux sont au rendez-vous...*

Tous les programmes sont directement disponibles à partir du site Divx2DVD.

### *L'adresse du site*

www.tazus.free.fr

# Le Top 5 des sites d'informations

Voyons à présent où dénicher des informations concernant tout ce qui touche au DivX de près ou de loin. Des tutoriaux purement techniques aux informations plus générales, toutes ces adresses ont pour seul et unique objectif de vous renseigner sur le DivX et de répondre à la plupart des questions que vous pouvez vous poser. Nous avons ici donné l'exclusivité aux sites francophones, ce qui nous paraît le choix le plus logique compte tenu de l'importance de la compréhension de certaines procédures assez délicates.

## DivxFree

Voici un site généraliste proposant de nombreuses informations et sujets pratiques traités simplement et de manière très compréhensible. Vous y trouverez entre autres des explications techniques, des sondages, des logiciels à télécharger, bref, la parfaite petite "cyberpanoplie" de l'amateur de DivX. À noter la présence de pochettes et de logos prêts à être imprimés.

**Renvoi** La forme comptant souvent autant que le fond, nous avons consacré un chapitre entier à tout ce qui touche à la présentation physique des DivX. Jaquettes, logos, boîtiers DVD... Nous vous dirons tout et bien plus encore...

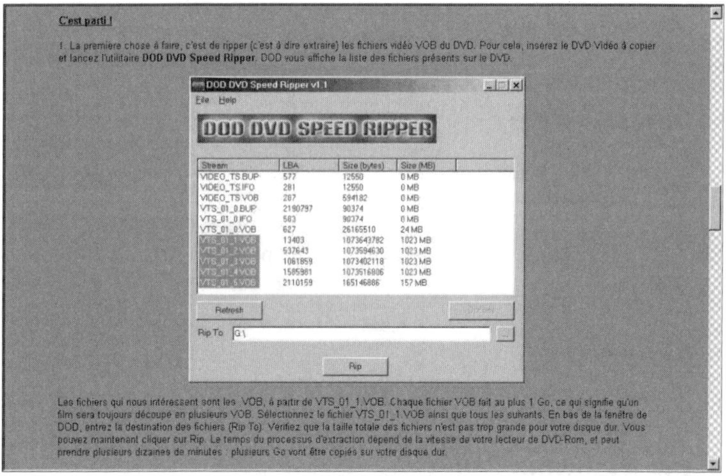


▲ Fig. 5.16 : *Un tutorial très complet consacré au codage est disponible*

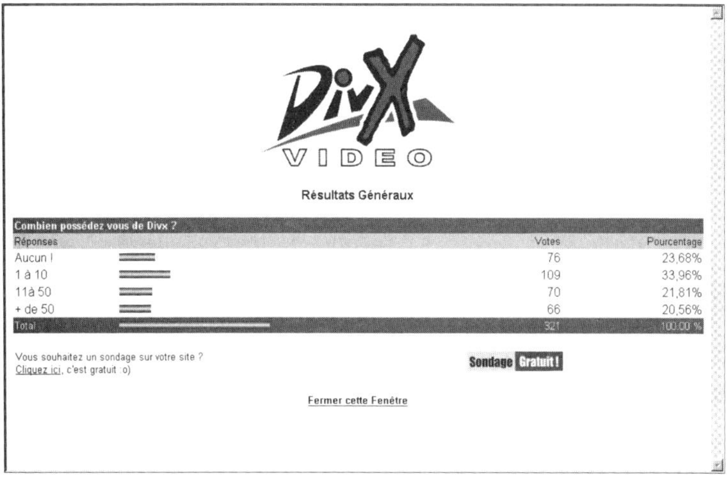


▲ Fig. 5.17 : *L'un des quatre sondages proposés sur le site*

### *L'adresse du site*

`http://www.divx.free.fr/menu.htm`

## DivX World

Certes le nom est peut-être un peu prétentieux mais lorsque vous vous rendrez compte de la masse d'informations que ce site contient, vous conviendrez que cette appellation de "Monde du DivX" n'est aucunement usurpée. Les rubriques qui vous attendent à cette adresse sont aussi variées que celles d'un forum de discussion (très actif...), une rubrique pratique pour les diverses phases de ripping et autres encodages, sans oublier toute une série de dossiers dédiés à des problèmes très précis. Le niveau est assez élevé et le débutant parfait se trouvera peut-être un peu déconcerté. Cependant, les informations sont nombreuses et d'excellente qualité (voir fig. 5.18).

N'oubliez pas non plus de jeter un coup d'œil à la rubrique *FAQ* (questions fréquemment posées). Vous serez probablement rassuré en constatant que vous n'êtes pas le seul à vous perdre un peu dans la terminologie ou les méthodes à utiliser (voir fig. 5.19).

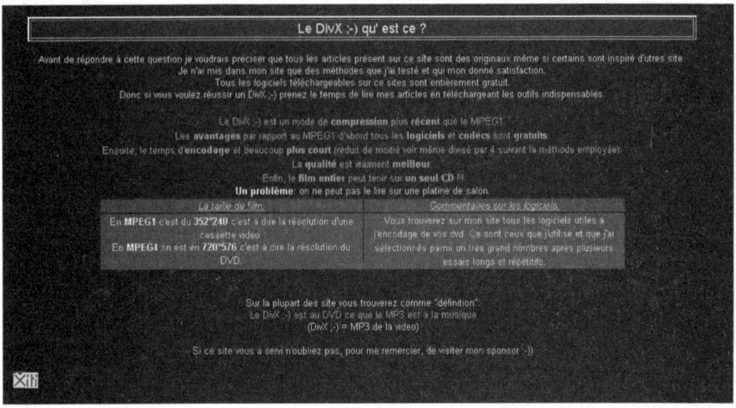


▲ Fig. 5.18 : *L'introduction est un peu succincte mais on ne peut plus claire*

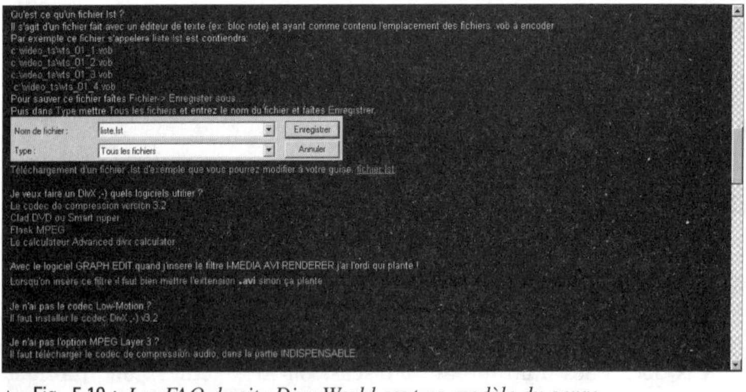


▲ Fig. 5.19 : *Les FAQ du site Divx World sont un modèle du genre...*

### *L'adresse du site*

http://f.campanella.free.fr/

## IceCube

Ce site n'est pas exclusivement réservé au DivX mais les informations sont cependant traitées avec soin. Notamment, beaucoup de problèmes sont abordés, comme le décalage de son, les saccades de l'image... Pour tous ces soucis d'ordre technique, des solutions sont proposées. Chaque fois qu'un programme est mentionné par exemple au cours d'une manipulation, un lien vous renvoie vers le site qui le propose ou bien vers un téléchargement.

▲ Fig. 5.20 : *Des infos et des conseils sur le site IceCube*

### *L'adresse du site*

http://icecube.ovh.org/video/index.php

## SebKom

Ici, le "tout en un" est à l'honneur. Une seule rubrique sur cette page perso, consacrée à une méthode complète et pour passer du DVD vidéo au DivX. Les explications sont très détaillées, abondamment illustrées par de nombreuses captures d'écran. A priori, la méthode paraît un peu fastidieuse mais ne vous y trompez pas, c'est par souci de détails que la page semble un peu longue. Et si malgré tout vous aviez besoin de précisions supplémentaires, vous pourrez même poser toutes vos questions à l'auteur lui-même via son adresse e-mail.

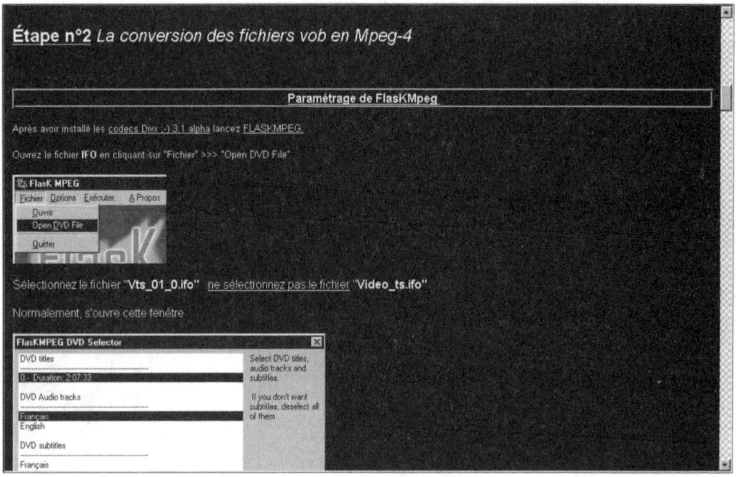


▲ Fig. 5.21 : *Une méthode très efficace qui aborde tous les aspects du rip et du codage*

### *L'adresse du site*

http://www.multimania.com/sebkom/divx.html

## Project Mayo

Il aurait été fort indélicat de ne pas citer le site OFFICIEL du DivX, celui-là même émanant de la société du créateur, Jérôme Rota. Le site Project Mayo dont le nom est, rappelons-le, un huileux hommage à notre terroir culinaire, est très riche mais ne contient pas véritablement d'informations pratiques. On s'adresse là à une catégorie d'utilisateurs assez expérimentés, voire à des développeurs potentiels. Les nombreux projets sont en effet régulièrement exposés à grand renfort de codes dits "Open Source" que chacun est libre d'adapter, de modifier et d'enrichir selon ses propres idées et ses propres compétences. Un périlleux exercice qui reste tout de même réservé à des personnes plutôt expérimentées (voir fig. 5.23).

Les forums sont également particulièrement fournis et les sujets multiples. La majorité d'entre eux est en anglais mais il en existe également dans d'autres langues (français, italien...). En naviguant régulièrement dans les diverses listes de questions, vous tomberez sur de nombreux éléments et informations.

▲ Fig. 5.22 : *Vous appréciez le DivX ? Affichez votre différence !*

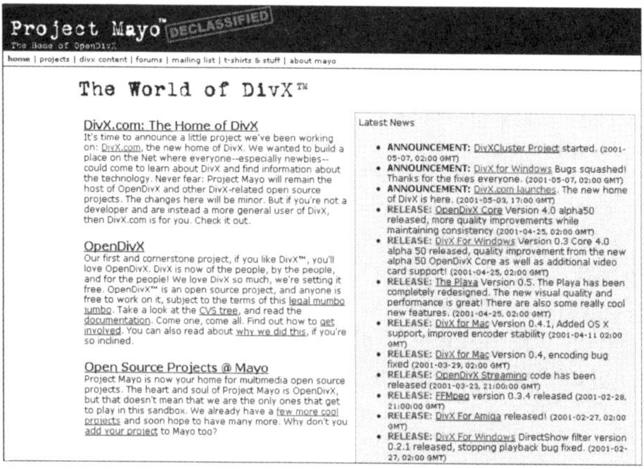


▲ Fig. 5.23 : *Un peu austère comme page d'accueil...*

## 5.3 Les films sur le Web...

Par comparaison avec un fichier MP3, un fichier DivX occupe un volume beaucoup plus important. Par conséquent, télécharger un film depuis des sites ou bien depuis des serveurs FTP est une opération qui peut être envisagée à condition de posséder un accès rapide au réseau (câble, ADSL ou équivalent). Se pose alors le problème des droits de diffusion. De la même façon qu'il est interdit de proposer ou de télécharger des morceaux musicaux (au format MP3 ou autre) par l'intermédiaire d'Internet, il est illégal de le faire avec des films, quel que soit leur format vidéo (DivX, MPEG-1...). Méfiez-vous par conséquent des sites qui vous proposent des multitudes de films disponibles au téléchargement. Dans la plupart des cas, vous ne cesserez de rebondir de lien en lien tout en refermant des dizaines d'écrans publicitaires. Cette restriction vaut naturellement pour les œuvres déposées et protégées sans que l'auteur ait consenti à les diffuser sur Internet.

### Unfilmde.com

Fort heureusement (pour nous les spectateurs...), il existe de nombreux cinéastes en devenir dont le principal souhait est d'être vu. Internet et le DivX se posent alors pour eux comme une véritable chance, chance de diffuser leur travail aux yeux de tous. Quelques sites sont spécialisés dans ce genre de préoccupations, et unfilmde.com est l'un d'entre eux (voir fig. 5.24).

Renvoi

Retrouvez l'interview des auteurs de ce site au chapitre consacré à la création de DivX.

Pour vous faire une idée précise de ce qui vous attend sur le site unfilmde.com, cliquez sur le menu intitulé **A l'affiche** et choisissez une des rubriques. En tout, ce sont plus de 40 courts-métrages qui sont répartis dans différentes catégories. Chacun est présenté dans un format Real Video afin de pouvoir être diffusé en direct mais également au format DivX afin d'être téléchargeable dans une qualité sur laquelle il est inutile de revenir (voir fig. 5.25).

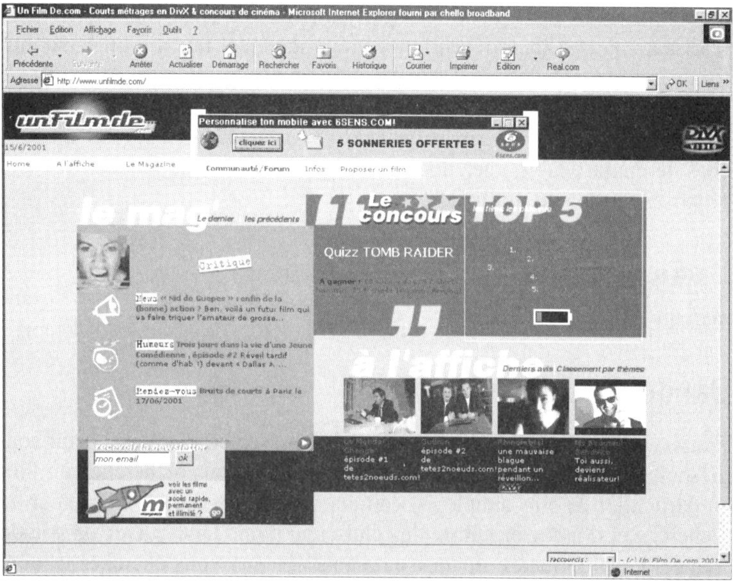


▲ Fig. 5.24 : *Dans le coin supérieur droit de l'écran, la présence d'un logo DivX est de très bon augure...*

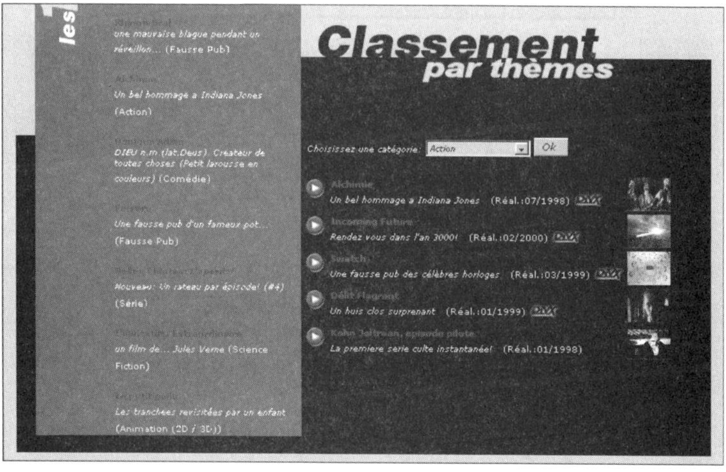


▲ Fig. 5.25 : *Notre catégorie préférée est celle des fausses publicités... à voir absolument !*

Vous trouverez également une partie magazine riche de nombreuses informations et d'interviews, le tout régulièrement mis à jour. Et le plus fort, c'est que tout le monde peut proposer un film. Il suffit pour cela de remplir un court formulaire et au bout de quelques jours (ou de quelques semaines), votre œuvre sera diffusée. Si vous souhaitez explorer d'autres sites du même acabit, jetez donc un coup d'œil à la liste de liens qui sont proposés sur le site unfilmde.com.

### L'adresse du site

www.unfilmde.com

## Bandes-annonces...

*Trailers*, en anglais. Ces extraits destinés à présenter les films à venir sont présents par dizaines de milliers sur Internet. Si vous recherchez un film en particulier, le plus simple est certainement de recourir à un moteur de recherche et d'associer le titre de celui-ci au terme DivX. Avec un peu de chance, vous tomberez sur la bande-annonce que vous cherchez. Sinon, certains sites se sont fait une spécialité de ces extraits, tel 1001 Bandes-annonces.com.

▲ Fig. 5.26 : *La homepage du site 1001 bandes-annonces...*

Les noms d'extraits sont classés par ordre alphabétique et proposent chaque fois un ou plusieurs liens vers un ou plusieurs sites. Les formats disponibles sont également indiqués (MPEG, QuickTime...). Le DivX est encore absent de la liste de ces formats mais gageons que, dans un avenir assez proche, l'intérêt et le potentiel du format sauront séduire les maisons de production de cinéma. Si vous vous rendez sur les sites officiels des films, vous constaterez également que les formats Real Video, Quicktime et MPEG-1 prédominent. Cependant, rien ne vous empêche de vous constituer une petite collection personnelle en codant vos extraits préférés. Pour cela, privilégiez les meilleurs fichiers dans la meilleure qualité possible.

### L'adresse du site

www.1001ba.com

## 6nema.com

Réunissant à la fois des courts-métrages et des bandes-annonces dans tous les styles, le site 6nema.com se place en quelque sorte à la croisée des chemins des sites que nous venons de vous présenter. Au programme, des centaines de bandes-annonces qui concernent aussi bien des films récents que des films plus anciens. Nous vous conseillons tout particulièrement les courts-métrages réalisés en images de synthèse (catégorie *Animations*), dont certains sont disponibles au téléchargement en DivX (voir fig. 5.27).

Remarque

**Plus d'infos...**

Outre les médias contenus dans l'escarcelle de ce site, un grand nombre d'informations nourriront les amoureux du septième art grâce à des reportages et à des revues de presse très complètes.

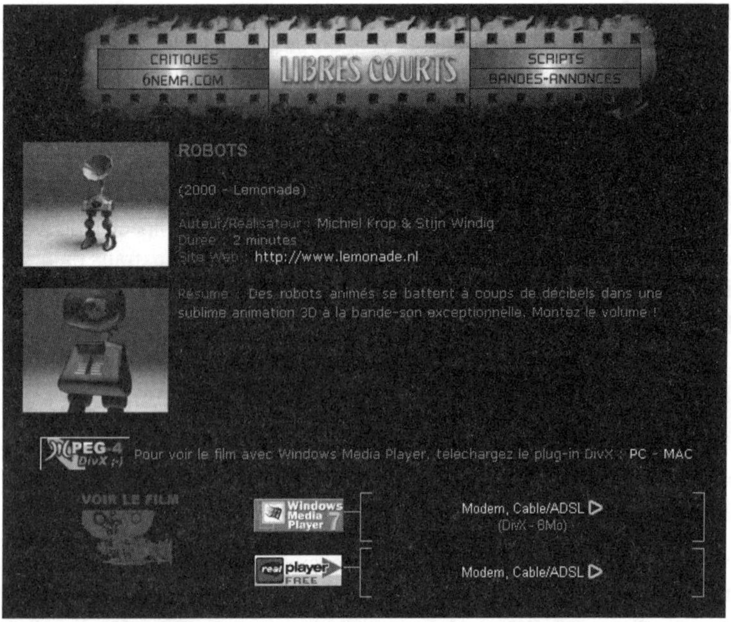


▲ Fig. 5.27 : *Les vidéos au format DivX ne sont pas très nombreuses mais certaines valent vraiment le détour*

### L'adresse du site

www.6nema.com

## 5.4 Le DivX et le streaming

Le gros problème lié au DivX, c'est qu'il n'est pas pour l'instant utilisable en direct puisqu'il n'offre pas de fonction de streaming. Le débit de données serait évidemment important mais rien d'impossible au vu de la vitesse procurée par les connexions câblées et autres dans le même genre. Actuellement, on trouve essentiellement les formats QuickTime et Real Vidéo qui sont quant à eux capables de fonctionner en streaming.

# Petit rappel des faits...

Ceux qui se souviennent de la sortie du format audio MP3, il y a de cela quelques années, se souviennent peut-être que le format ne proposait pas non plus de possibilité de diffusion en streaming. Pourtant, quelques mois après sa sortie, la fonction a été intégrée, pour le plus grand plaisir de tous les utilisateurs qui possèdent un accès rapide à Internet. Ainsi, les radios en ligne qui ne proposaient jusque-là qu'un format Real Audio ont vu leur qualité acoustique augmenter de manière importante. Il est tout à fait plausible que le DivX emprunte le même chemin, et il suffit de se rendre sur le site Projectmayo.com pour constater que cela fait partie des projets immédiats de la société DivX Networks.

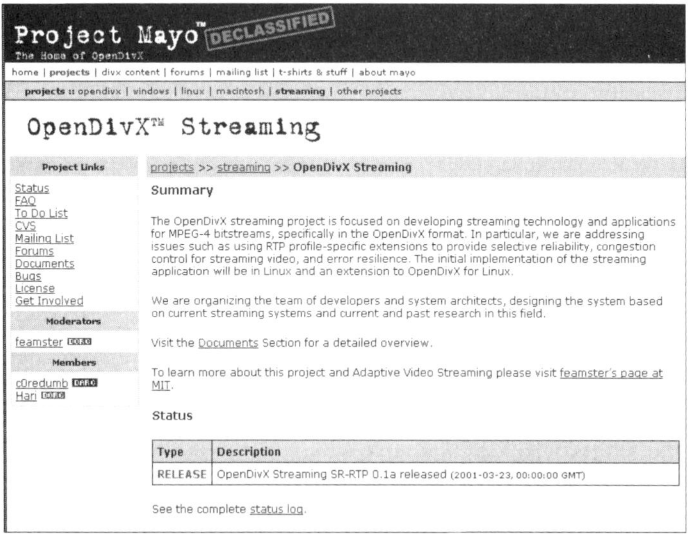


▲ Fig. 5.28 : *Si le DivX fonctionne très bien hors ligne, tout reste à faire pour le rendre en ligne !*

Le fait que la diffusion en direct ne soit pas encore accessible au DivX présente cependant un avantage puisque les fichiers sont automatiquement téléchargeables et doivent donc être systématiquement sauvegardés pour être accessibles. Par comparaison, certains sites proposent des vidéos, au format Quicktime par exemple, uniquement lisibles mais pas enregistrables (tel est le cas des bandes-annonces de Disney).

Chapitre 6

# Le DivX dans son salon

L'un des principaux inconvénients du DivX est de rester cantonné à un usage associé à l'ordinateur. Pas question en effet d'envisager d'accéder au sacro-saint format de compression vidéo sans passer par un ordinateur, qu'il s'agisse d'un Macintosh ou bien d'un PC. Comme nous l'avons vu précédemment, il est toujours possible d'installer une unité centrale à proximité d'un téléviseur ou bien d'un projecteur afin de profiter de ses vidéos sur un écran plus grand que le moniteur d'un ordinateur.

## 6.1 Vers des lecteurs compatibles ?

Il y a deux moyens de lire un fichier DivX sur autre chose qu'un ordinateur traditionnel. Le premier consiste à créer de toutes pièces une machine autonome embarquant les technologies matérielles et logicielles nécessaires à la lecture et/ou à l'enregistrement des vidéos au format DivX. Le second consiste à intégrer le procédé de compression/décompression dans des machines existantes telles que les lecteurs de DVD vidéo. Rappelons que certains de ces modèles sont d'ores et déjà compatibles avec les CD-R audio, les CD vidéo et même parfois avec les CD-R de MP3. Il ne serait donc pas insensé d'envisager que la technologie soit un jour prochain embarquée dans de nouveaux modèles de lecteurs de DVD de salon. Pour cela, il faudrait que les propriétaires de DivX (Sté DivX Networks) passent un accord commercial et que, technologiquement, la chose puisse être réalisée sans générer un surcoût trop considérable.

### Machine à DivX

Réaliser un lecteur de DivX de salon n'est pas à la portée de tout le monde. Pour l'instant, il semble qu'aucun constructeur important ne se soit penché sérieusement sur le problème. En tout cas, aucune information n'est actuellement disponible au sujet de l'étude d'un tel produit. Parallèlement, une équipe d'étudiants en électronique principalement originaires de Bordeaux s'est lancée dans l'aventure. Son projet se nomme DivXProject et le site se trouve à l'adresse `www.divxproject.com`. Vous y apprendrez que depuis près d'une année, ces jeunes inventeurs consacrent une partie de leur temps à la création d'un lecteur de DivX de salon. Leur projet est actuellement extrêmement avancé puisque le premier prototype a été finalisé.

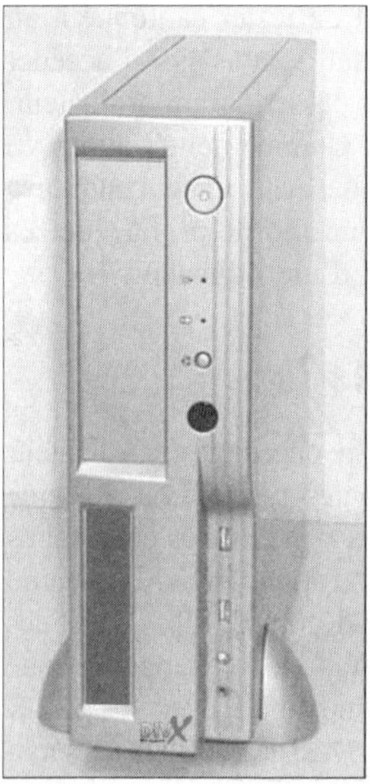

Fig. 6.1 :
*Rien à dire ; si ce projet aboutit un jour, le lecteur aura fière allure...*

À la base, la machine sera architecturée autour d'une carte mère PC équipée d'un processeur Pentium II 350 MHz. Si ce projet vous intéresse en particulier, n'hésitez pas à visiter le site des créateurs et à poser toutes les questions qui peuvent vous passer par la tête par le biais du forum.

Remarque

**Les schémas**

Riche de nombreuses informations, le site DivXProject est un modèle de transparence puisque l'intégralité des plans de construction et des schémas électroniques est disponible et même téléchargeable.

## MC-BOX

Face au constat de la constante évolution des codecs DivX, les responsables de DivX Project ont décidé il y a quelques mois d'adapter le projet à cette versatilité et de l'intituler MC-Box. Ce Multi-Codec Box est un appareil qui a pour particularité de pouvoir être facilement *upgradable* au niveau de sa partie logicielle (interface et codec). Son architecture est toujours principalement constituée de matériel PC. Parallèlement, une version "100 %" électronique est également à l'étude. Comme son nom l'indique, cette MC-Box version électronique n'intégrera aucune pièce originaire de l'univers du PC si ce n'est un lecteur de DVD et/ou un graveur. Le tout se résumera à une carte mère destinée à prendre en charge les différentes interfaces (LCD, IDE, Infrarouge...) tandis que la carte fille se réservera les tâches de compression/décompression, d'acquisition et de codage/décodage audio.

Remarque

**À quel prix ?**

Le problème essentiel de la version PC de la MC-Box tient au coût de ses pièces. À l'échelle d'une production personnelle, la machine reviendrait effectivement à 2 500 F en kit.

## Du côté de l'interface...

Outre toute la partie hardware (importante... !) que l'équipe de DivX Project doit mettre au point, il ne faut pas oublier la partie software qui doit être élaborée afin que la MC-Box, quelle que soit sa version (PC ou électronique), puisse fonctionner. Landscape, tel est le nom de l'interface logicielle qui a été mise au point. Celle-ci devrait se charger de la reconnaissance automatique du format du média inséré (DVD, DivX, VCD...) ainsi que des différents formats audio.

◄ Fig. 6.2 : *L'interface Landscape dans sa version initiale*

Remarque

**À suivre...**

Cette interface devrait pouvoir être exportée vers d'autres machines que celle à laquelle elle est initialement destinée.

## Enregistreur ?

À part la lecture, l'enregistrement DivX est également au programme des fonctionnalités de la MC Box (version PC). En effet, celle-ci pouvant être équipée d'un disque dur et d'un graveur, des enregistrements vidéo en temps réel sont tout à fait envisageables. Imaginez, un tel appareil connecté à un réseau TV hertzien, câble ou satellite serait alors le magnétoscope idéal avec un stockage temporaire sur disque dur (codage au format MPEG-4) et une seconde option de stockage, en différé cette fois, sur des CD-R au format DivX.

▲ Fig. 6.3 : *Prévue pour le 8 novembre prochain aux États-Unis, la X-Box ne devrait pas être disponible avant 2002 en Europe*

Il faut avouer que le projet est bigrement tentant. Cependant, l'avenir commercial d'un tel appareil risque d'être compromis par la concurrence des simples lecteurs de DVD qui équipent déjà une grande partie des foyers. Autre paramètre à prendre en compte, l'arrivée imminente de nouvelles machines telles que la X-Box de Microsoft qui sera équipée d'un lecteur de DVD et d'un disque dur de 8 Go. Et, détail important, le processeur de 733 MHz de la machine et son OS qui n'est autre que Windows... De là à penser qu'un logiciel pourrait rendre la machine capable de lire des DivX, il n'y a qu'un pas...

## Interview des créateurs

Nous avons contacté l'équipe qui est à l'origine de DivX Project afin de lui poser quelques questions. Au moment de l'interview (fin juin 2001) l'état des choses était celui que nous allons vous décrire. Il est fort possible que les choses aient évolué depuis. Pour en savoir plus, n'hésitez pas à visiter les news de leur site.

### Q : Où en sont actuellement vos projets ?

Le DivX Project s'est donc scindé en 2 projets parallèles : la version PC et la version électronique qui est en ce moment délaissée au profit de la version électronique, plus prometteuse. Cependant nous travaillons toujours sur cette version et l'améliorons de jour en jour, essentiellement en ce qui concerne la partie logicielle Landscape. La version tournante de Landscape devrait être rapidement disponible et téléchargeable directement depuis notre site. Cette version ne comprend que la lecture multicodec et, pour ce qui est de l'enregistrement, il faudra attendra que la version électronique soit un peu plus avancée. Pour la version enregistrement PC DivX en temps réel, nous développerons une carte DivX PCI pour PC...

La version électronique a énormément avancé puisque nous en sommes actuellement au stade final de l'étude et de la réalisation théorique. Cette version comprendra dès le début la lecture et l'enregistrement multicodec. Le problème qui se pose à présent se situe au niveau de la réalisation du premier prototype qui demande à être très bien équipé. Nous sommes donc en train d'essayer de pouvoir disposer des laboratoires afin de réaliser et de tester ce prototype. Autre problème, la disponibilité délicate de certains composants uniquement accessibles aux professionnels. Nous sommes par conséquent à la recherche de personnes qui pourraient nous mettre en contact avec des fabricants.

### Q : Avez-vous (ou espérez-vous) des propositions commerciales ?

Pour le moment, nous n'avons pas eu de véritables propositions commerciales. Cependant, nous attendons beaucoup de notre version électronique et espérons bien avoir des propositions.

**Q : Pensez-vous qu'un jour des lecteurs de DVD ou des consoles de jeux vidéo seront compatibles DivX ?**

Pour les lecteurs DVD, c'est impossible car pour le moment leur structure interne ne le permet pas. De plus, il paraît improbable que les constructeurs lancent aussi tôt un produit susceptible de faire une véritable concurrence aux lecteurs qu'ils proposent déjà à leur catalogue. Les consoles de jeux, surtout la X-Box (puisque conçue à base de PC), seront en revanche plus à même de rentrer dans la course. Il suffira que quelqu'un crée ou modifie le *firmware* de manière qu'il puisse lire les DivX. Une tâche que nous pourrions peut-être nous-mêmes réaliser. Ce qui est pratiquement certain, c'est que ces matériels ne pourront jamais enregistrer au format DivX en temps réel.

**Q : Quelle serait l'évolution du DivX que vous souhaiteriez voir réalisée ?**

Comme tout le monde, probablement, un codec parfait, de meilleure qualité et moins volumineux en termes d'espace mémoire, qui demanderait également moins de ressources système.

**Q : Que pensez-vous des formats concurrents du DivX (4XVidéo, 3IVX...) ?**

Le 3ivx est actuellement en cours de développement donc je ne peux pas en dire grand-chose. En revanche, le 4xvidéo semble des plus intéressants. Nous sommes d'ailleurs en contact avec eux pour éventuellement acheter la licence d'exploitation de leur format. Elle concernait naturellement la version électronique qui se trouverait donc nantie d'un codec supplémentaire.

## Le cas Dreamcast !

Pourquoi aller chercher dans l'avenir ce que le présent est déjà en mesure de nous offrir ? La console de jeux vidéo dont SEGA a décidé voici quelques mois d'arrêter la production serait-elle capable de lire des DivX ? Pas exactement mais presque... La Dreamcast n'est pas capable de lire directement des fichiers *.avi* codés en DivX. En revanche, elle peut lire un autre format de fichiers vidéo, qui correspond en fait aux caractéristiques d'un fichier MPEG-1. Le principe consiste donc à transformer le fichier DivX en fichier compatible. Il existe pour cela un programme spécifique, le Sega Dreamcast Movie Creator, capable de coder un fichier vidéo *.avi* au format *.sfd*, lui-même reconnu par la Dreamcast. Nous allons vous en décrire succinctement les fonctions et les manipulations.

Remarque

**La bonne affaire...**

Actuellement, la production de Dreamcast est terminée mais il en reste encore chez quelques détaillants et sur le marché de l'occasion. À 1 000 F environ la console neuve, cela peut constituer un très bon investissement...

1. Commencez par ouvrir le fichier à coder en cliquant sur le bouton **Select** qui se situe dans le premier cadre de travail (*Material Files*). Nous vous conseillons d'utiliser un fichier source préalablement recopié sur votre disque dur afin d'assurer au flux des données un débit aussi régulier que possible.

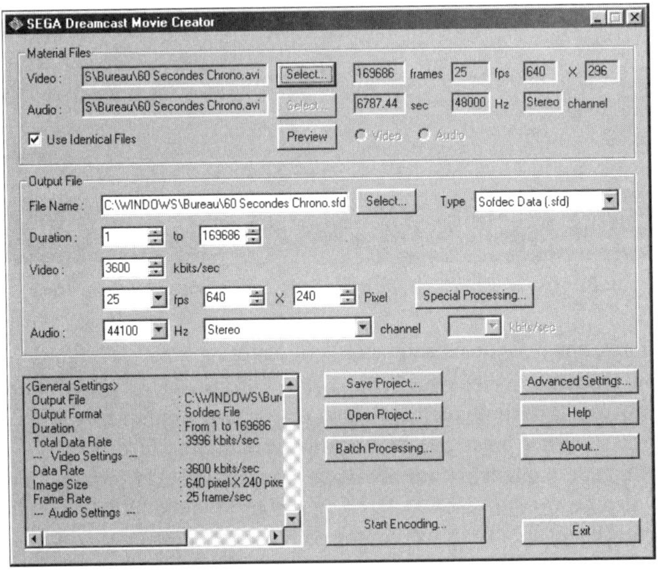


▲ Fig. 6.4 : *La fenêtre principale de travail de SEGA Dreamcast Movie Creator*

Remarque

**16 x 16...**

Le fichier vidéo doit impérativement offrir pour dimensions des valeurs multiples de 16.

2. Assurez-vous ensuite que le fichier a bien été reconnu en cliquant sur le bouton de **Preview**. Une fenêtre comme celle présentée ci-dessous s'ouvrira et vous pourrez alors lire la vidéo pour être certain que tout va bien.

▲ Fig. 6.5 : *La fenêtre de visualisation du fichier source au format DivX*

3. Intéressons-nous à présent aux différentes options de réglages qui concernent le fichier cible (*Output File*). Vous trouverez tout d'abord le champ de destination dans lequel vous pourrez indiquer le répertoire de destination ainsi que le nom du fichier. Sur la droite, on peut distinguer une fenêtre intitulée **Type**. Choisissez ici la dernière option, *Sofdec Data (.sfd)*. Ne touchez à rien pour la vidéo ni pour l'audio si votre fichier de départ est conforme à vos attentes.

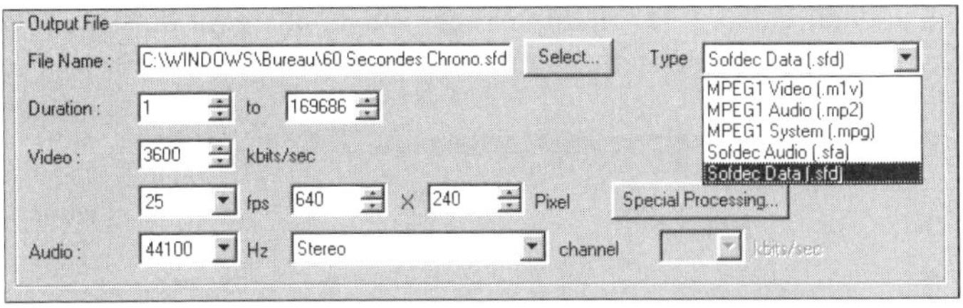


▲ Fig. 6.6 : *Sélectionnez le format Sofdec Data, seul compatible avec la Dreamcast*

4. Cliquez à présent sur le bouton **Special Processing** si vous désirez ajouter des bandes noires de part et d'autre de l'image ou bien au contraire les supprimer. C'est également dans cette fenêtre de réglages que vous trouverez les paramètres d'entrelacement.

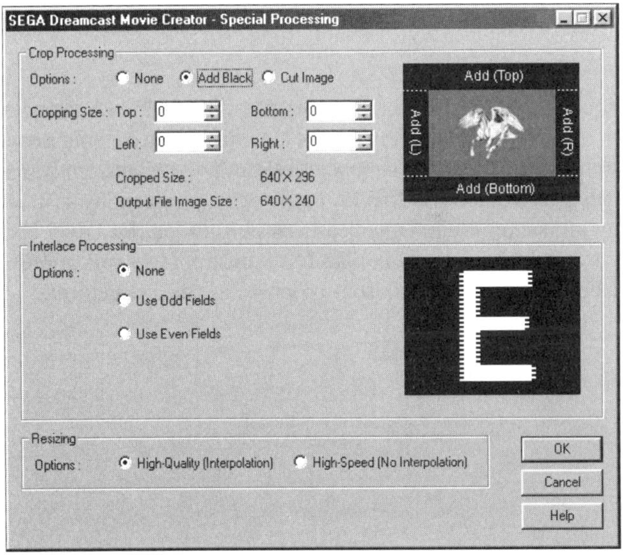


▲ Fig. 6.7 : *Ajoutez ou supprimez des bandes horizontales et/ou latérales*

5. Dernière étape, cliquez sur le bouton **Start Processing** pour lancer le codage. Celui-ci se divisera en trois étapes distinctes : le codage audio,

le codage vidéo et le "multiplexage" qui se chargera d'associer et de synchroniser les deux flux (audio et vidéo).

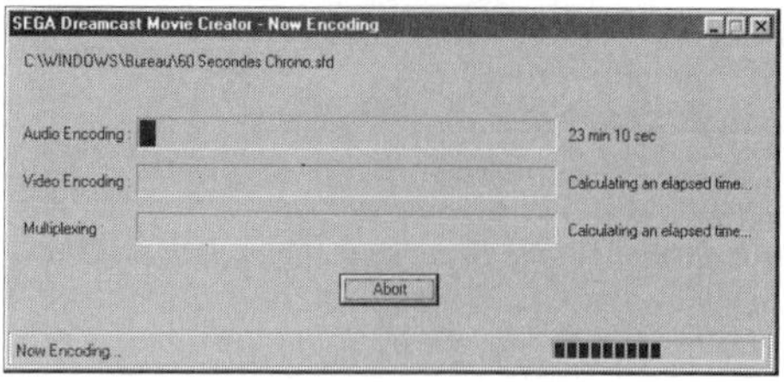


◄ Fig. 6.8 : *Un peu de patience et votre fichier sera bientôt prêt*

6. Enfin, pour pouvoir lire les vidéos sur votre Dreamcast, il est nécessaire d'y placer un lecteur qui s'auto-exécutera à l'insertion du CD dans la console. Pensez donc à placer ces fichiers (300 Ko environ) sur le CD qui contiendra votre film.

## Le site spécialisé DC

Si vous souhaitez aller plus loin dans les possibilités de la Dreamcast et obtenir les divers logiciels et procédures à mettre en œuvre pour arriver à vos fins, rendez-vous à l'adresse www.divX-dc.fr.st. Vous trouverez en effet sur ces pages perso à la fois les outils et les explications destinées à une bonne utilisation d'une Dreamcast, en plus du jeu. Le DivX occupe naturellement une place de choix dans le sommaire. Les explications sont claires et beaucoup de logiciels sont proposés au téléchargement.

▲ Fig. 6.9 : *Beaucoup d'outils très pratiques et inattendus pour les possesseurs de Dreamcast*

# 6.2 CD Vidéo, le format oublié

Cette incursion dans l'univers de la Dreamcast est une occasion pour nous d'évoquer le format pratiquement antique du CD Vidéo ou VCD. Toujours très en vogue en Asie, ce format n'a pas su s'imposer en Europe. Il est vrai qu'il avait en face de lui un marché de la K7 VHS très imposant et, à l'époque, le laser-disc s'annonçait comme le messie. C'était sans compter l'arrivée du DVD qui est venu ajouter la pierre tombale de ce format pratiquement mort-né.

## Résurrection...

Il se trouve que depuis que le DivX enivre les amateurs de vidéo, le format Vidéo CD est en train de vivre une sorte de renaissance, preuve qu'il suffit parfois de faire quelques pas en avant pour avoir envie d'en faire quelques autres en arrière.

## VCD vs DivX !

Si l'on s'arrête à la qualité vidéo, il ne fait aucun doute que le DivX tient largement le CD Vidéo en respect. Ce dernier utilise en effet comme format de codage le format MPEG-1. Cependant, pour comparer les deux formats, il serait plus juste de mettre dans la balance toutes les caractéristiques des deux formats...

### Round 1 : l'image

La résolution est donc réduite, ce qui rend son usage limité à de petites dimensions d'écrans. Difficile par exemple de se satisfaire d'une diffusion surdimensionnée via un projecteur vidéo. Il convient tout de même de relativiser cette appréciation par une courte comparaison avec une K7 VHS qui ne tient pas davantage de rounds face à une compression DivX et a fortiori face à un DVD vidéo.

### Round 2 : le son

Le deuxième élément de comparaison est la qualité audio et, sur ce point, le CD vidéo n'a absolument pas de quoi rougir face à l'ensemble de ses concurrents. La qualité est celle des CD audio du commerce (16 bits,

44,1 KHz). Il est vrai qu'il est possible d'augmenter cette définition sonore en utilisant par exemple les codecs de compression MP3 mais le gain de qualité restera quasi imperceptible sur la plupart des systèmes audio.

## Round 3 : l'interactivité

Pour le moment, l'interactivité des DivX est assez complexe à mettre en place mais rappelons que ce format est par définition un format capable d'intégrer différents types d'éléments (2D, 3D...). Il suffirait de peu de chose, par exemple que le DivX soit largement utilisé par des distributeurs, pour que de nouvelles options se développent. Du côté des Vidéo CD, on reste dans la vidéo pure et simple, une sorte de VHS améliorée par une meilleure accessibilité (menus, accès direct aux plages...).

## Round 4 : la compatibilité

VCD vainqueur par KO ! En effet, beaucoup d'utilisateurs souhaiteraient pouvoir diffuser des films compressés sur leurs lecteurs de DVD ou autres. Une chose pour l'instant encore impossible. Le format Vidéo CD est quant à lui tout à fait compatible avec la majorité des appareils, et pas seulement les lecteurs de DVD puisque l'on trouve par exemple des lecteurs de MP3 portables capables d'assurer la manœuvre mais également des consoles de jeu (Saturn, PlayStation) qui une fois équipées d'une extension hardware deviennent compatibles. N'oublions pas enfin que la plupart des lecteurs de CD et de DVD informatiques sont aussi pourvus d'une telle compatibilité. C'est bien simple, le CD Vidéo est à l'heure actuelle le format compatible avec le plus grand nombre de plates-formes de lecture.

Si vous souhaitez expérimenter le format CD Vidéo sans mettre la main à la pâte, pourquoi ne pas en acheter un ? Pour cela, le mieux est de naviguer sur Internet à la recherche d'un site de vente par correspondance. Cool VCD (www.coolvcd.com) est l'un d'entre eux. De nombreux titres sont disponibles dont certains pas encore sortis en France. Attention car tous sont en V.O. non sous-titrée (voir fig. 6.10).

Nous avons testé le sérieux de ce site en passant une commande et cette dernière est arrivée très rapidement, parfaitement emballée. À noter les frais de port relativement réduits puisque de 2 à 10 produits, vous bénéficierez du service Fedex (délai de livraison : 2 à 5 jours ouvrables), pour seulement 7 dollars US (50 F environ).

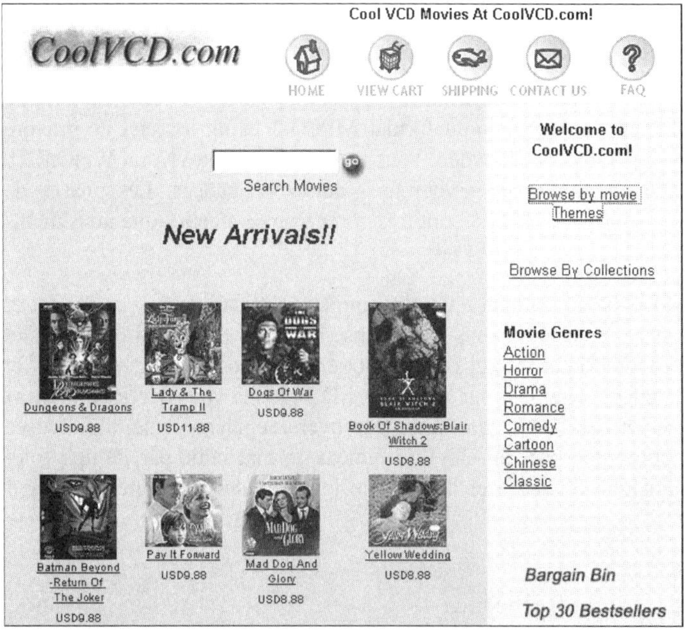


▲ Fig. 6.10 : *Faites vos emplettes sur le site de vente en ligne CoolVCD*

Vous trouverez également un accessoire pour PlayStation (première génération) qui rendra la console compatible avec les CD vidéo. Un peu cher tout de même (environ 60 $ US).

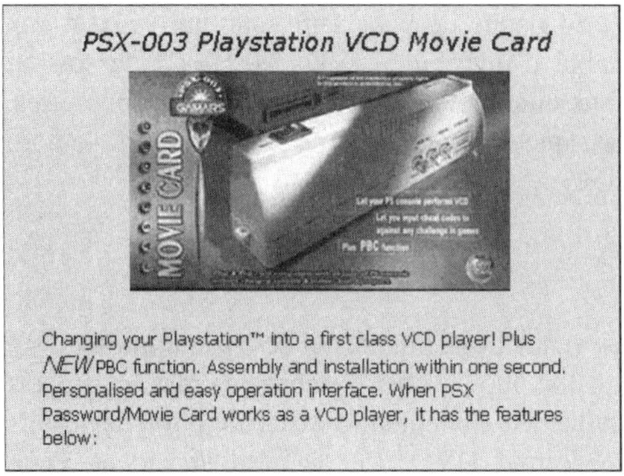


◄ Fig. 6.11 : *L'adaptateur VCD pour PlayStation...*

## Faites-le vous-même...

Nous ne reviendrons pas ici sur les différentes manipulations à effectuer pour créer des CD vidéo à partir de fichiers vidéo. Il suffit en effet de posséder un fichier vidéo au format MPEG-1 et un logiciel de gravure capable de créer des CD vidéo. Vous avez le choix entre Nero, WinOnCD, Easy CD Creator et de nombreuses autres références. Les phases de codage au format MPEG-1 sont très comparables à celles que nous avons effectuées au format MPEG-4.

Si toutefois vous souhaitez de plus amples explications sur ce format et toutes ses possibilités, nous vous conseillons de vous rendre sur le site Planète Numérique (www.planete-numerique.com). Il regorge en effet d'explications détaillées sur le format CD Vidéo et vous décrira comment lire et créer des CD vidéo. Vous y trouverez également de nombreuses informations relatives au CD-I, le fameux format initié par Philips voici une quinzaine d'années et abandonné faute de succès auprès du grand public.

Remarque

**CD Photo...**

Il est à noter que le format CD Vidéo est celui-là même utilisé pour créer des CD photo.

# 6.3 Le Super VCD !

Attention, attention car l'info risque de vous faire mal aux yeux et aux oreilles... Imaginez la qualité d'image du DVD (MPEG-2), le son du DVD (Dolby 5.1), les menus interactifs du DVD et même les sous-titres, et tout ça sur un CD-R classique ! Ce rêve est une réalité et porte le nom de Super VCD (ou S-VCD).

## Historique

Au départ, la motivation est venue des Chinois, qui désiraient profiter d'un format vidéo de bonne qualité moins cher à fabriquer que le support DVD. De fait, l'objectif avoué est également d'éviter de payer les droits pour pouvoir disposer du format DVD. Vu de notre Occident, cette initiative peut paraître fantaisiste, surtout si l'on considère le poids du format DVD. Cependant, en Chine, et plus généralement en Asie, la plupart des foyers sont équipés de lecteur compatible CD vidéo. En lançant un format compatible et de meilleure qualité, le gouvernement chinois se démarquait de l'influence capitaliste et n'avait plus à "subir" la norme DVD.

## Pour qui ?

Actuellement, le standard du Super VCD est en cours et le marché asiatique profite déjà de titres disponibles. Comme vous vous en doutez probablement, Internet se fait une nouvelle fois l'écho de ce format et plusieurs sites proposent des S-VCD. C'est notamment le cas de VCD Gallery (`www.vcdgallery.com`), qui propose parmi ses VCD classiques une catégorie de S-VCD.

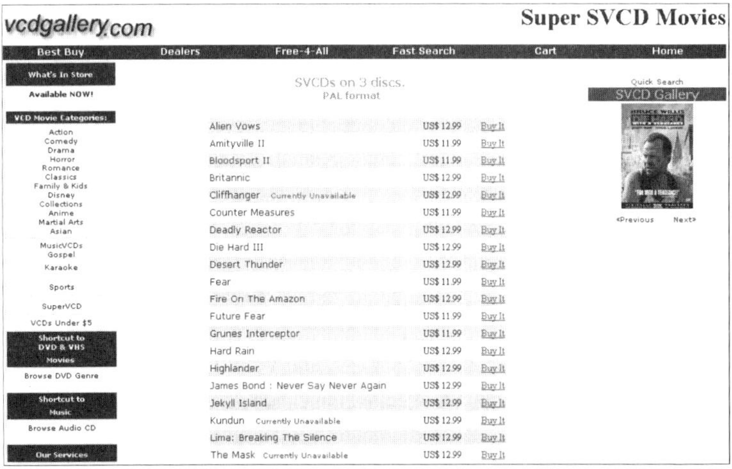


▲ Fig. 6.12 : *Le site VCD Gallery propose une quarantaine de titres au format S-VCD*

Autrement dit, le format S-VCD est accessible à tous. Une fois équipé des bons logiciels et d'un graveur, rien ne vous empêche de vous faire vos propres S-VCD. Pour cela, la procédure intègre une phase d'acquisition (notamment en cas de source externe), une phase de codage pour convertir le fichier à la norme MPEG-2 SVCD et, enfin, la phase de gravure. Si vous désirez en savoir plus, consultez le site Planète Numérique (`www.planete-numerique.com`) et rendez-vous à la rubrique consacrée au S-VCD.

## Les spécifications techniques

Au niveau de l'image, la résolution est deux fois meilleure que celle du CD vidéo standard. On atteint donc en PAL la résolution de 480 x 576 et en NTSC 480 x 480. Il est également possible d'inclure deux pistes audio et plusieurs options de sous-titres. La durée d'un S-VCD oscille entre 35 et 40 minutes. C'est pour cette raison que les films sont contenus généralement sur trois disques. En ce qui concerne la compatibilité avec les lecteurs de DVD de salon, elle est assurée dans la plupart des cas, à condition toutefois que le lecteur en question soit déjà compatible avec les CD vidéo. Pour le savoir, rendez-vous sur le site `http://www.vcdhelper.com/dvdplayers.php` et tapez le nom de votre lecteur de DVD, ainsi vous serez fixé.

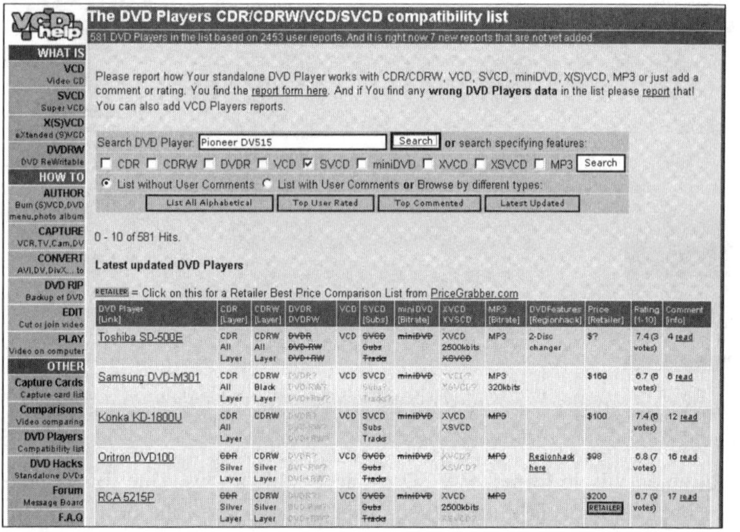


▲ Fig. 6.13 : *Pour tout savoir sur les différentes compatibilités de plus de 500 modèles de lecteurs de DVD vidéo de salon*

Remarque

**Des questions ?**

Si vous vous posez encore des questions au sujet du format S-VCD, rendez-vous à l'adresse http://www.uwasa.fi/~f76998/video/svcd/faq/. Le texte est en anglais mais les informations sont très précieuses.

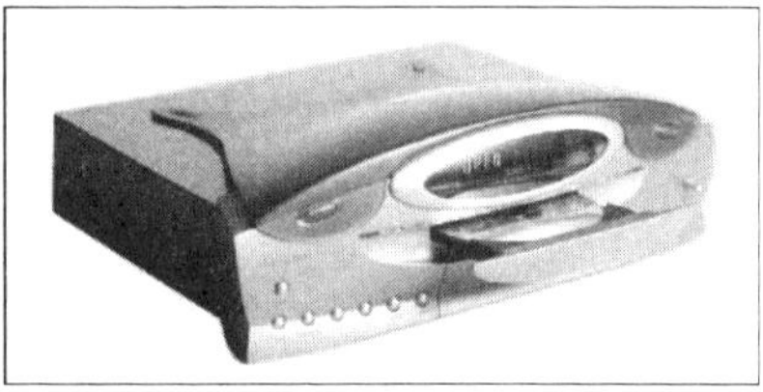

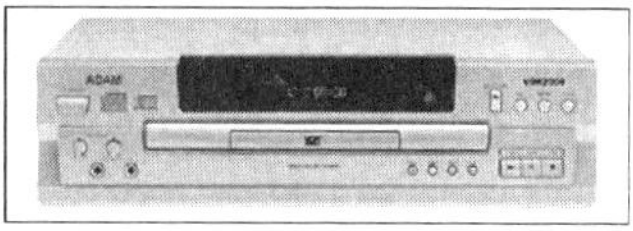

▲ Fig. 6.14 : *Deux lecteurs enregistreurs de VCD et de S-VCD trouvés sur le site de VPC avdeals.com*

Ces deux enregistreurs sont capables d'enregistrer à partir de n'importe quelle source (DVD, Caméscope...) mais également en direct depuis un récepteur de TV, comme le ferait un magnétoscope.

## 6.4 En conclusion

Le VDC et le S-VCD sont des formats très alléchants dont la grande compatibilité laisse rêveur. Souhaitons qu'un jour prochain l'on puisse faire de même avec le format DivX. Malheureusement, il est certain que le parc existant de lecteurs de DVD de salon ne pourra jamais lire un DivX. Il ne reste plus qu'à espérer que de nouveaux modèles compatibles DivX voient le jour rapidement...

Chapitre 7

# L'Audio et le DivX

Eh oui ! Aussi inattendu que cela puisse paraître, le DivX s'attaque aussi au signal audio. Si vous avez un tant soit peu le sens de l'observation, vous avez certainement remarqué, au chapitre consacré à la création de DivX, que parmi les formats audio (MPEG-3, PCM...) figurait un format DivX audio. Nous allons précisément essayer de démêler le vrai du faux, ce qui nous donnera l'occasion de revenir sur les différents formats audio disponibles, avec un état des lieux plus marqué sur la situation du MP3 aujourd'hui.

## 7.1 Mieux que le MP3 ?

Certains disent que oui mais, en toute honnêteté, il faut le savoir pour faire la différence. La qualité audio atteinte avec une compression Mpeg-3 est déjà impressionnante et difficile à distinguer d'un format audio classique (*Wave* en qualité CD, 16 bits à 44,1 kHz), alors réussir à distinguer un codage DivX audio d'un codage MP3 relève de l'exploit. Du côté du rapport qualité/volume, les résultats sont eux aussi comparables. Nous sommes pourtant tombés sur des sites qui clament haut et fort que le format DivX audio serait, à réglages comparables, de meilleure qualité et moins volumineux qu'un fichier MP3 ! Nous ne l'avons pas constaté. D'autres n'hésitent pas au contraire à déclarer que le DivX audio est totalement identique au format WMA (*Windows Media Audio*) de Microsoft. Peu importe de savoir où se trouve exactement la vérité. Le fait est que le format DivX audio n'est pas aussi novateur que son avatar de compresseur vidéo semble une évidence.

## 7.2 Les mains dans le codage !

Par défaut, le codage au format DivX audio ne sera pas forcément retenu par le logiciel que vous aurez choisi d'utiliser. Nous allons vous expliquer ci-après comment le sélectionner. Nous en profiterons également pour évoquer l'intérêt de passer par certains logiciels pour accéder au son multicanaux, le fameux AC3 (ou Dolby 5.1). Un dernier atelier vous montrera enfin comment, à partir d'un fichier vidéo comprenant une piste audio stéréo, il est possible de réaliser un fichier audio MP3 afin de le graver par exemple sur un CD audio.

### Coder un fichier vidéo en DivX audio

L'opération est assez simple puisqu'il suffit de suivre la procédure classique que propose par exemple un logiciel tel que Virtual Dub tout en prenant le soin de choisir le codec DivX audio. Nous allons néanmoins rapidement vous décrire la manœuvre.

1. Pour commencer, il faut ouvrir le fichier source (le plus souvent au format *.avi* ou *MPEG-1*). Rendez-vous dans le menu **File** et choisissez l'option *Open vidéo file*. Ensuite, sélectionnez le fichier de votre choix.

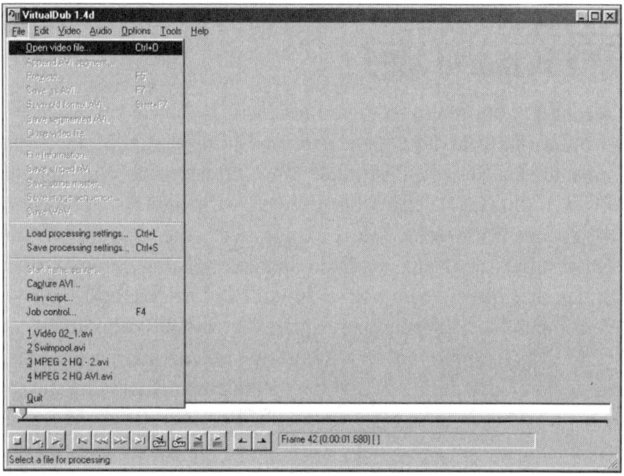


▲ Fig. 7.1 : *Le fichier ouvert doit impérativement être un fichier vidéo*

2. N'hésitez pas à vérifier qu'il s'agit du bon fichier. En effet, compte tenu du temps que peut prendre le codage, il serait dommage de coder inutilement un fichier qui n'est pas celui que vous avez choisi.

Remarque

**Les fichiers wave**

Si votre fichier vidéo ne contient pas de son, vous pouvez sélectionner l'option *Wav* dans le menu **Audio**. Il ne vous restera plus ensuite qu'à ouvrir le fichier *.wav* de votre choix. Le fichier *.wav* qui sera créé portera bien l'extension wave mais il sera au format DivX audio.

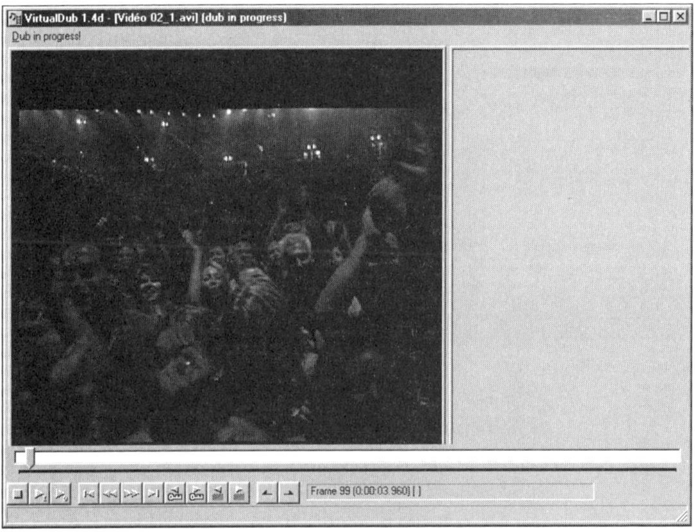


▲ Fig. 7.2 : *Cliquez sur le bouton de lecture pour lancer la diffusion des images et du son*

3. Vérifiez à présent que c'est bien l'option *Full processing mode* qui est cochée dans le menu **Audio**.

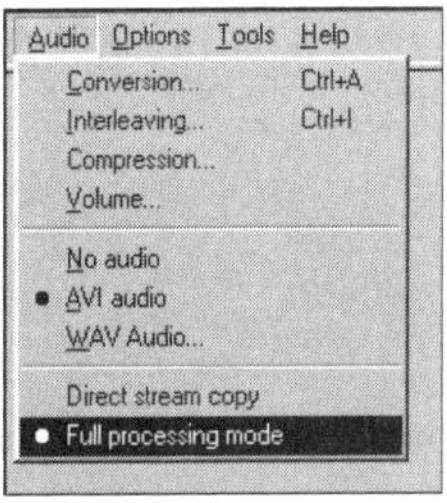


◄ Fig. 7.3 : *N'oubliez pas de cocher cette fonction*

4. Il faut maintenant régler les paramètres de compression. Toujours dans le menu **Audio**, cliquez sur l'option *Compression*. Choisissez le codec qui vous convient (ici *DivX WMA Audio*).

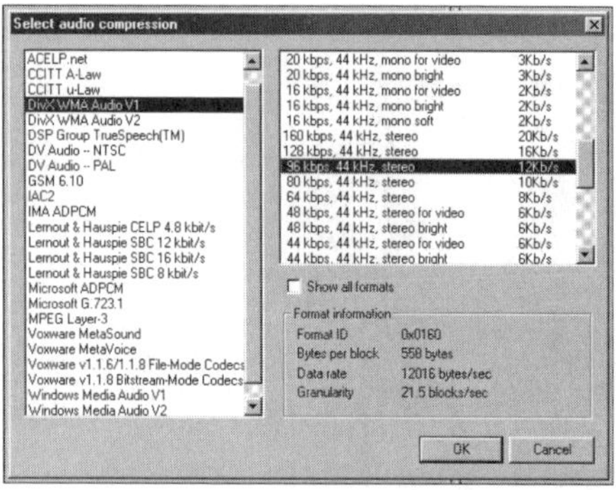


Fig. 7.4 : *En matière de codec audio, nous avons ici le choix des armes...*

Astuce

### La bonne fréquence

Dans la colonne de droite, vous trouverez pour chacune des fréquences proposées par le codec son poids mémoire. Par exemple, 12 kb/s revient environ à 720 Ko la minute de son ou bien encore à une quarantaine de Mo l'heure.

5. Pour lancer le codage, vous devez spécifier quel sera le nom et le répertoire cible du fichier de destination. Il s'agira d'un fichier *.avi*. Attention à ne pas vous tromper dans les noms et à ne pas écraser les éventuels fichiers précédents.

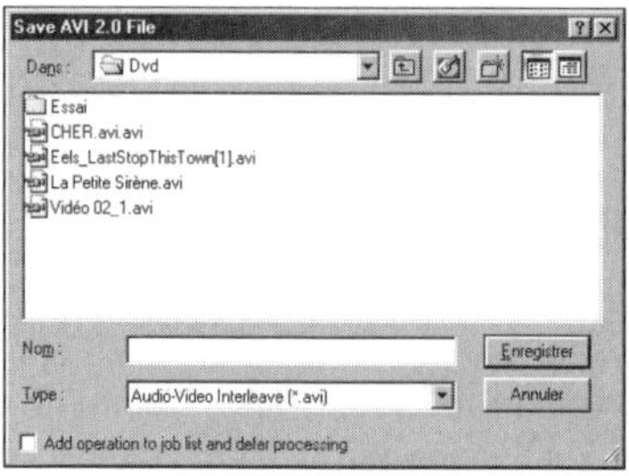


Fig. 7.5 : *Choisissez de préférence des noms évocateurs ou bien numérotés pour ne pas vous induire en erreur*

6. Lors de la conversion, voici la fenêtre qui apparaît. Vous pourrez y noter la progression respective des flux vidéo et audio, le second étant beaucoup moins important que le premier.

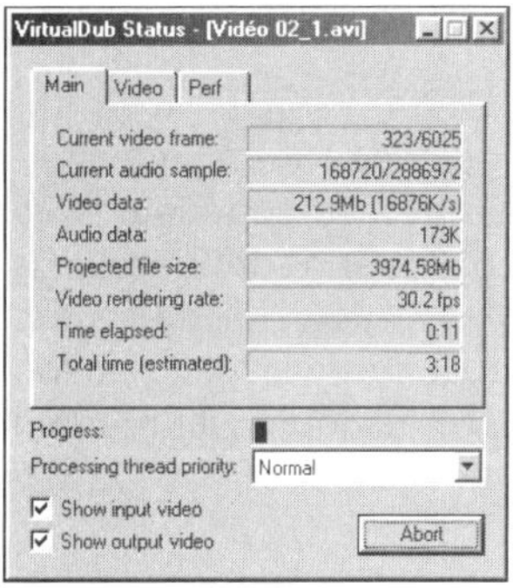


Fig. 7.6 :
*La conversion est en cours*

# Les canaux multiples

Évidemment, l'intérêt de conserver à une vidéo ses différentes voies audio est indiscutable. Pour y parvenir, la manœuvre est toutefois un peu plus complexe. Avant tout, il faut absolument penser au cours de la phase de rip à sélectionner le format audio AC3. Ensuite, il est impératif de disposer d'une version de Virtual Dub enrichie d'un plug-in dédié au format en question. Il suffira dès lors de suivre la procédure suivante :

1. Ouvrez votre fichier vidéo *.avi*.
2. Sélectionnez l'option *Direct stream copy* dans le menu **Vidéo**.
3. Dans le menu **Audio**, cliquez ensuite sur **WAV Audio**.
4. Dans la fenêtre qui vient de s'ouvrir, modifiez l'extension de recherche en sélectionnant **All files** (*.*). Cela vous permettra de visualiser les fichiers AC3 que vous aurez préalablement extraits (.ac3).
5. Retournez à présent dans le menu **Audio** et ouvrez l'option *Interleaving*. Ce qui nous intéresse ici est la valeur de Preload qui ne devra en aucun cas dépasser 160 ms, sans quoi le son risque de se montrer saccadé.
6. Il ne vous reste plus qu'à lancer la phase de codage et de multiplexing (calage de l'audio avec la vidéo) en exécutant la commande de sauvegarde au format *.avi* (**Save as AVI...** dans le menu **File**).

Remarque

### Un second CD

Notez bien que le fait de coder une bande son au format AC3 suppose un espace supérieur à celui qu'occuperait la même bande son compressée dans un autre format stéréo (DivX audio, MP3 ou autre...). Vous devrez par conséquent envisager systématiquement un second CD pour qu'un film complet puisse être codé dans son ensemble.

## De la bande son au MP3 !

Le format MP3 reste très intéressant pour plusieurs raisons. L'une d'entre elles est certainement sa grande compatibilité avec différents matériels, sans oublier les nombreux outils logiciels qui permettent de multiples conversions dans des formats non moins multiples. L'opération est relativement simple.

1. Sous Virtual Dub, ouvrez le fichier vidéo concerné.

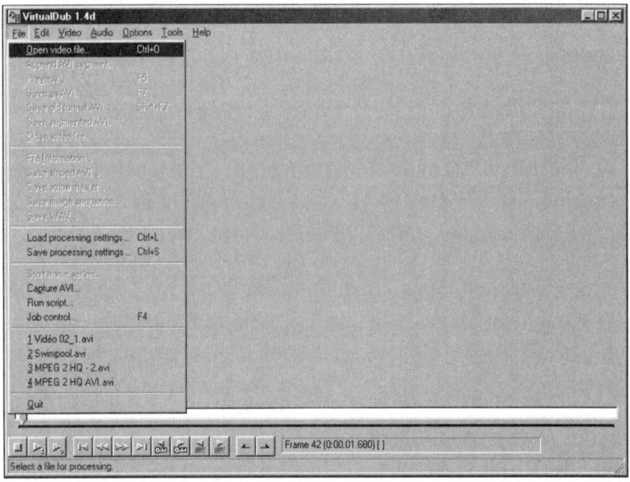


▲ Fig. 7.7 : *Ouvrez le fichier vidéo qui est déjà décodé au format .avi*

2. Dans le menu des **Options**, cliquez sur l'option *Direct stream copy*.

◄ Fig. 7.8 : *Pensez à activer cette option afin de ne traiter que l'audio*

3. Rendez-vous dans le menu **File** et cliquez sur l'option *Save WAV...*

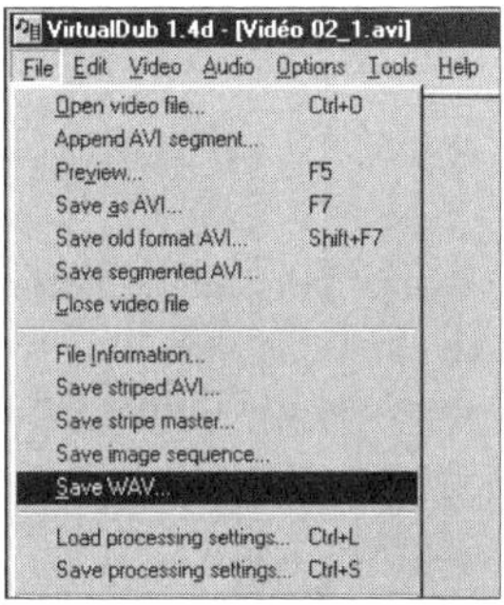


◄ Fig. 7.9 : *L'option de sauvegarde qui passe par le format .wav*

4. Choisissez ensuite le répertoire de destination et nommez votre fichier cible.

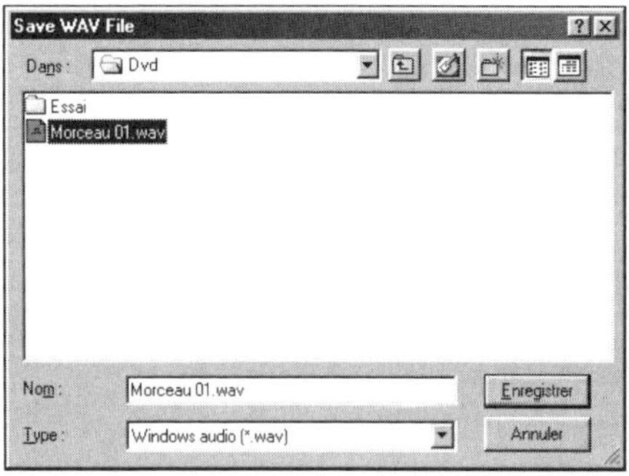


◄ Fig. 7.10 : *Ici, nous appelons notre fichier son Morceau 01*

5. À peine aurez-vous confirmé la phase précédente que la fenêtre témoignant de la progression du codage apparaîtra.

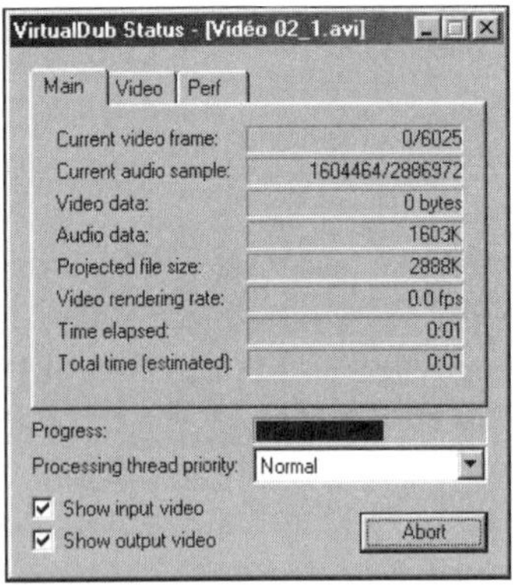


◄ Fig. 7.11 : *Le codage est en cours*

6. Ça y est, le fichier *.wav* est créé. Nous voyons dans cette fenêtre que son poids est bien celui d'un fichier wave classique : environ 10 Mo par minute, soit 40 Mo environ pour ce morceau qui dure 4 minutes.

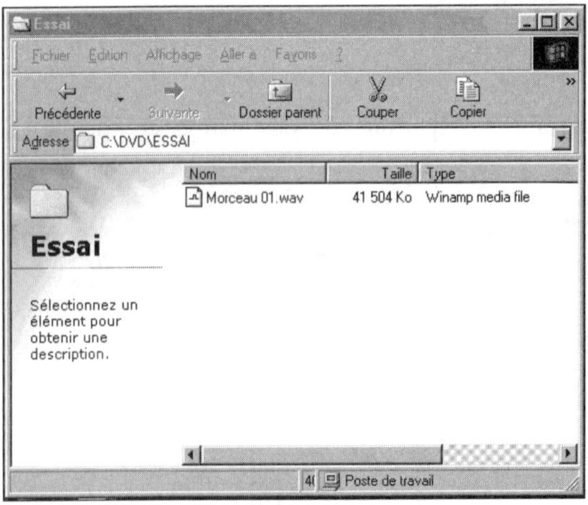


▲ Fig. 7.12 : *Notre morceau 01.wave est bien là*

7. Pour être certain que toutes les opérations se sont bien déroulées, lancez un lecteur de wave (ici Winamp) pour vous assurer de la qualité du son, de bout en bout.

◄ Fig. 7.13 : *Prenez le temps d'écouter tout le fichier*

8. La dernière étape est celle qui consiste à convertir le fichier wave en MP3. Il existe pour cela de nombreux logiciels. Nous avons choisi l'un des plus simples et des plus efficaces, E-Jay MP3 Pro. Nous ne détaillerons pas la marche à suivre tant elle est simple. Il est de toute façon très probable que si vous possédez ce logiciel (ou un autre), vous connaissez la procédure.

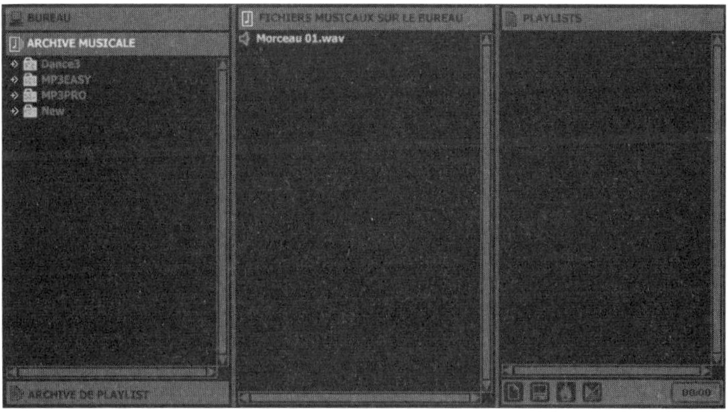


▲ Fig. 7.14 : *La fenêtre de travail principale de MP3 Pro*

# 7.3 MP3 : état des lieux

Le MP3 fait désormais tellement partie des habitudes des utilisateurs qu'il paraît presque obsolète d'y faire référence. Le grand public n'a pas été épargné par l'ampleur planétaire du phénomène et c'est à grands coups de lecteurs autonomes, de chaînes hi-fi et même de lecteurs de DVD compatibles MP3 que tout le monde a pu se familiariser petit à petit avec ce format de compression audio.

## Les lecteurs

Il est à l'heure actuelle presque plus difficile de trouver un lecteur de média qui ne lise PAS les mp3 que le contraire. Du Media Player de Windows à Winamp en passant par des Sonique et autres Kjofol, l'offre est pléthorique. Pas de conseil particulier à vous donner en matière de choix si ce n'est qu'il vaut peut-être mieux privilégier l'ergonomie et la fiabilité plutôt que l'esthétisme à tout prix et l'originalité. Certes, certains lecteurs offrent un aspect des plus attrayants mais, à l'usage, sont-ils vraiment pratiques à utiliser ? Proposent-ils une bonne lisibilité et la gestion des fichiers est-elle logique ? Autant de questions auxquelles Winamp, le seigneur du MP3, répond par l'affirmative.

▲ Fig. 7.15 : *Tout ce que vous souhaitez savoir sur Winamp, vous le trouverez sur le site officiel de Nullsoft, à l'adresse suivante : www.winamp.com*

Régulièrement mis à jour, Winamp est compatible avec un nombre toujours plus grand de formats audio parmi lesquels les fichiers Wave, Real Audio, MOD, MIDI... Sa façade *updatable* est également une des clés de son succès et il suffit de lancer une recherche ayant pour mot-clé `Winamp skins` pour en prendre la mesure.

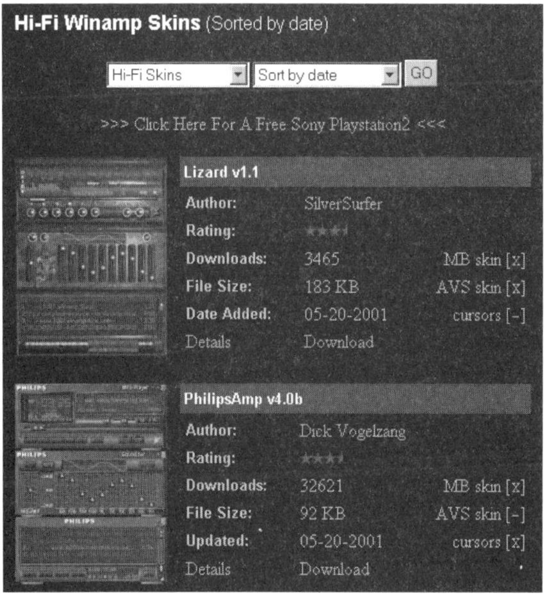


▲ Fig. 7.16 : *Un site parmi tant d'autres, 1001 Winamp Skins (www.1001winampskins.com), porte bien son nom*

Au menu des réjouissances, on signalera également un égaliseur en temps réel, un gestionnaire de *playlists* qui n'a toujours pas trouvé de concurrent et une compatibilité assurée avec les tags, ces fameux petits messages qui s'affichent pendant la diffusion du morceau. Sans oublier les différents plug-ins qui viendront animer l'écran de votre ordinateur au rythme de la musique.

# Les outils MP3

Il y a ne serait-ce que deux ou trois ans, on avait encore du mal à trouver des utilitaires MP3 à la fois fiables et performants. Depuis, les sharewares ne sont plus les seuls à permettre de coder, ripper des CD audio et mille autres choses encore. Des sociétés telles que Magix et Focus Marketing (PXD MusicSoft) se sont penchées sur la question et proposent leurs propres outils "tout en un".

## *MP3 Maker (Magix)*

Sorti au milieu de l'année 2001, cette version fait suite à une première édition, MP3 Studio. MP3 Maker a changé d'interface et reste l'un des outils de traitement MP3 les plus performants et les plus complets du marché. C'est bien simple, il peut TOUT faire, de l'extraction audio vers le format MP3 (rip audio) au codage de waves en passant par la création de CD audio à partir de fichiers MP3. Capable de lire cependant même qu'il encode, le logiciel se veut également extrêmement rapide (une quinzaine de minutes pour riper un CD audio de 45 minutes).

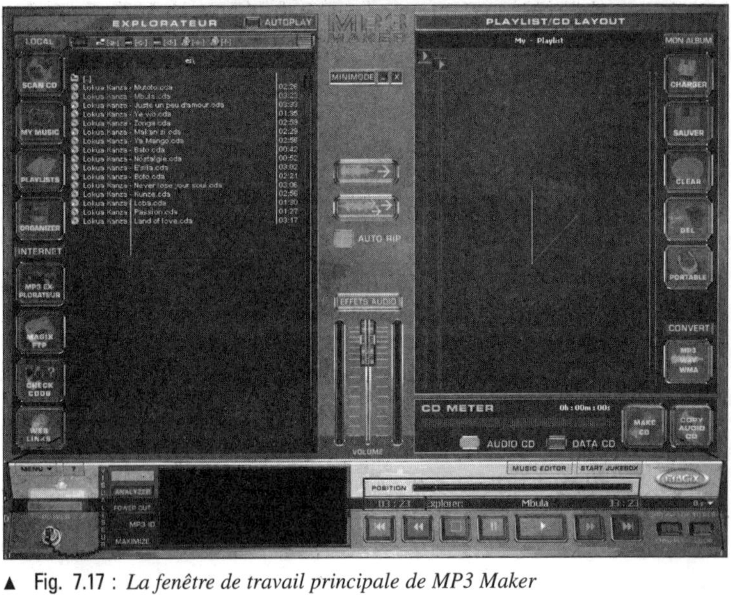


▲ Fig. 7.17 : *La fenêtre de travail principale de MP3 Maker*

Astuce

**Retouches compressées**

L'intérêt de coder séparément les pistes audio et vidéo d'un film lors de l'extraction des flux trouve ici un fondement incontestable. En effet, ce faisant, vous vous garantirez la possibilité d'effectuer de multiples retouches à votre fichier audio, que celui-ci soit au format *MP3* ou *.wav*.

Mais le gros atout de ce logiciel sur la concurrence réside très certainement dans la qualité (et le nombre) de ses algorithmes de traitement audio. Réverbération, égaliseur, compresseur, vous pourrez véritablement transformer vos fichiers.

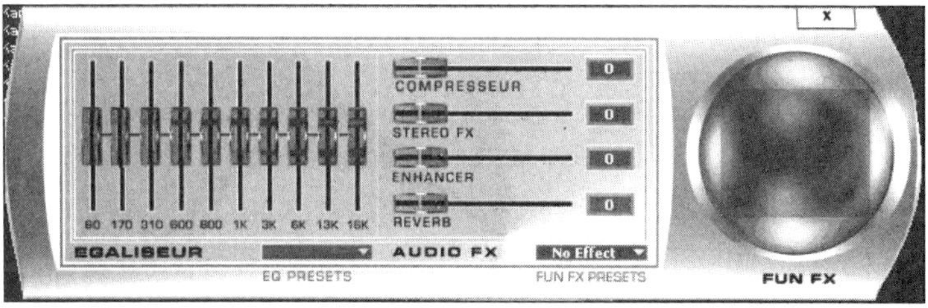


▲ Fig. 7.18 : *Les commandes des effets de MP3 Maker : sur la droite de la fenêtre, un pad Fun FX permettant d'accéder à des effets complémentaires (Robotize, effet karaoké...) et de les piloter en temps réel*

## E-Jay MP3 Pro (Focus Marketing)

Concurrent direct de MP3 Maker, E-Jay MP3 Pro présente une interface plus simple et plus accessible que celle de son avatar de la société Magix. Vous pourrez choisir vos fréquences d'échantillonnage de 32 à 320 bits mais également accéder à d'autres fonctions telles que l'édition des tags ou bien encore des outils de découpage et de fondu grâce auxquels vous pourrez créer des compilations de titres personnalisés. En ce qui concerne l'application au DivX, vous imaginez assez facilement l'intérêt de ces découpages et enchaînements, surtout si vous souhaitez sonoriser des films personnels.

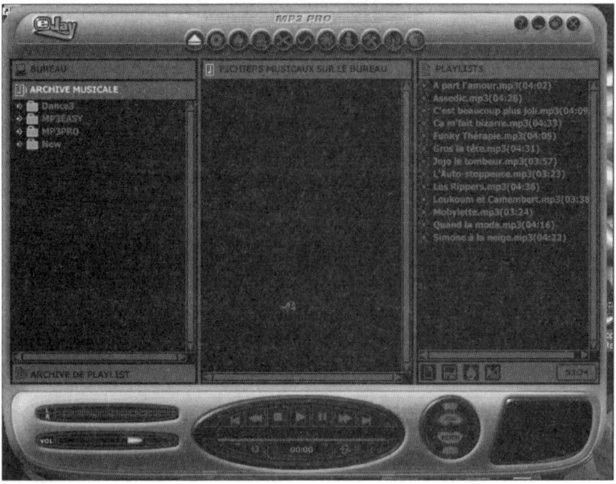


▲ Fig. 7.19 : *L'écran de travail très "design" de MP3 Pro*

Remarque

**Pour toutes les bourses**

Notez qu'il existe d'autres références dans la gamme des produits MP3 de Focus Marketing. MP3 Station 2.0 et MP3 Easy sont en effet deux produits déclinés de la gamme et vendus moins cher que leur grand frère MP3 Pro.

## *Les "gratuits"*

Comme nous l'avons précisé un peu plus haut, les sharewares et les freewares ont été les premiers à s'intéresser au MP3. Rappelons au passage que WinAmp est lui-même un shareware. Les lecteurs ne tarderont pas à se multiplier et les premiers outils de codage comme Music Match, Audiograbber ou bien CDEx viendront peu à peu prendre leur place au sein de la "ware-communauté" MP3. Il y en a tellement à l'heure actuelle que nous aurions de la peine à vous en conseiller un plutôt qu'un autre. Essayez de vous rendre sur le site de France MP3 (`www.francemp3.com`) qui recense les meilleurs programmes, les commente (critiques des utilisateurs à l'appui) et les propose au téléchargement.

▲ Fig. 7.20 : *Un des portails MP3 français les plus fournis et les plus conviviaux*

Si vous ne trouvez pas de quoi vous satisfaire (vous êtes un peu difficile... et vous avez raison !), essayez donc THE portail international MP3.com (`www.mp3.com`).

## *Dernière minute !*

L'informatique évolue sans cesse, le MP3 aussi. Thomson Multimedia et Fraunhofer Institute, les deux sociétés à qui l'on doit le MP3, ont récemment annoncé l'arrivée d'un nouveau format MP3, le MP3 Pro. La qualité devrait encore être améliorée par rapport à celle que l'on connaît, c'est-à-dire très proche de la qualité CD audio, mais l'espace mémoire occupé sera réduit de moitié. Selon Thomson, un fichier compressé en 64 K devrait sonner comme un fichier codé en 128 K avec l'ancien codec.

Tous les lecteurs logiciels devraient être 100 % compatibles, ce qui ne sera pas forcément le cas du matériel *hardware* (baladeurs et autres) et ce en raison de la composition même du signal qui utilisera deux flux de données, dont un seul sera reconnu par le matériel existant. Cependant, pour pouvoir profiter des nouvelles caractéristiques du format amélioré, il faudra utiliser des lecteurs et des outils compatibles.

### *Dernière, dernière minute !!*

Le programme est disponible !!! À cette adresse :

http://www.codingtechnologies.com/

La version téléchargeable gratuitement est une version de démonstration. Elle intègre cependant un encoder qui reste, démo oblige, limité à une qualité de 64K. Les fichiers originaux doivent obligatoirement être au format wave, échantillonnés en stéréo à 44,1 kHz (pas encore de rip à partir d'un CD audio).

Voici le résultat :

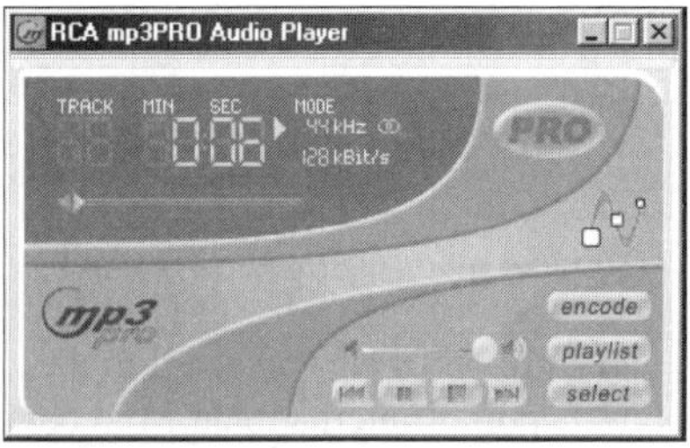


Fig. 7.21 : *La version Océanique du lecteur de MP3 Pro réalisée par Coding Technologies*

Fig. 7.22 : *Et en plus il est "skinnable" !*

La partie encodeur est très simple à manier. Vous sélectionnez le fichier source, déterminez ensuite le répertoire cible et il suffit de cliquer sur le bouton **Encode**. Pour information, le codage prend environ 16 secondes par minute de fichier wave. En ce qui concerne le volume occupé, notre fichier test de 8'55'' occupe exactement 4,08 Mo, ce qui revient environ à 450 Ko par minute de MP3, pardon... de MP3 Pro, au lieu du petit Mo habituel pour la même durée d'une minute.

Chapitre 8

# Plus vrai que nature...

Après avoir très largement traité du fond, si l'on parlait un peu de la forme ? Étiquettes, jaquettes, boîtiers et autres logos en tout genre, pour peu que vous soyez un peu soigneux et collectionneur, nous allons vous montrer comment donner à votre DivX des allures de produit "officiel". Rappelons que le but de la manœuvre n'est évidemment pas de vous inciter à vous lancer dans la contrefaçon mais plutôt de vous aider à vous constituer une collection de films parallèle à votre collection de DVD et à pouvoir les archiver de manière pratique et élégante. Le premier réflexe sera naturellement de réaliser ce que l'on appelle des jaquettes (avant et arrière) qui correspondent aux exigences de format d'un boîtier de CD. Ensuite, les plus mordus pourront se lancer dans la réalisation d'une étiquette pour le CD en question, d'un livret contenant des informations, sans oublier la touche finale qui ne change rien mais qui change tout, le logo DivX.

Selon le type de projet que vous envisagez (copie de film ou bien vidéo personnelle), vous disposerez d'une iconographie plus ou moins importante. Dans certains cas, vous pourrez par exemple avoir besoin d'enrichir votre création avec des images complémentaires. On peut par exemple imaginer que vous imprimiez la filmographie d'un des acteurs du film, puisque vous ne pourrez pas l'inclure dans le DivX lui-même. Dans le même ordre d'idées, vous pourrez ajouter une critique du film en question en extrayant vous-même des images de vos séquences préférées. Bref, à chacun de procéder selon son temps et ses envies pour obtenir au final un produit presque plus beau que l'original ou tout au moins "customisé" autant que faire se peut...

## 8.1 Choisir son boîtier DivX

Du fait même de la nature personnelle et non commerciale d'un DivX, il n'existe aucune référence dite "officielle", si ce n'est les éditions DVD elles-mêmes. Vous aurez cependant remarqué que le format d'un boîtier de DVD et celui d'un boîtier de CD sont quelque peu différents. Vous pouvez par conséquent opter pour deux solutions : la première consiste à conserver le boîtier original et à tirer le meilleur parti du format dont vous disposez, en ne négligeant ni la jaquette principale ni la jaquette arrière. Pour la seconde solution, vous aurez besoin de dépenser quelques francs supplémentaires pour l'achat de boîtiers de DVD vides. Envisagez également le cas où vous opterez pour une gravure DivX nécessitant deux

CD. Il faudra alors réserver un espace de stockage en rapport, quel que soit le format du boîtier.

## Le boîtier CD-R

Le boîtier de CD-R est plus simple à obtenir puisqu'il est dans la plupart des cas vendu avec le CD-R qu'il contient. Les dimensions sont faciles à retenir pour la face avant (12 x 12 cm). Doublez la largeur si vous souhaitez imprimer un livret de quatre pages. Pour la jaquette arrière (le dos du boîtier), la hauteur est de 11,7 cm pour une largeur de 13,7 cm (pour le dos seul). Il ne faut pas oublier d'ajouter deux bandes latérales de 0,6 cm chacune, correspondant aux deux tranches du boîtier. Pour être tout à fait clair, voici un schéma présentant avec exactitude les dimensions en question.

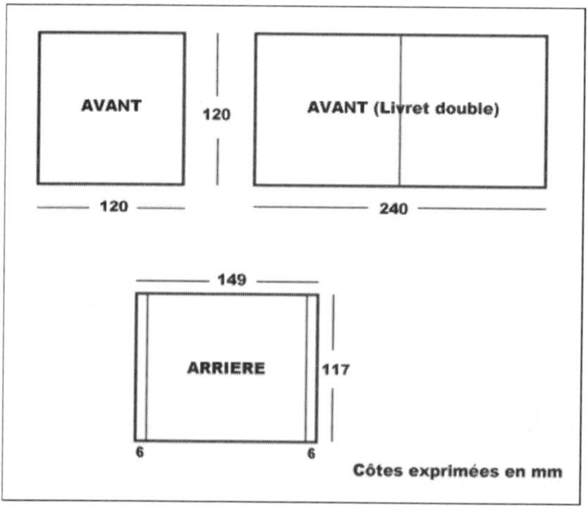


▲ Fig. 8.1 : *Voici les cotes exactes des jaquettes qui illustrent les boîtiers de CD-R standard*

En ce qui concerne le CD lui-même, il est relativement déconseillé de lui coller une étiquette. En effet, ces dernières ont pour effet d'alourdir considérablement le poids du CD, ce qui entraîne une usure précoce potentielle des moteurs d'entraînement qui équipent le lecteur de CD. Par ailleurs, si l'étiquette est réalisée par vos soins, choisissez impérativement un papier adhésif qui épouse au mieux la surface du CD. En tout état de cause, ne décollez jamais une étiquette déjà collée, au risque d'endommager la sérigraphie originale de votre CD-R, celle-là même qui contient, sur son autre face, les données. Si vous désirez absolument opter pour ce type de personnalisation, sachez qu'il existe chez différents constructeurs des étiquettes spéciales pour face de CD ainsi que des appareils destinés à les positionner correctement et facilement.

▲ Fig. 8.2 : *Parmi ses nombreuses références de papiers et de kits d'impression, Micro Application propose plusieurs références destinées aux CD-Rom*

Si le découpage vous indispose et que vous souhaitiez une finition impeccable, ne vous embarrassez pas de cutter et autres prise de mesures, choisissez plutôt un kit prêt à l'emploi (y compris pour les jaquettes), comme celui que propose Micro Application. *Jaquettes pour boîtiers CD* contient en effet une trentaine d'étiquettes destinées à habiller l'avant et l'arrière de vos boîtiers de CD. Grâce à la technologie de la microperforation employée, le découpage est sans bavure, pour une finition impeccable.

▲ Fig. 8.3 : *Le kit d'impression spécial jaquettes de CD de Micro Application*

**Remarque**

### Deux en un

Si vous réalisez des DivX sur deux CD-Rom, sachez que vous pourrez sans peine les contenir dans un seul boîtier, en les superposant l'un au-dessus de l'autre. Attention toutefois car le moindre grain de poussière un peu dur qui s'interposerait entre les deux CD risquerait, en cas de friction, d'endommager irrémédiablement un des CD, voire les deux.

# Le boîtier DVD

Adopté depuis peu par une bonne partie de l'industrie du jeu vidéo, le boîtier DVD tend à s'imposer comme "conteneur multimédia" de référence. Tant et si bien qu'il n'est pas impossible que, dans un avenir proche, ce format soit utilisé majoritairement pour l'ensemble des médias numériques. En comparaison avec une boîte de jeu, le boîtier DVD se montre plus compact, plus agréable à prendre en main mais également plus solide. Par rapport au boîtier de CD audio, la résistance aux chocs et aux chutes ne fait aucun doute. L'avantage se situe également au niveau de la capacité d'accueil qui permet d'intégrer un livret de dimensions plus généreuses, ce qui n'est pourtant pas toujours le cas avec les DVD vidéo du commerce.

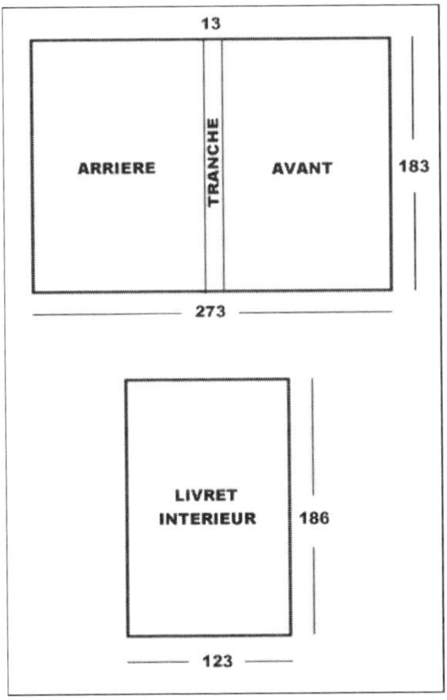


◄ Fig. 8.4 : *Sur ce schéma, les dimensions types des jaquettes d'un DVD standard*

## Où les trouver ?

Les boîtiers de DVD vides dits "de remplacement" ne sont pas encore très répandus mais on commence à pouvoir en trouver dans certains magasins spécialisés. Sur Internet, les sites qui en proposent sont relativement nombreux et les prix s'échelonnent entre 4 et 12 F en moyenne, selon le modèle et la quantité commandés. L'un des fournisseurs qui propose le plus grand choix est le site Cinestore (www.cinestore-dvd.com). Nous y avons notamment trouvé un modèle pouvant recevoir deux disques au prix de 9 F la pièce. Comme vous le constaterez, d'un modèle à l'autre, les matériaux utilisés et donc l'aspect peuvent varier. À vous de voir si vous souhaitez stocker vos disques dans des boîtiers tous identiques ou bien différents par exemple selon les genres, les versions (originale ou sous-titrée)...

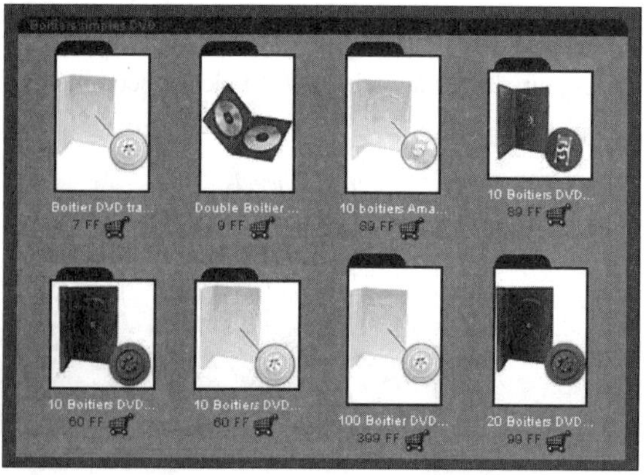


▲ Fig. 8.5 : *Pas moins de huit références sur le site Cinéstore, et les gourmands pourront même acheter un lot de 100 boîtiers pour moins de 400 F*

Si vous souhaitez faire d'une pierre deux coups, jetez un coup d'œil du côté du kit spécial DVD que propose Micro Application. Vous y trouverez en effet, pour un prix très modique (moins de 70 F), tout le nécessaire pour réaliser six boîtiers personnalisés : six boîtiers ainsi que de quoi imprimer six jaquettes et six étiquettes pour les CD.

Remarque

**Coup double...**

Comme c'est le cas pour les boîtiers CD, certains boîtiers offrent la possibilité d'accueillir deux disques. En général, l'un des disques est placé dans le couvercle et l'autre dans le fond du boîtier. Le livret peut alors être placé entre les deux disques.

▲ Fig. 8.6 : *Tout pour réaliser de superbes emballages pour vos premiers DivX ; de quoi rendre jaloux certains boîtiers de DVD commerciaux...*

## 8.2 Trouver des images...

À présent que vous connaissez le format que vous allez utiliser pour stocker et présenter votre DivX, il vous faut rassembler les différents éléments grâce auxquels vous allez pouvoir réaliser la jaquette. Le plus simple est de scanner la jaquette originale du DVD que vous possédez. Cependant, si vous souhaitez réaliser des livrets personnalisés à partir d'autres images, il vous faut aller les chercher ailleurs.

## Capture en règles

Quel est selon vous l'endroit le plus accessible depuis lequel vous allez pouvoir récupérer des images ? Le film lui-même, bien entendu. Pour cela, vous devez vérifier si votre logiciel de lecture de DVD possède une fonction de capture. Power DVD, pour ne citer que lui, en possède une qui se présente sous la forme d'un simple bouton sur lequel il suffit de cliquer pour enregistrer l'image en cours.

▲ Fig. 8.7 : *La fonction de capture de Power DVD*

Remarque

**Une petite pause**

À noter que la capture peut être effectuée à partir d'une image arrêtée (en pause), ce qui permet de choisir des scènes avec une plus grande précision.

Les DVD qui contiennent des bonus proposent souvent toute une série d'images fixes qui peuvent également constituer des matériaux de base très intéressants pour la constitution de vos DivX. Au lieu de la jaquette du film, vous pourriez par exemple utiliser l'affiche du film si celle-ci est disponible... Le seul petit souci que vous pouvez éprouver concerne la qualité des images. Tant que vous restez dans des proportions minimes, cela peut encore aller mais, dès que vous commencez à dépasser une certaine surface, vous risquez de constater un manque de définition certain. En effet, les images d'un DVD vidéo sont faites pour bouger et, même si la qualité des arrêts sur image est élevée, elle ne peut prétendre à rivaliser avec celle issue d'un scanner haute résolution.

## Les images sur Internet

Nous commencerons par les affiches qui sont non seulement plus faciles à trouver mais également plus nombreuses sur de plus nombreux sites.

N'hésitez pas à lancer une recherche soit avec le titre de votre film, soit sur des sites francophones avec les mots-clés `affiches de films` ou bien, en anglais, `Movie Poster`.

## Les meilleurs sites d'affiches de films

Une fois encore, nous n'avons pas la prétention d'être exhaustifs. Cette sélection n'est donnée qu'à titre indicatif et il est plus que probable que vos recherches aboutissent à d'autres sites.

### *http://www.alyon.org/generale/theatre/cinema/affiches_cinema/*

Beaucoup d'affiches à cette adresse, dans une qualité tout à fait satisfaisante. Les dernières nouveautés ne sont pas là puisque la dernière mise à jour semble remonter au début de l'année 2001. En revanche, les amateurs de vieux films (Fernandel, Funès et autres...) seront aux anges.

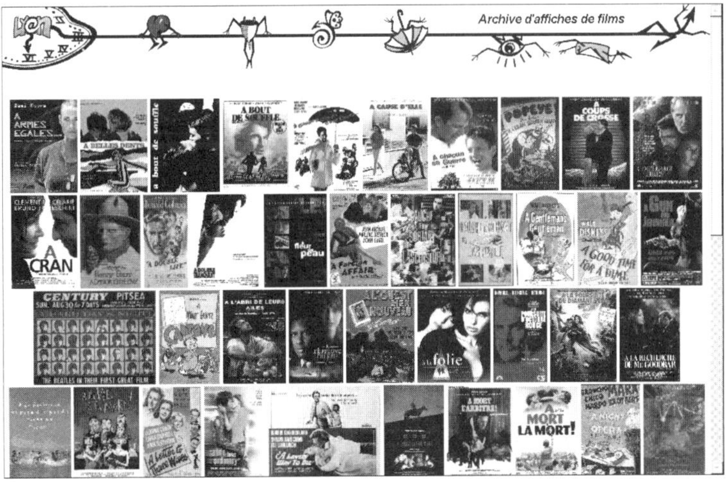


▲ Fig. 8.8 : *Une visualisation très pratique des nombreuses affiches disponibles*

▲ Fig. 8.9 : *Un peu de kitsch avec une ancienne affiche de Batman, version années 60...*

### *http://perso.respublica.fr/friendsalex/affiches_de_films.htm*

Ici, ce sont les nouveautés qui sont privilégiées et vous trouverez donc des affiches de films non encore disponibles sur le marché de la vidéo. Vous pourrez ainsi prendre un peu d'avance et rassembler des images en vue de votre prochain DivX. La qualité est excellente avec des images scannées en haute résolution (700 x 1 000 ou davantage).

▲ Fig. 8.10 : *L'affiche du Pacte des loups*

## *The Movie Posters Archive (http://anubis.science.unitn.it/services/movies/)*

Un demi-millier d'affiches sur ce site, classées par genre. Attention car il s'agit des versions américaines des films en question. Vous constaterez que la science-fiction et l'horreur sont largement à l'honneur.

▲ Fig. 8.11 : *Cliquez sur l'affiche de votre choix pour la découvrir en grand*

## *The Movie Posters Page (http://www.asdfplus.com/themovieposters.htm)*

◄ Fig. 8.12 : *L'affiche de Star Wars la Menace Fantôme, en attendant le DVD*

Plus de 1 500 affiches numérisées, bénéficiant d'un classement multicritère très ergonomique. Vous pourrez par exemple choisir les films par année de sortie (de 1915 à 2001), par acteur ou bien encore par réalisateur. Certains films particulièrement renommés (*Star Wars*, *Gladiator...*) profitent de plusieurs affiches issues de pays différents et parfois d'images du film.

## Les photos de films

En ce qui concerne les photos de films et d'acteurs, mieux vaut tenter une recherche très ciblée en utilisant le nom du film et/ou le nom de l'acteur. On peut cependant trouver quelques sites proposant des images.

### *Internet Movie DataBase (www.imdb.com)*

▲ Fig. 8.13 : *Beaucoup de photos issues de cérémonies diverses et de remise de prix...*

Les Américains (encore eux...) proposent un site devenu une référence pour tous les amateurs de cinéma. Internet Movie Data Base est sans doute l'une des adresses les mieux renseignées de la Toile. Pratiquement tous les films de la planète sont là, y compris pas mal de films français mais les photos ne sont dans ce cas pas toujours très nombreuses. Certains films ne sont carrément pas illustrés. En revanche, les films américains sont naturellement extrêmement nombreux et très documentés. Vous pourrez facilement passer d'un film à un acteur ou à un réalisateur.

### *Première (www.premiere.fr)*

De notre côté de l'Atlantique, ça bouge aussi et le site du magazine *Première* propose toutes les dernières informations sur les films à l'affiche. On regrettera cependant l'absence d'archives de films plus anciens, même si la liste de films présentés est relativement longue.

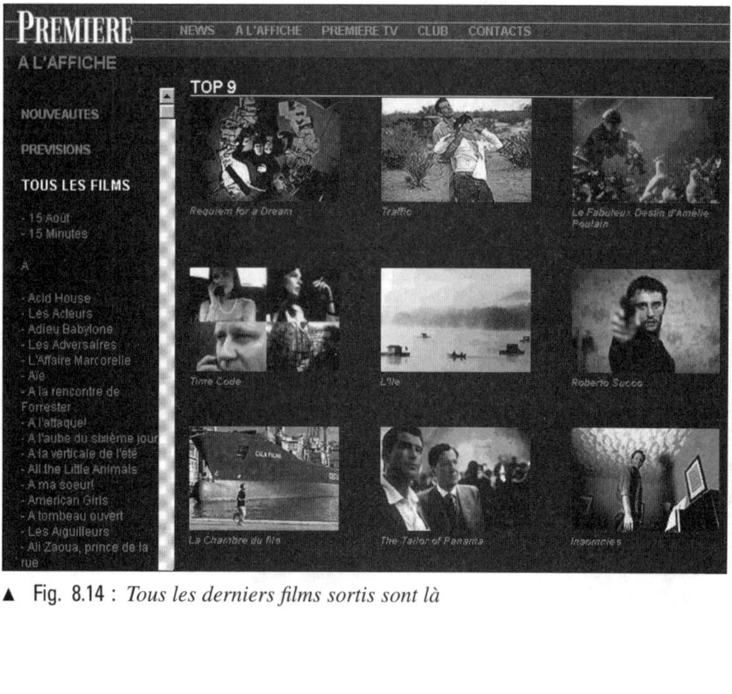


▲ Fig. 8.14 : *Tous les derniers films sortis sont là*

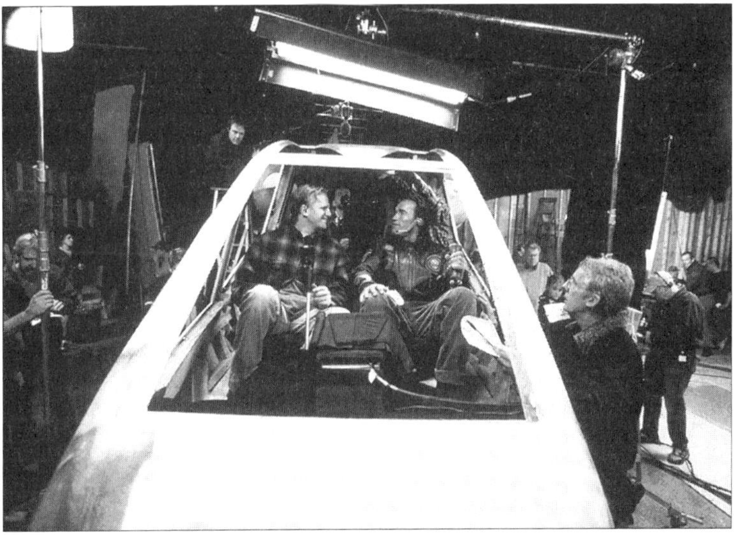

▲ Fig. 8.15 : *Une photo de tournage du film A l'aube du sixième jour, avec Schwarzy*

## La liste des Films de Yahoo (http://fr.dir.yahoo.com /Art_et_culture/Cinema/Titres_de_films/Liste_complete/)

▲ Fig. 8.16 : *Plusieurs centaines de films sont répertoriés par le moteur de Yahoo*

Mieux vaut s'adresser à Dieu qu'à ses saints... Si vous avez envie d'obtenir des images d'un film en particulier, essayez le moteur de recherche de Yahoo (www.yahoo.fr). À la rubrique *Cinéma*, choisissez le répertoire **Titres de films** et vous tomberez sur une liste impressionnante de films renvoyant respectivement vers le lien, officiel ou non, du site relié.

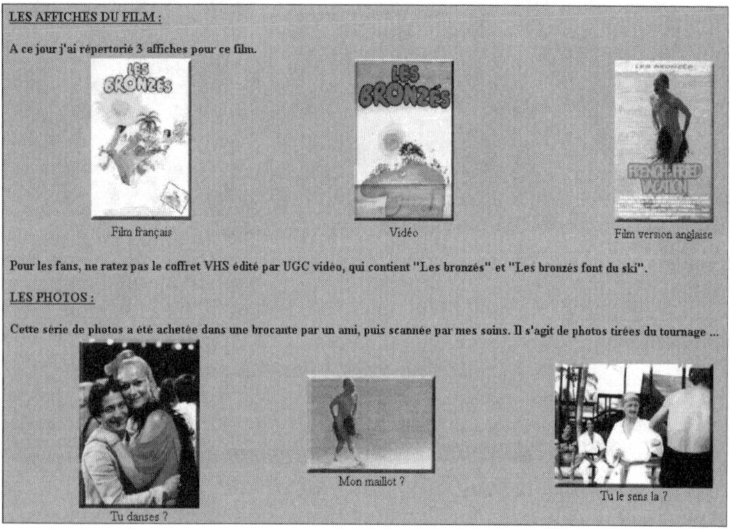


▲ Fig. 8.17 : *Le site d'un fan du film Les Bronzés*

# La folie des logos DivX...

Plus qu'un simple format informatique, le DivX est pratiquement devenu une véritable marque de fabrique et nombreux sont ceux qui s'intéressent ou se passionnent pour les logos DivX. Cette petite référence au format se veut à la fois anecdotique et revendicatrice, et est destinée à être placée sur les jaquettes et autres étiquettes que vous créerez pour vos disques.

## La banque des logos

Plusieurs sites consacrés aux DivX proposent, au milieu de leurs différentes rubriques, des logos DivX. L'un des sites les mieux pourvus est sans conteste le site DivX Digest (http://www.divx-digest.com/logos/). Son secret est de livrer à qui le désire une collection de logos réalisés par les visiteurs du site. Résultat : des dizaines de logos, tous différents et parfois même portant des mentions supplémentaires telles que les formats de compression audio (MP3, WMA...). Si vous en voulez encore plus, essayez aussi de visiter les pages des créateurs de ces logos.

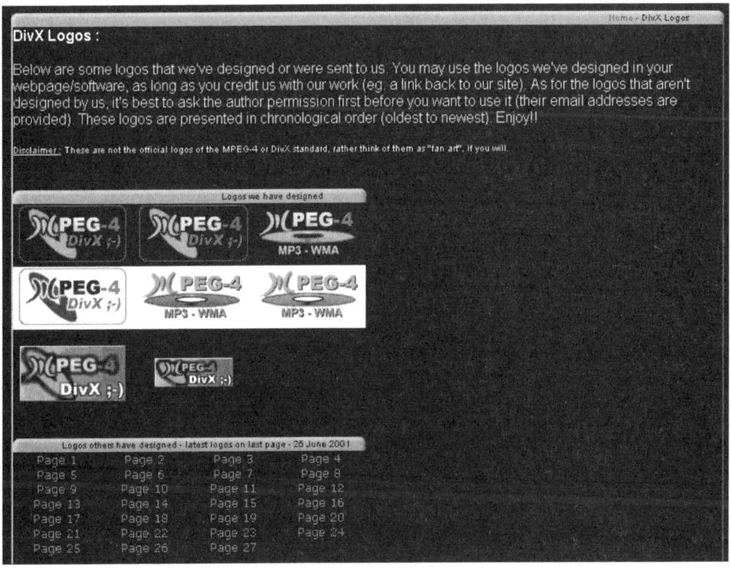


▲ Fig. 8.18 : *En tout, pas moins de 28 pages qui proposent chacune de deux à dix logos, dont certains peuvent être téléchargés dans des formats graphiques haute résolution*

À vous de choisir le logo qui décorera vos jaquettes. De préférence, restez sur un seul modèle, histoire d'homogénéiser un peu votre collection.

**Remarque**

**Faites-le vous-même !**

Si vous souhaitez réaliser vous-même vos propres logos, rien ne vous en empêche. Si vous souhaitez que votre "œuvre" soit diffusée sur le site DivX Digest, vous devrez néanmoins respecter certaines règles de format et de taille.

# 8.3 Travaux pratiques

À présent que vous disposez de tous les éléments graphiques nécessaires à la création de vos jaquettes, vous allez pouvoir commencer à les réaliser vous-même. Pour cela, vous avez le choix des armes. Vous pouvez vous contenter d'un simple logiciel de traitement de texte comme Word mais ce n'est pas vraiment l'idéal. Des programmes de dessin ou de PAO tels que Paint Shop Pro ou bien Corel Draw offriront davantage d'options et une manipulation graphique plus efficace. Enfin, la troisième solution consiste à essayer de trouver sur Internet un logiciel de mise en page spécialement conçu pour les jaquettes.

## Jaquettes déjà prêtes

Avant de commencer à composer vos propres jaquettes, vous devez savoir qu'il existe déjà sur le Web des jaquettes de films au format CD. Certaines proviennent de CD vidéo et d'autres ont été créées par des passionnés désireux de partager leur hobby et leur collectionnite. Pour vous le prouver, rendez-vous sur le site Cover.com02 (`www.cover.com02.com`). Vous y trouverez des centaines de jaquettes prêtes à être imprimées au bon format. Attention car il s'agit parfois de jaquettes en anglais.

▲ Fig. 8.19 : *Une collection très imposante de jaquettes directement au format CD et donc prêtes à être imprimées*

Voici la marche à suivre avec le logiciel Paint Shop Pro :

1. Commencez par choisir la jaquette qui correspond à votre film en vérifiant bien que la face avant (*front*) et la face arrière (*back*) sont toutes deux disponibles.

2. Cliquez ensuite sur les liens proposés. Il est possible que, pour un même film, plusieurs faces avant ou arrière soient disponibles. Chacune d'entre elles correspond en fait à une résolution ou à une luminosité particulière ou bien tout simplement à une mise en page différente.

3. L'image devrait alors s'afficher dans sa taille originale. Enregistrez-la en cliquant dessus avec le bouton droit de la souris et sauvegardez-la à l'emplacement de votre choix sur votre disque dur.

Remarque

**Vérifier les cotes**

Nous vous recommandons très vivement de ne pas imprimer directement depuis le site afin de pouvoir au préalable vérifier les bonnes dimensions des images et, le cas échéant, modifier leurs caractéristiques (luminosité, contraste...).

4. Dans Paint Shop Pro, ouvrez l'image téléchargée puis choisissez l'outil **Redimensionner** situé dans le menu **Image** (voir fig. 8.20).

5. La fenêtre **Redimensionner** s'ouvre alors devant vous. Activez la troisième option (*Taille réelle/d'impression*) et choisissez l'unité des centimètres. Vérifiez que les valeurs sont bien de 12 x 12 pour la jaquette avant et de 15 x 11,8 pour la jaquette arrière. Si ce n'est pas le cas, modifiez les valeurs. Attention à décocher la case du bas intitulée *Garder les proportions*. Validez enfin avec OK (voir fig. 8.21).

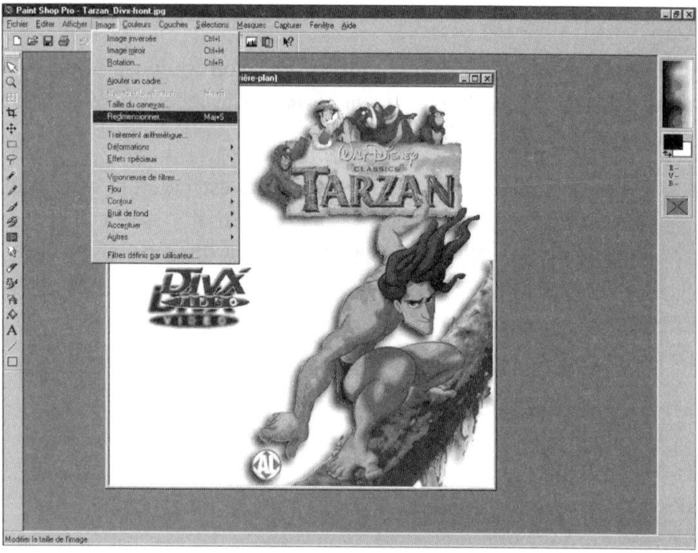


▲ Fig. 8.20 : *Vous pouvez également utiliser le raccourci Maj + S*

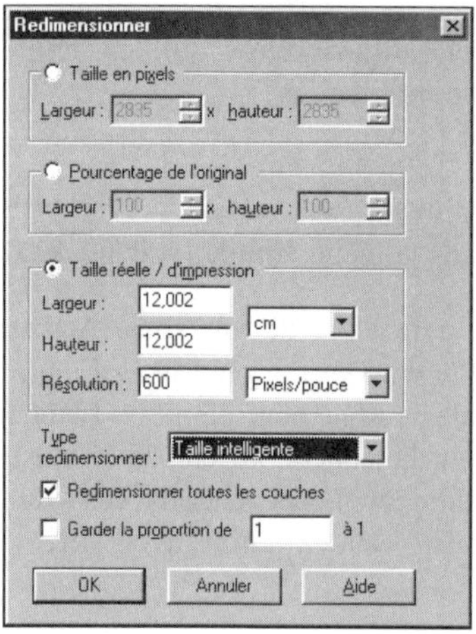


◄ Fig. 8.21 : *Indiquez les dimensions exactes de vos jaquettes*

Il ne vous restera plus qu'à imprimer les deux jaquettes en choisissant vos options d'impression et de marges.

# À la main...

Si vous partez d'un projet totalement vierge, vous pouvez utiliser la jaquette de votre DVD vidéo comme base de travail et vous contenter de redimensionner à la hâte les deux faces. Cependant, le résultat sera approximatif et peu satisfaisant, sans parler de la déformation que subiront les images qui se retrouveront tassées dans un format plus large que haut. Pour la jaquette avant, nous vous conseillons de sélectionner une partie de la face avant de la jaquette du DVD, en essayant au maximum de conserver le rapport 1/1 (12 x 12 cm). Pour l'arrière, c'est le rapport 1,27/1 (15 x 11,8 cm) qui doit être respecté. Pour cela, nous vous conseillons de créer directement un nouveau document aux bonnes dimensions. Voici comment procéder :

Dans le menu **Fichier**, choisissez l'option *Nouveau...*

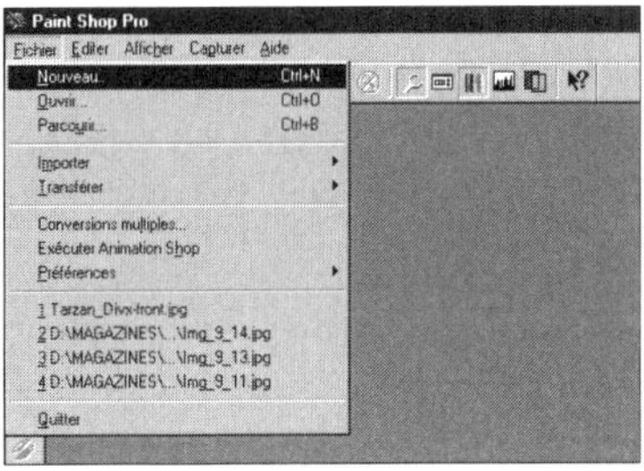


◄ Fig. 8.22 : *Créez un nouveau document*

Dans la fenêtre **Nouvelle image** qui vient de s'ouvrir, sélectionnez ensuite l'unité des centimètres et saisissez les valeurs correspondant exactement à votre projet.

◄ Fig. 8.23 : *Indiquez les bonnes dimensions en utilisant les centimètres*

Vous voilà maintenant en présence de deux images possédant chacune exactement les cotes de vos jaquettes avant et arrière. Il ne vous reste plus qu'à les alimenter en images, photos et autres logos, à votre convenance.

Remarque

**Deux bonnes tranches**

Pensez que la largeur de 15 centimètres de la jaquette arrière comprend les deux bandes latérales que nous vous recommandons de définir en traçant dès à présent deux lignes verticales, de chaque côté de l'image (à 0,6 cm du bord).

Astuce

**Suivez le guide**

Tout en bas de la fenêtre de travail de Paint Shop Pro, la position de votre curseur est indiquée en temps réel et en permanence, ce qui vous facilitera grandement la tâche dans vos diverses manipulations.

## Les logiciels spécialisés...

Dans l'exemple que nous venons de vous présenter, nous avons choisi d'utiliser Paint Shop Pro pour sa flexibilité mais aussi parce qu'il est disponible en version shareware et très largement distribué sur Internet. Vous le trouverez entre autres sur le site de l'éditeur : www.jasc.com. Nous aurions également pu vous présenter Corel Draw, Print Master et tant d'autres. Cependant, malgré leurs nombreuses fonctions de composition et de retouche d'images, ces logiciels ne sont pas spécifiquement dédiés à la composition de jaquettes. Il existe, toujours dans le domaine des sharewares et freewares, de petits utilitaires réunissant les fonctions nécessaires à la fois à la mise en page et à la gestion de base de données d'une médiathèque. Nous allons à présent vous en présenter quelques-uns.

## Home Vidéothèque 1.03B

Vous trouverez ce programme shareware sur le site de son créateur, à l'adresse suivante : `http://homevideotheque.free.fr/`. La version disponible au téléchargement est limitée à une trentaine de fiches mais les fonctions d'impression qui nous intéressent sont pleinement opérationnelles. Si vous souhaitez utiliser le programme pour gérer votre vidéothèque, vous pourrez l'acquérir en version complète pour la somme de 100 F. Nous allons ci-après vous indiquer la marche à suivre pour réaliser une jaquette de DivX.

1. Lorsque vous lancez pour la première fois le programme, aucune fiche n'est encore disponible. Il faut donc commencer par réaliser des fiches correspondant aux films que vous souhaitez répertorier.

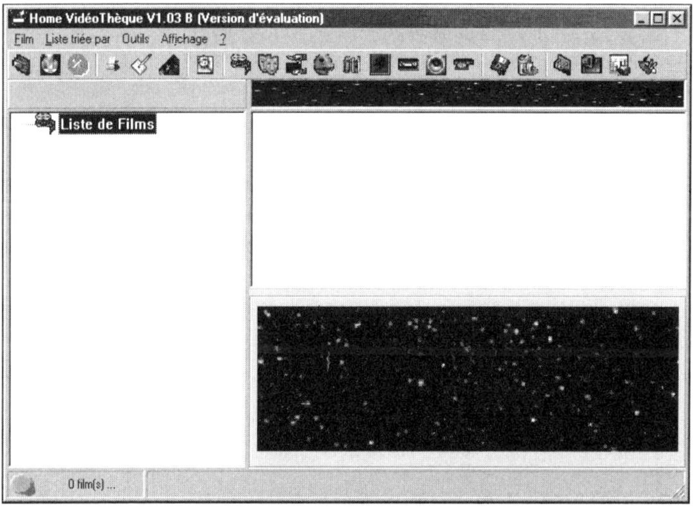


▲ Fig. 8.24 : *La version 1.03B est la troisième depuis la première version*

2. Pour commencer une fiche, vous avez deux possibilités. Soit vous le faites "à la main" en indiquant les différentes caractéristiques du film (acteurs, année, durée, formats...), soit vous tentez votre chance dans la base de données moviecovers.com. En effet, Home Vidéothèque peut intégrer directement les éléments depuis le site. Pour cela, au lieu de cliquer sur **Nouveau** (dans le menu **Film**), cliquez sur **Création**

**facile** et vous accéderez à une liste de films plutôt importante. Repérez votre film et cochez la case qui lui correspond, puis choisissez la fonction **Export** située dans le menu **Actions**.

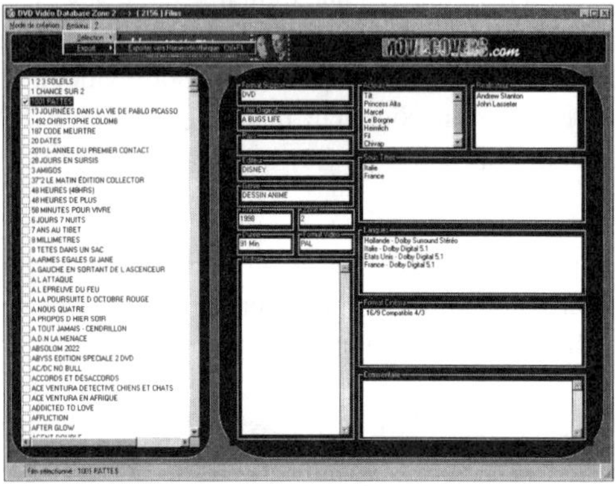

◄ Fig. 8.25 : *La liste des films du site Movie Covers regroupe la plupart des DVD de la planète, Zone 1 et Zone 2*

3. Pour revenir à la fenêtre de travail principale du logiciel, fermez simplement la liste des films. Vous devriez normalement voir apparaître le film choisi dans votre liste de films et, dans la fenêtre de droite, une série d'informations sur le film en question. En bas à droite, une troisième fenêtre vous permet d'ajouter des photos.

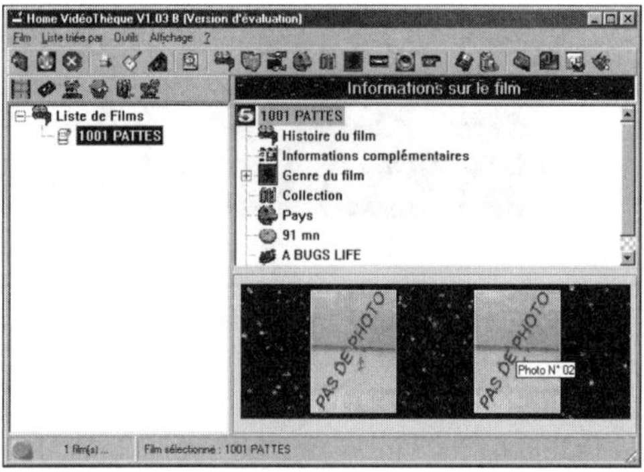


◄ Fig. 8.26 : *Toutes les informations relatives à 1001 pattes, version DVD*

4. Pour ajouter une image, double-cliquez sur le premier des deux emplacements et indiquez le répertoire dans lequel se trouve l'image

en question. Par défaut, le second emplacement ne sera pas intégré à la jaquette finale, inutile par conséquent de s'en soucier. Elle sert d'information pour renseigner la fiche descriptive.

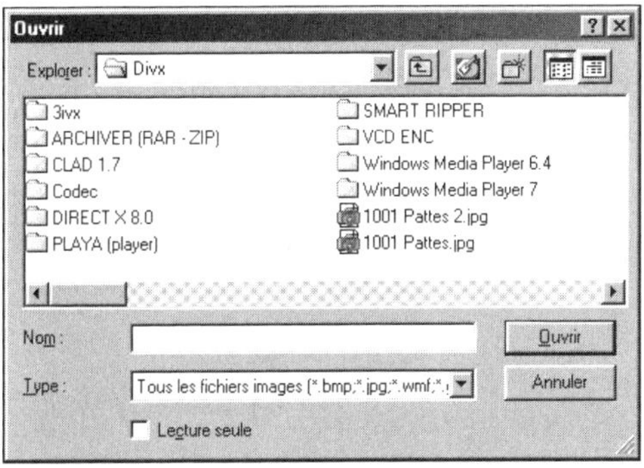


◄ Fig. 8.27 : *Pour pouvoir être intégrée à votre jaquette, l'image doit avoir été au préalable numérisée, de préférence dans un format respectant le rapport largeur/hauteur désiré*

5. Ça y est, l'image a été trouvée et insérée dans la fiche du film. Il ne reste plus qu'à lancer l'outil de création de jaquette, grâce au bouton de la barre d'outils prévu à cet effet (le sixième en partant de la gauche).

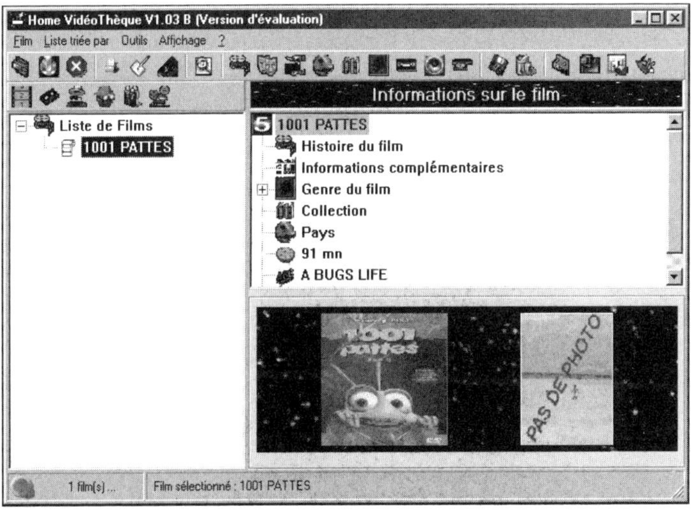


▲ Fig. 8.28 : *Tous les éléments sont là*

6. Voici enfin l'atelier d'édition graphique. Comme vous pouvez le constater, nous avons ajouté un fond bleu mais ce n'est pas indispensable (évitez de manière générale les dépenses d'encre inutiles).

▲ Fig. 8.29 : *Impossible ici de modifier quoi que ce soit à part les différentes couleurs de texte et de fond d'écran*

Quelques autres fonctions sont également disponibles mais, compte tenu de la simplicité du logiciel et de son ergonomie particulièrement claire, nous vous laissons le soin de les découvrir.

Remarque

**Format CD**

L'exemple précédent illustre une jaquette de CD mais sachez que, si vous le désirez, vous pouvez tout aussi simplement la réaliser. Dans le menu **Film**, sous l'option *Création de jaquettes*, vous pouvez accéder au sous-menu **Format de jaquettes**. C'est ici que vous pourrez opter pour le format CD intitulé ici *Boîtier de type VCD (format cd-rom)*.

Fig. 8.30 : *La version CD-Rom de notre étiquette !*

## CD-Pochettes 1.02

Voici un second programme 100 % français destiné à la création de jaquettes de CD. Vous trouverez CD-Pochettes disponible en version non limitée et entièrement gratuite à l'adresse suivante : `www.obosoft.com`. Notez que ce logiciel n'est pas tout récent (1999) mais peu importe puisque c'est le résultat qui compte. Le maniement est simple et la mise en conformité des images est automatique. Seul léger défaut, l'impossibilité de placer des images sur la jaquette arrière...

1. Commencez par atteindre la fenêtre de travail principale en cliquant sur le bouton correspondant qui se trouve dans le menu pop-up latéral.

Fig. 8.31 : *Le moins que l'on puisse dire, c'est que la fenêtre de démarrage n'est pas trop encombrée*

2. Vous avez alors le choix entre la création et la modification d'une pochette. Choisissez la création d'une nouvelle pochette.

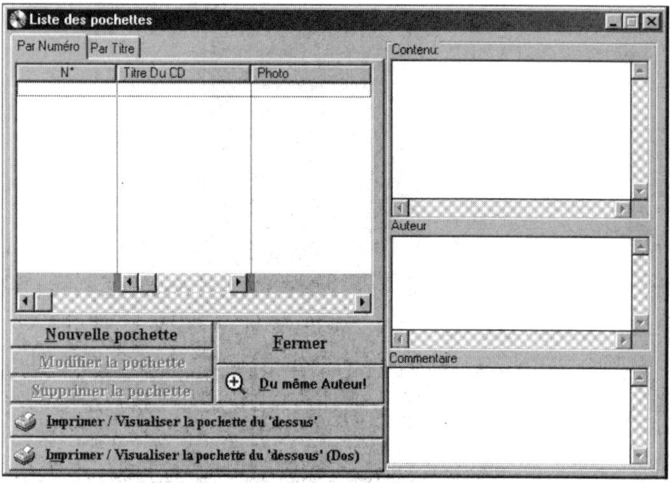


▲ Fig. 8.32 : *Commencez par créer une nouvelle pochette*

3. La première fenêtre à remplir est celle des informations de base sur le CD. Titre, commentaire et auteur, libre à vous de décider quelles informations vous placerez à quels endroits. Une fois les champs renseignés, cliquez sur le bouton OK.

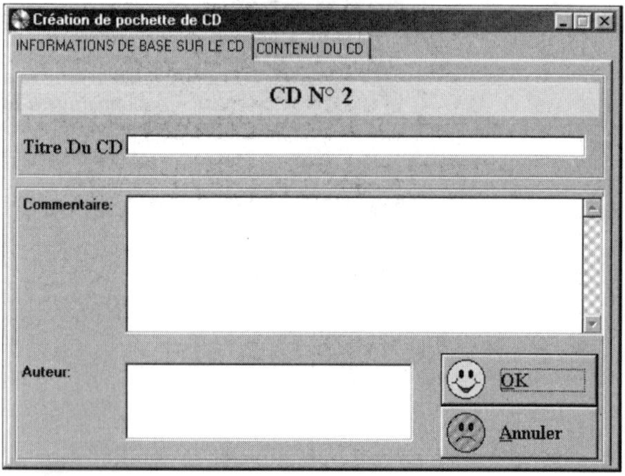


▲ Fig. 8.33 : *Au lieu du commentaire, vous pouvez parfaitement indiquer la liste des acteurs*

4. La seconde fenêtre s'intitule **Contenu du CD**. Une fois encore, vous êtes totalement libre d'apprécier les données à préciser ici. C'est également depuis cette fenêtre que vous indiquerez le chemin menant vers le fichier image, si vous souhaitez en placer une illustration sur votre composition.

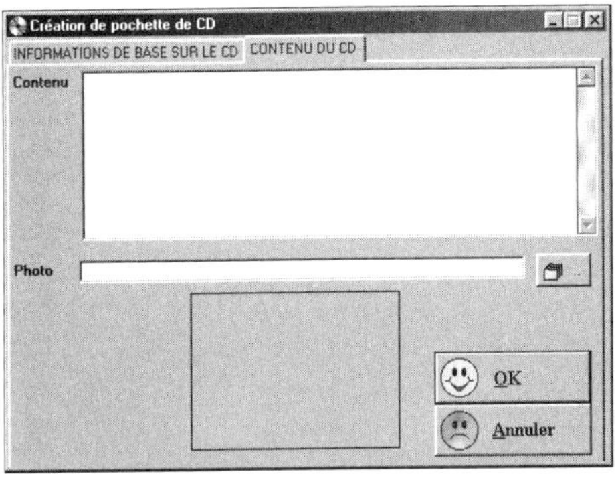


◄ Fig. 8.34 : *Quatre formats graphiques sont reconnus : le .jpg, le .gif, le .bmp et le .wmf*

5. Une fois que toutes les indications sont rédigées, vous pouvez visualiser votre projet avant de l'imprimer. Les deux faces sont disponibles.

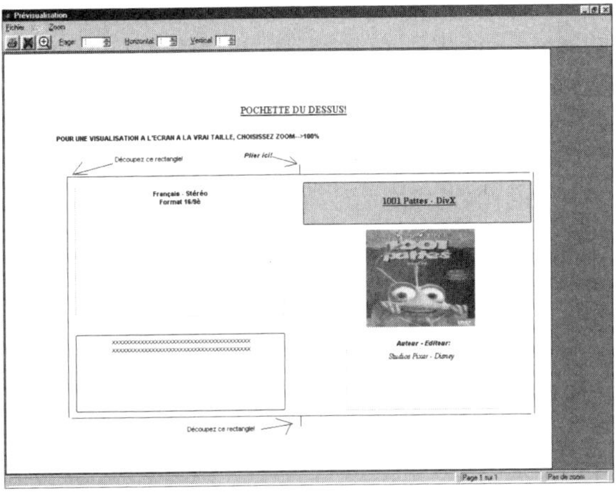


▲ Fig. 8.35 : *Les indications de découpage et de pliage sont mentionnées*

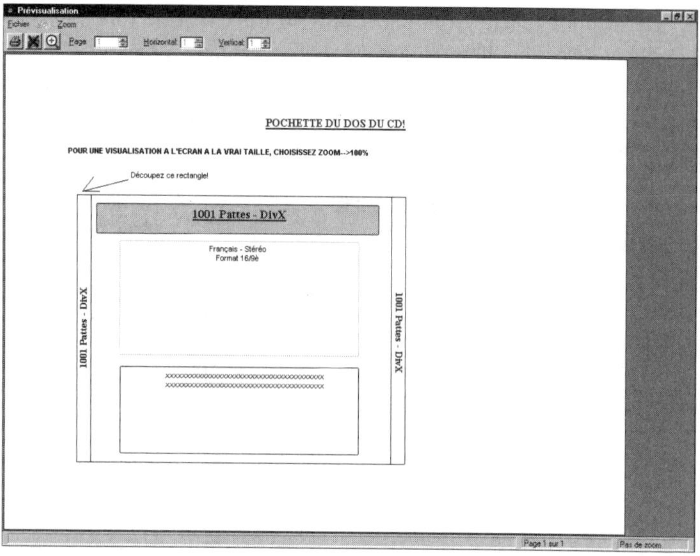


▲ Fig. 8.36 : *En zoomant à 100 %, vous obtiendrez une visualisation grandeur réelle des étiquettes*

# 8.4 En conclusion...

Un DivX réussi est un DivX qui avant tout se présente bien. Beau boîtier, belles jaquettes auront un effet assurément plus efficace qu'un simple CD-R griffonné à la hâte. En deux mots, donnez-vous les moyens et le temps de faire de votre collection une collection personnelle qui trône en bonne place sur vos étagères jusque-là habituées aux seuls boîtiers de vos DVD vidéo...

Chapitre 9

# Avenir et concurrence

Ils s'appellent 4X Movie, Bink ou bien encore 3IVX. Tous ont le même objectif que le DivX : comprimer autant que possible un fichier vidéo tout en lui conservant une qualité optimale. Cet engouement est bien le témoignage qu'il se joue là une partie si ce n'est décisive, tout au moins capitale pour les toutes prochaines années. Et l'on ne peut présager que du bon, voire du très bon puisque, avec la démocratisation envisageable de supports de stockage tels que le DVD-RW, le rapport entre la taille (mais aussi le prix) du média et la durée des films qu'il peut stocker ira sans cesse grandissant.

## 9.1 La relève est déjà là

À peine le DivX commence-t-il à toucher un public de plus en plus vaste que d'autres codecs vidéo lui emboîtent le pas. C'est notamment le cas du format 3IVX qui est certainement l'un des plus proches du format DivX en cela qu'il base également sa technologie sur la norme MPEG-4. Cependant, le 3IVX n'emprunte absolument aucun élément de la technologie propriétaire de Microsoft en ce qui concerne l'exploitation de cette norme, ce qui est également le cas du DivX de seconde génération.

### Et 1, et 2, et 3-I-VX !

Avec un nom pareil, il serait plus que surprenant que la référence au DivX ne soit pas volontaire. Il est donc normal de comparer ce codec avec son homologue. En fait, du propre aveu de ses créateurs, le 3IVX ne se montre pas révolutionnaire en termes de rapport taille/qualité. En effet, pour une qualité toujours proche de celle d'un DVD (MPEG-2), le 3IVX se montrerait, selon les cas, 5 à 20 % moins gourmand en espace mémoire. L'effort ne s'arrête pas à cette minime compression supplémentaire puisque le format se targue également d'être le plus ouvert possible. De par sa vocation multiplate-forme, le 3IVX s'avère donc compatible avec un PC (sous Windows ou Linux), un Macintosh, un Amiga et il est même question de la PlayStation 2... À l'heure actuelle, le format n'a pas encore atteint son plein potentiel et des projets d'intégration de streaming et de paiement à la séance seraient tout à fait possibles, tout comme des procédés d'intégration de cryptage des images.

## Où le trouver ?

Moins facile à débusquer que le DivX, le 3IVX ne se cache cependant pas très profondément dans la Toile. Pour le découvrir, il suffit de se rendre à l'adresse officielle : www.3ivx.com. Le site est un peu austère et manque d'illustrations mais il n'en reste pas moins riche d'informations.

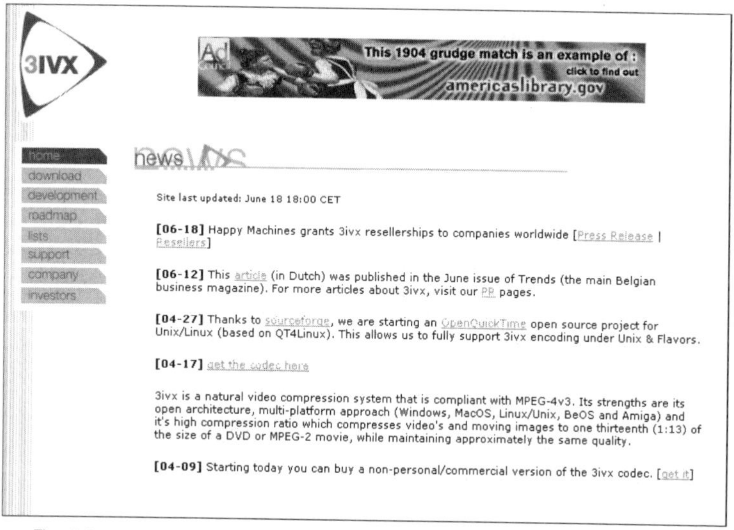


▲ Fig. 9.1 : *La page d'accueil du site officiel du 3ivx*

Vous découvrirez dans ces pages aussi bien les caractéristiques techniques du format que les espoirs que nourrissent ceux qui en sont à l'origine. En l'occurrence, on trouve à la base du projet une équipe de programmeurs belges assistée de nombreux intervenants internationaux. Notez également que la société est membre du MPEG-group. Pour clore le chapitre structurel et économique de l'entreprise, sachez que 5 % des parts de la société restent accessibles au public, alors si le cœur vous en dit...

### *Télécharger*

Pour pouvoir profiter du format 3ivx, il vous faut télécharger les outils nécessaires. Attention toutefois car, à l'inverse du DivX, vous ne pourrez pas télécharger de codeur. Seul le décodeur, utile à la lecture et non à l'encodage, est disponible. Il s'agit en fait d'une version de test distribuée "généreusement" afin que chacun puisse juger de la qualité du système. Pour obtenir cette version, rendez-vous à la rubrique *Download* et cliquez sur **Player**.

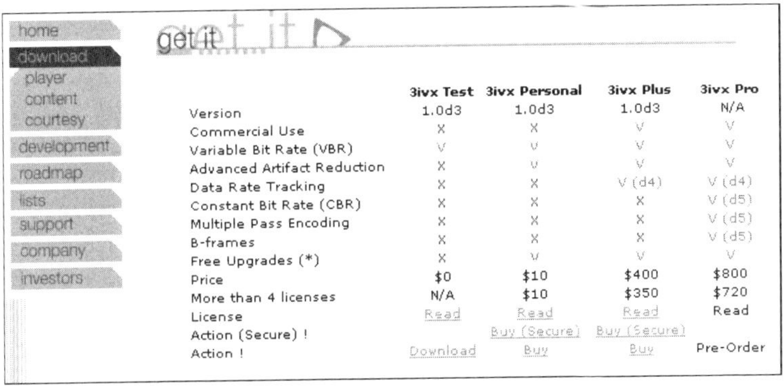


| | 3ivx Test | 3ivx Personal | 3ivx Plus | 3ivx Pro |
|---|---|---|---|---|
| Version | 1.0d3 | 1.0d3 | 1.0d3 | N/A |
| Commercial Use | X | X | V | V |
| Variable Bit Rate (VBR) | V | V | V | V |
| Advanced Artifact Reduction | X | V | V | V |
| Data Rate Tracking | X | X | V (d4) | V (d4) |
| Constant Bit Rate (CBR) | X | X | X | V (d5) |
| Multiple Pass Encoding | X | X | X | V (d5) |
| B-frames | X | X | X | V (d5) |
| Free Upgrades (*) | X | V | V | V |
| Price | $0 | $10 | $400 | $800 |
| More than 4 licenses | N/A | $10 | $350 | $720 |
| License | Read | Read | Read | Read |
| Action (Secure) ! | | Buy (Secure) | Buy (Secure) | |
| Action ! | Download | Buy | Buy | Pre-Order |

▲ Fig. 9.2 : *Seule la version Test (celle qui contient le moins d'options) est disponible gratuitement*

Après avoir cliqué sur le bouton **Download** situé au-dessous de la version test, une nouvelle page va s'ouvrir et, tout en bas de l'énoncé des conditions d'utilisation, vous trouverez la liste des éléments téléchargeables classés par plates-formes. Sur PC, ce sont les deux premiers fichiers (des *.zip*) qu'il faut télécharger, respectivement intitulés *3ivx1d3_win_dmo.zip* et *3ivx1d3_win_qt.zip*.

## Installer

Chacune de ces archives se compose d'un fichier texte contenant les instructions et d'un fichier (*.dll* pour l'un et *.qtx* pour l'autre). Ils doivent respectivement être copiés dans les répertoires indiqués dans les instructions en question. Une fois ces manipulations effectuées, il sera nécessaire de redémarrer votre système afin que les fichiers nouvellement installés soient pris en compte.

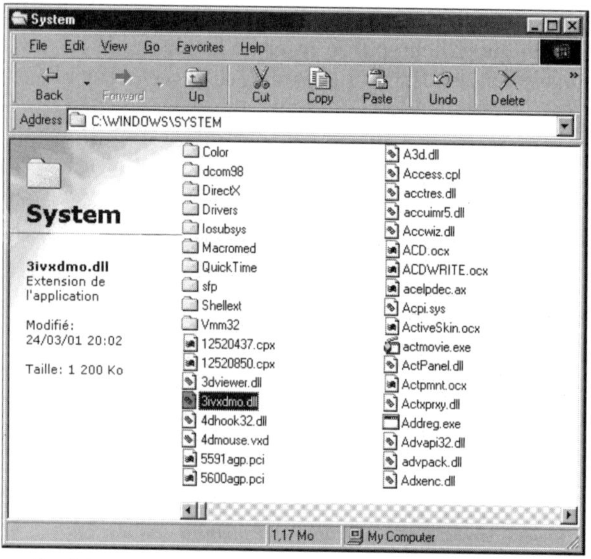


▲ Fig. 9.3 : *Voici où doit être installé le premier fichier, le .dll*

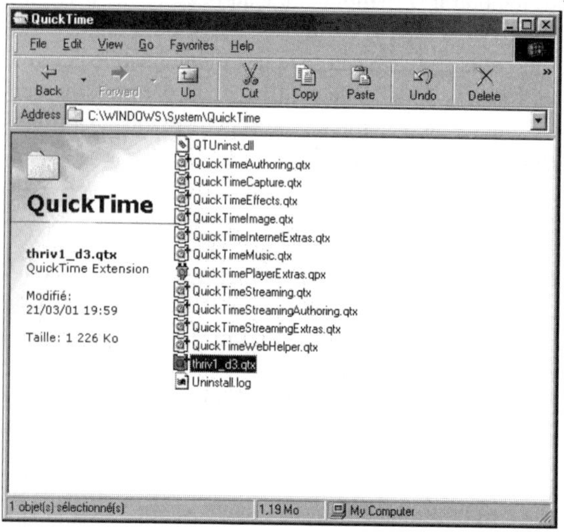


▲ Fig. 9.4 : *Et voici où vous devez placer le second, le .qtx*

Comme vous le constatez, la procédure est relativement simple et rapide à mettre en place mais souvenez-vous qu'il ne s'agit ici que de rendre le lecteur Quicktime compatible en lui ajoutant un codec.

## Utiliser

Étant donné que vous ne disposez d'aucune possibilité de réaliser vous-même l'encodage, vous devrez vous contenter des vidéos proposées au téléchargement à la rubrique intitulée *Content*. Quatre vidéos vous y attendent pour témoigner des performances de la technologie 3ivx. Malgré nos différentes tentatives, nous ne sommes parvenus à lire aucun des fichiers avec le lecteur Media Player de Windows qui est pourtant à la base compatible avec les fichiers *.mov*. En revanche, aucun problème avec le lecteur Quicktime. Si vous ne le possédez pas, sachez que vous pourrez le télécharger depuis la fenêtre de téléchargement du site.

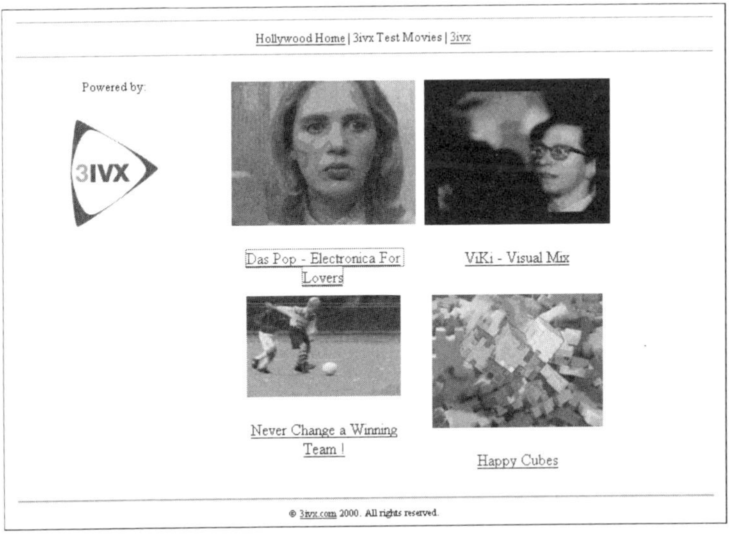


▲ Fig. 9.5 : *Choisissez un des films, puis sa qualité (basse ou élevée) et cliquez sur le lien avec le bouton gauche de la souris si vous souhaitez lancer sa lecture ou bien avec le bouton droit si vous souhaitez l'enregistrer sur votre disque dur (Enregistrer le lien sous...)*

## Les caractéristiques du 3IVX

Il est difficile de parler des différentes options de codage que propose le 3IVX sans disposer des outils de codage en question. Certaines données sont toutefois d'ores et déjà disponibles.

À en juger par les descriptifs des différentes vidéos disponibles sur le site, le MP3 est au programme, ainsi que le codec Q-Design. Concernant d'autres éventuels formats, pas d'infos. Au niveau des performances, le codage se révèle environ une fois et demie à trois fois plus rapide qu'avec le codeur classique de Quicktime (Sorenson). En ce qui concerne la qualité, comme disait Bonaparte, un bon croquis vaut mieux que de longues explications. Voici donc une série de captures d'écran réalisées dans différentes qualités (*bitrate*).

◄ Fig. 9.6 : *L'image originale (MPEG-2 non compressé) en 1 200 kbps*

◄ Fig. 9.7 : *L'image compressée en MP4 (Media Player)*

▲ Fig. 9.8 : *L'image compressée, toujours à partir de l'image originale, mais en 3IVX, cette fois*

## 4XMovie

Voici un format de compression vidéo qui ne peut raisonnablement prétendre concurrencer le DivX et ce pour une raison simple : le rapport qualité/volume n'est pas assez intéressant. En réalité, la qualité vidéo est supérieure à celle d'un DivX mais il faut compter environ 3 Mo par minute de film, ce qui revient à une capacité de 20 minutes environ pour un CD vierge. Beaucoup de développeurs ont toutefois déjà fait appel à cette technologie, notamment pour les séquences cinématiques de leurs jeux. En effet, le codec est à même de très bien fonctionner sur de petites configurations (Pentium 133 MHz par exemple...). La compatibilité est très convaincante. PC, Macintosh mais également Dreamcast et même GameBoy Advance, le format 4XMovie est entièrement *cross-platforms*. Cependant, retenez que le codage ne peut s'effectuer que sur un PC. Du côté du format des fichiers source, l'ensemble des standards du marché est compatible. Pas surprenant de trouver les *.mov*, les *.avi* ou bien encore les *.mpg* mais vous aurez l'agréable surprise de voir également figurer au menu les *.vob*, ceux-là même que vous aurez extraits d'un DVD avec votre logiciel de rip.

▲ Fig. 9.9 : *Eh oui ! sur Game Boy Advance aussi la vidéo compressée peut trouver une place...*

## Où le trouver ?

Tout simplement sur le site de la société 4X Technologies (`www.4xtechnologies.com`). Au fait, la société est française, ne soyez donc pas étonné de disposer d'une version intégralement en français du site, outre la version anglaise. La compression vidéo n'est qu'une des spécialités de l'entreprise qui propose également un moteur de synthèse 3D particulièrement performant, le Phoenix 3D. Il a récemment été utilisé dans plusieurs jeux vidéo tels que Necronomicon (Wanadoo Editions), Dracula 2 (Wanadoo Editions) ou bien encore Evil Twins (Ubi Soft).

### *Télécharger*

En partant de la page d'accueil du site, et après avoir opté pour la version française, cliquez directement sur le lien renvoyant vers la page de téléchargement (**Download**). Là, vous trouverez des vidéos de démonstration des produits de 4X Technologies ainsi qu'une version d'essai de 4X Movie.

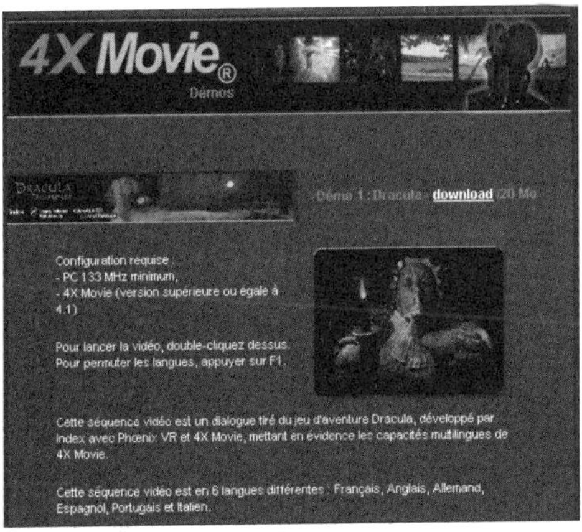


◄ Fig. 9.10 : *Pour vous faire une idée de la qualité de 4X Movie, téléchargez donc la vidéo de présentation du jeu Dracula (20 Mo)*

Après avoir indiqué vos nom, prénom et adresse e-mail, vous pourrez télécharger le programme qui pèse environ 2 Mo. Ne cherchez pas autre chose, il y a seulement un exécutable à rapatrier.

## Installer

Double-cliquez sur le programme *.exe* que vous venez de télécharger et suivez la procédure normale d'installation. Vous disposerez alors dans votre menu **Démarrer** d'un dossier *4X Technologies* contenant lui-même un second dossier de la version d'essai de 4XMovie. Si vous souhaitez compresser une vidéo, choisissez 4X Movie Compressor et si vous souhaitez lire une vidéo compressée au format 4XMovie, lancez le Player. Ce player démarre également automatiquement lorsque vous double-cliquez sur un fichier vidéo 4XMovie.

▲ Fig. 9.11 : *Pensez à jeter un coup d'œil à la documentation en français, particulièrement bien faite et très explicite*

## Utiliser

En comparaison avec le DivX, la procédure de compression au format 4XMovie est véritablement un jeu d'enfant. Pour commencer, lancez le programme 4X Movie Compressor. Vous vous retrouverez alors face à la seule et unique fenêtre de réglages proposés. Vous avouerez qu'il est difficile de faire plus simple...

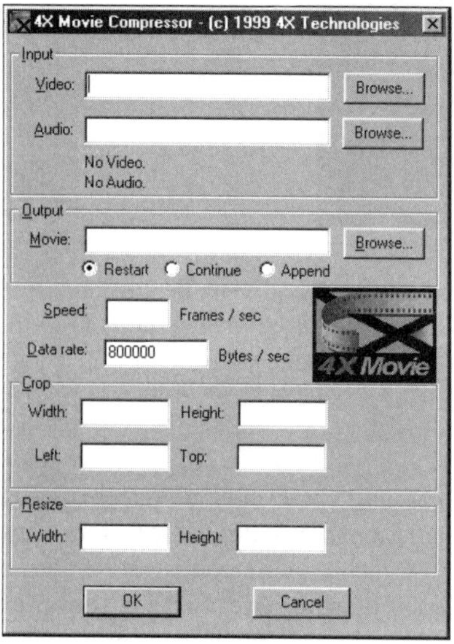


◄ Fig. 9.12 : *Tous les réglages à effectuer se trouvent dans cette fenêtre*

Dans l'ordre, vous apercevez un cadre intitulé Input. C'est ici que vous indiquerez les fichiers vidéo et audio sources à partir desquels vous lancerez la compression. Il suffit pour cela de cliquer sur les boutons **Browse** et de vous rendre dans le répertoire qui contient le fichier qui vous intéresse.

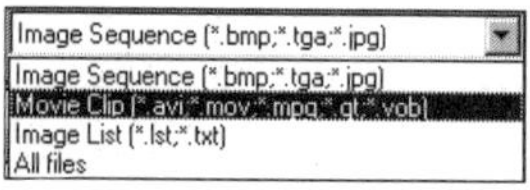


◄ Fig. 9.13 : *Pas moins de cinq formats de fichiers vidéo sont acceptés ainsi que trois formats d'images fixes enchaînées*

Remarque

**Son et image**

Si votre fichier vidéo contient déjà de l'audio, comme c'est généralement le cas, c'est ce même fichier qui servira de source pour le codage audio. Rien ne vous empêche cependant d'en fournir un autre.

Indiquez ensuite le nom et la localisation du fichier cible sans omettre de préciser ce que le programme doit faire en cas de réécriture. *Restart* signifie une réécriture depuis le début du fichier, *Continue* correspond à une poursuite du codage à l'endroit de l'éventuelle interruption précédente tandis que la troisième option, *Append*, ajoutera une séquence supplémentaire à la séquence existante. Par défaut, c'est l'option *Restart* qui sera cochée.

Nous passons ensuite aux réglages proprement dits, à savoir concernant directement les données de compression et les caractéristiques de l'image.

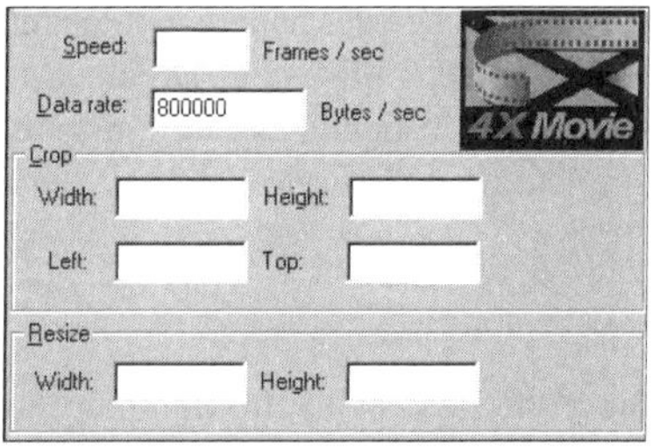


Fig. 9.14 : *Les réglages de compression et de taille de l'image*

Dans l'ordre, vous tomberez tout d'abord sur l'option *Speed* (frames/sec) qui correspond au nombre d'images par seconde de la vidéo. Notez qu'il s'agit du nombre d'images que vous déciderez d'appliquer au fichier compressé. Si par exemple votre fichier original est en 25 images par seconde et que vous diminuiez ce chiffre, vous obtiendrez un léger effet de ralenti, pas forcément désirable. Notre conseil est de conserver le *frame rate* original. Dans le même ordre d'esprit, le *Data Rate* définit le débit en octets par seconde. Il est réglé par défaut sur 800 000 ; nous vous conseillons de conserver cette valeur. Viennent à présent les paramètres relatifs aux dimensions et à l'éventuelle retaille de l'image. *Width* et

*Height* correspondent respectivement à la largeur et à la hauteur de l'image désirée, exprimées en pixels. *Left* et *Top* sont les coordonnées X et Y à partir desquelles les bords gauche et supérieur de l'image seront placés. Enfin, l'option *Resize* permet d'agrandir ou de diminuer l'image désirée.

Remarque

**Multipistes**

4X Movie possède cette particularité de pouvoir gérer plusieurs pistes sonores en alternance. Certaines vidéos de démonstration présentes sur le site sont dans ce cas. Pour passer d'une piste à une autre, cliquez tout simplement sur la touche F1 de votre clavier.

Cette apparence d'extrême simplicité et de commandes ultra-réduites de l'outil est en réalité l'arbre qui cache la forêt. En effet, les versions sous licence du produit proposent une foule de paramètres et de réglages supplémentaires permettant entre autres de réaliser des vidéos contenant plusieurs pistes audio ou bien encore de créer des vidéos pour Dreamcast. Pour vous en faire une idée, rendez-vous dans le fichier d'aide qui vous dévoilera les secrets de la version complète de 4X Movie.

## Bink Vidéo

Derrière ce drôle de nom se cache un codec qui peut être comparé au DivX, à la différence près que Bink s'appuie déjà sur un passé relativement studieux. Nombreux sont en effet les studios de développement qui ont fait appel à ses services pour leurs jeux. Citons entre autres GT Interactive, Rage, Ion Storm et tout récemment Presto Studio pour le très attendu Myst III Exile. La liste est longue et si vous désirez en connaître la teneur intégrale, vous la trouverez dans une des pages du site officiel qui a développé Bink Vidéo (entre autres), à l'adresse www.radgametools.com.

▲ Fig. 9.15 : *Bink Vidéo est l'un des quatre produits que propose la société Rad Gametools*

La vocation de ce compresseur-décompresseur est de satisfaire des utilisateurs, essentiellement des studios de développement professionnels, en leur fournissant un outil de compression vidéo, de qualité supérieure à celle de la norme MPEG 2 et de vitesse triple. Autre avantage du codec : sa compatibilité avec Macintosh et surtout avec la très imminente X-Box de Microsoft.

## Où le trouver ?

Rad Gametools offre aux internautes un site très complet présentant l'ensemble de ses activités, produits et références. Rendez-vous à l'adresse www.radgaletools.com et vous pourrez disposer de toutes les informations et de tous les produits en version démonstration. Pour répondre aux principales questions que vous pourriez vous poser, une rubrique *FAQ* est disponible. Voyez également la rubrique intitulée *Advantages* pour connaître dans le détail les principales caractéristiques du logiciel et de sa version allégée, Smackers.

### *Télécharger*

Sélectionnez tout d'abord la page dédiée à Bink puis cliquez sur la rubrique *Download*. La version PC pèse environ 1,2 Mo tandis que la version Macintosh n'occupera que 350 Ko.

▲ Fig. 9.16 : *À votre disposition, la version PC et une autre version Mac*

## Installer

Le fichier auto-exécutable se chargera de tout et placera par défaut dans votre répertoire *Démarrer* un répertoire *Bink and Smacker* dans lequel vous trouverez le programme intitulé Rad Vidéo Tools. Pas de risque de vous tromper puisque c'est là le seul exécutable qui soit installé (pas de readme.txt ni de désinstalleur...).

## Utiliser

À première vue, les choses s'annoncent assez simples dans la mesure où les boutons qui permettent de lancer le codage sont directement accessibles et répondent aux noms doux et évocateurs de **Bink it !** et **Smack it !**. Dans le premier cas, vous ferez appel au codec Bink et dans l'autre à celui de Smackers, moins performant en termes de résolution et de nombre de couleurs proposées.

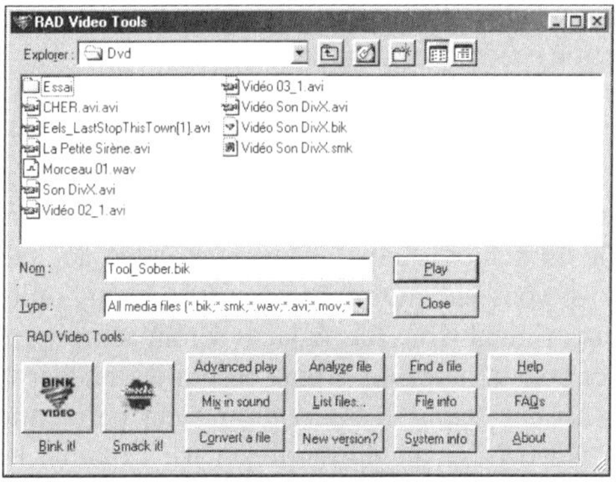


◄ Fig. 9.17 : *La fenêtre d'accueil de Bink*

Si vous ne souhaitez pas vous compliquer la vie, choisissez tout simplement le fichier que vous souhaitez coder et cliquez sur **Bink it !**. À ce moment, les choses vont un peu se compliquer avec l'ouverture d'une seconde fenêtre qui contient une grande quantité de paramètres. Ne paniquez pas car les choses sont plus simples qu'il n'y paraît. Et puis, si vous êtes arrivé jusque-là, c'est que vous avez probablement passé avec brio votre brevet de "DivXeur accompli". Alors ce n'est certainement pas une petite fenêtre de rien du tout qui risque de vous impressionner...

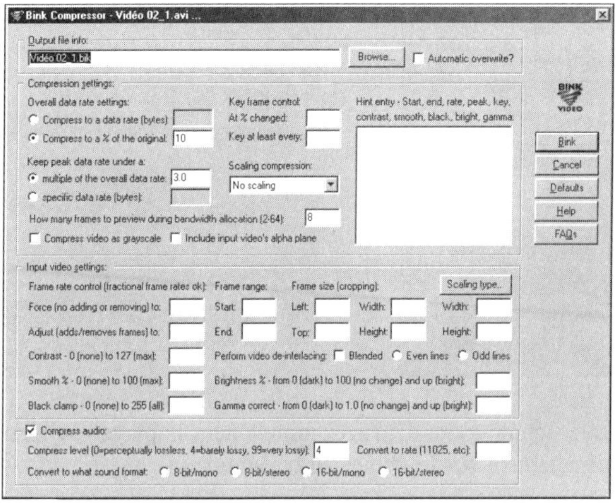


▲ Fig. 9.18 : *Prenez les choses dans l'ordre et tout va bien se passer*

La fenêtre des réglages se divise en quatre parties clairement identifiées et possédant chacune une fonction spécifique. La première, *Output File Info*, contient les indications de nom et de localisation de votre fichier cible, compressé. La deuxième, *Compression Settings*, regroupe quant à elle tous les réglages relatifs à la compression désirée. Vous remarquerez la possibilité qui vous est donnée de choisir une compression en fonction d'un pourcentage de la taille du fichier original. Ainsi, une vidéo de 200 Mo pourra tenir dans 20 Mo si vous indiquez que vous souhaitez un ratio de 10 % par rapport au fichier original. Tous les réglages seront adaptés en fonction de cette exigence et vous n'aurez ainsi plus besoin de toucher à quoi que ce soit. La partie suivante, *Input Vidéo Settings*, vous permettra d'ajuster les données de la vidéo originale en modifiant par exemple le contraste et divers autres paramètres plus ou moins indispensables. Enfin, le dernier cadre se consacre aux paramètres audio en proposant le réglage des taux de compression et des formats sonores.

Une fois certain de vos paramètres, cliquez sur le bouton **Bink** pour lancer le codage. Vous aurez alors droit à cette fenêtre qui témoignera de l'avancement de la tâche qui vient d'être lancée.

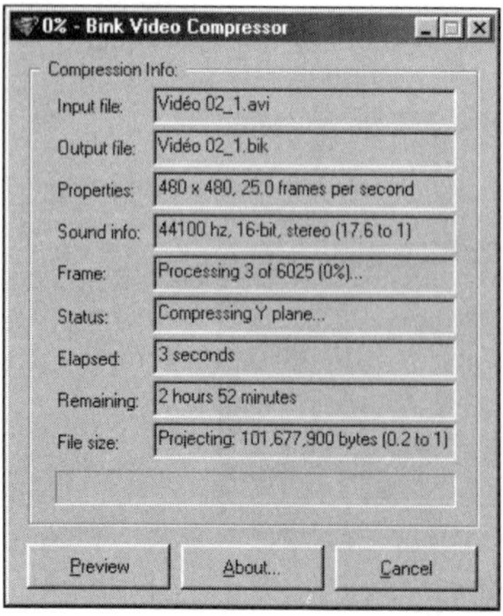


Fig. 9.19 : *Le codage est lancé...*

Pour lire ensuite le fichier codé, démarrez simplement le player ou bien double-cliquez directement sur le fichier en question.

# Index

# !



# A



# B



# C

# D



# E

# F



# G



# H



# I

# J



# L



# M



# O

# P



# Q



# R



# S

# T



# U



# V



# W



# X

# Z

*Aubin Imprimeur*
LIGUGÉ, POITIERS

Achevé d'imprimer en novembre 2001
N° d'impression L 62702
Dépôt légal novembre 2001
Imprimé en France